공자시대의 실상과 공자사상의 재구성

임태승

도서출판비투

공자시대의 실상과 공자사상의 재구성

머리말

1. 周代 土地封建의 實狀과 孔子의 邦國觀

    (1) 정치철학과 政體
    (2) 西周 봉건제와 邦國
    (3) 邦國의 체제와 규모
    (4) 邦國의 경제·군사적 운용
    (5) 『논어』의 邦國 용례 분석

2. 孔子시대 '千乘之國'의 實狀

    (1) 車戰의 시대
    (2) 乘의 정의
    (3) 수치로 본 千乘의 규모
    (4) 千乘之國의 논어적 의미

3. "先進於禮樂"章의 實狀

    (1) 先進과 後進의 의미
    (2) 野・野人과 군자의 의미
    (3) "吾從先進"의 이유와 의미
    (4) 禮樂의 내용과 孔門의 성격

4. "季氏將伐顓臾"章의 實狀

    (1) 엇박이는 대화
    (2) 釋名과 實情
    (3) 季康子의 입장과 의도
    (4) 冉有의 입장과 의도
    (5) 孔子의 입장과 의도
    (6) 정치철학과 정치공학

5. "孔子適衛"의 본말과 그 行程

    (1) 孔子의 周遊列國
    (2) 孔子適衛의 원인과 목적
    (3) 行程의 전제조건: 대우·경비·도로
    (4) 行程의 재구성: 수단·규모·휴대품·거리·기간
    (5) 孔子適衛의 의의

6. "未可與權"說에 나타난 孔子의 經權觀

    (1) '權'字解
    (2) "與權"과 "可與"의 의미
    (3) "未可與權"說에 대한 漢儒와 宋儒의 견해
    (4) 공자사유의 미학적 구조

7. 孔子의 權道와 出仕觀

    (1) 춘추말기적 현상
    (2) "子欲往"에 나타난 孔子의 입장과 지향
    (3) 孔子의 '時'에 대한 인식과 權道
    (4) 孔子의 出仕觀

8. 공자가 "欲去告朔餼羊"에 대해 비판한 이유

    (1) 쟁점과 입장

    (2) 告朔禮의 실질과 정황

    (3) 한 마리 羊: 正名의 상징작용

    (4) 형식의 준수

9. "八佾舞於庭"章의 實狀

    (1) 字義 분석 및 정의

    (2) 正名論에 입각한 공자의 비판과 지향

    (3) 季氏를 위한 변명

    (4) 實狀과 實情의 사이

참고문헌

미주

머리말

『論語』 이해의 세 가지 요소: 志向 實狀 實情

『논어』는 공자의 언행을 기록한 문헌으로, 이를 분석하고 이해하는 작업은 유학 연구의 핵심적 과제이다. 오랜 세월 동안 수많은 학자들이 이에 몰두해 왔으며, 해석의 기준과 방법론에 따라 다양한 학파와 학풍이 형성되었다. 그러나 그간의 연구에도 불구하고, 공자의 복잡하고 다층적인 언행이 지닌 의미와 상징, 그리고 그것이 지향하는 바에 대한 해석은 여전히 논쟁의 여지가 많으며, 상당 부분 미결 상태로 남아 있다. 이에 따라, 논어 연구의 보다 객관적이고 합리적인 접근법으로는 텍스트 자체에 대한 분석을 넘어, 그 배경과 맥락, 그리고 당대(當代)의 현실을 함께 고려하는 다면적 고찰이 요구된다. 이러한 연구에서 핵심적으로 탐구해야 할 요소는 '공자의 지향(志向)', '당대의 실상(實狀)', 그리고 '사건의 실정(實情)'이라는 세 가지 측면이다.

『논어』에 기록된 공자의 언행은 단순한 사실의 나열이 아니라, 특정한 목적과 의도를 내포하고 있다. 그의 발언과 행동은 정치적이든 철학적이든 일관된 지향성을 바탕으로 이루어졌으며, 따라서 『논어』를 올바르게 해석하기 위해서는 공자의 사상적 지향을 파악하는 것이 필수적이다. 이에 더해, 공자의 언행이 이루어진 시대적 배경, 즉 '실상(實狀)'을 이해하는 것도 중요하다. 여기에는 『논어』에 등장하는 인명, 지명, 제도, 사건뿐만 아니라, 당시의 정치·경제·사회적 조건 등이 포함되며, 이는 공자의 언행을 해석하는 데 필수적인 사료로 작용한다. 이러한 역사적 맥락을 규명하는 일은 비교적 명확한 고증이 가능하다는 점에서 연구의 기반이 된다.

한편, '실정(實情)'은 공자의 언행과 관련된 사건이나 인물들이 처한 입장에서의 실질적인 맥락을 의미한다. 모든 사건과 행위에는 저마다의 자기 근거가 있으며, 이를 간과한 채 단순한 시비(是非) 판단만으로 해석하는 것은 온전한 이해를 방해한다. 사건과 인물의 평가는 선악(善惡)이나 시비뿐만 아니라 경중(輕重)과 정황(情況)까지 고려해야 하며, 이를 위해서는 해당 사건을 당사자의 시각에서 다각적으로 조망하는 접근이 필요하다. 공자의 언행이 기록된 방식과 그것이 실제로 지닌 의미를 조화롭게 분석하기 위해서는 이러한 다면적 고찰이 필수적이며, 이를 통해서만 균형 잡힌 역사 서술이 가능하다.

유학이 단순한 경학(經學)이 아닌 철학(哲學)으로서의 의미를 온전히 발휘하기 위해서는 특정한 관점에 치우치지 않는 균형 잡힌 연구가 요구된다. 공자의 지향, 실상, 실정을 종합적으로 검토하는 입체적 연구 방식은 텍스트 해석에만 의존하는 것보다 훨씬 더 실체적 진실에 가까이 다가갈 수 있는 길을 열어준다. 본 연구는 이러한 관점에서 공자의 사상적 지향과 그의 시대적 실상을 고증학적으로 분석하고, 나아가 공자 사상의 원형을 재구성하는 데 주력하였다.

2025. 3. 5.

1장

周代 土地封建의 實狀과 孔子의 邦國觀

1. 周代 土地封建의 實狀과 孔子의 邦國觀

(1) 정치철학과 政體

『논어』의 經緯는 기본적으로 정치철학과 도덕철학이다. 先秦철학의 상황과 입장으로부터 보자면 도덕철학보다는 정치철학의 비중이 더 높다고 할 수 있다. 사실상 공자가 제시한 도덕의 성격과 내용도 정치상황으로부터 배태된 것이나 다름없다. 『논어』를 이해하는데 『左傳』같은 역사서나 『禮記』·『周禮』같은 禮書가 매우 중요한 참고서인 까닭도 『논어』의 政治性을 잘 말해준다. 정치철학은 관념으로만 성립될 수 없다. 현장과 實狀의 반영 내지 극복의 명제와 주장이 정치철학이라면, 그에 대한 해석과 이해의 기본적인 출발점은 정치체제를 파악하는 것이다. 周代 정치체제의 핵심은 封建制·宗法制·典章制이며, 이 셋의 공통분모이자 기준은 '등급'이다. 따라서 이 세 가지 政體는 개별적인 것이 아니라 상호 연결·파생·영향의 관계에 있다.

여기서 政體의 기반이 되는 土地의 문제를 주목할 필요가 있다. 周代의 국가 개념은 크게 영토와 체제의 두 갈래로 이해해야 한다. 여기서 영토는 명칭과 수치로 표시할 수 있는데 이는 대체로 체제, 즉 당시의 봉건제와 맞물려 구성되었다. 따라서 周代의 국가개념은 봉건제 하에서의 邦國 개념으로 이해할 수 있다. 공자가 활약했던 춘추시대에는 周代 초기, 즉 西周의 봉건제·종법제·전장제라는 세 政體가 외형상

크게 와해 내지 무의미해졌지만, 명목상으론 여전히 세 政體가 기준이었다.[001] 이 점은 춘추시대의 상황이 기술된 『논어』를 이해하는데 단지 『春秋』 三傳 등의 春秋史뿐 아니라 周代 전반이 서술된 『禮記』·『周禮』 등이 여전히 중요한 전거로 활용될 수 있음을 의미한다.

경제적으로 보면 周代는 완전히 농업경제에 진입하였다. 따라서 토지관계가 모든 조직의 중심이었다.[002] 정치적으로 周初에 대규모의 봉건제도를 시행한 것도 토지가 정치체제 구축의 요점이었기 때문이다. 사회적으로는 등급과 宗法이 가장 중요한 두 체계였는데, 이 역시 토지배분과 뗄 수 없는 관계였다. 『논어』의 내용과 공자의 언사는 모두 이러한 정치·경제·사회적 세 정황과 관계되거나 그로부터 연유된 것이다. 토지와 봉건제가 맞물려 周代에 확고하게 정착된 영역의 실체 혹은 관념이 바로 邦國이다.[003]

『논어』에는 邦과 國이 모두 58회 출현한다. 그 비중을 고려할 때, 邦國에 대한 이해는 『논어』 이해에 필수적인 과제이다. 邦國은 『논어』의 많은 대화와 주장과 명제 제기에 연루되어 있다. 邦國을 고찰하는 목적은 『논어』에 다량으로 출현하는 邦國의 실체를 충실히 규명함으로써 해당 구절의 의미와 공자의 의도를 정확히 이해하고자 함이다.

(2) 西周 봉건제와 邦國

제후의 전체 국토는 원래 邦이라 칭했고, 國은 다만 邦의 통치 중심이었다. 당시 각 제후의 邦의 首都의 이름을 해당 國의 호칭으로 삼는 것이 관습이었다. 이에 수도와 국가는 동의어가 되었다. 이로부터 秦國, 齊國 등의 호칭이 생겼다. 國이 원래 가졌던 수도의 의미가 점점 국가의 의미로 대체되었던 것이다.[004] 邦國의 실체는 周代의 봉건제로부터 형성되었다. 따라서 邦國의 정확한 실상을 이해하기 위해서는 봉건제와의 연관관계를 우선 살펴보아야 한다.

邦과 封이 원래 한 글자였다. 分封制 시대에 王이 가진 전체 토지를 天下라 했고, 왕은 명의상 자기의 토지를 同姓 혹은 異姓의 제후에게 分封했다.[005] 천하의 모든 백성과 토지는 周王 한 사람에게 속한 것이지만 그 혼자 이 모든 것을 관리, 감독할 수는 없는 것이었다. 그래서 제후에게 봉한 것이다. 周王은 일정 부분 자기 고유의 땅인 王畿[006] 이외의 지방을 同姓이나 異姓의 제후에게 분봉했으며, 그들로 하여금 그들 封地를 다스리도록 했다.[007] 여러 기록에 의하면 同姓 제후는 54국, 異姓 제후는 45국, 姓不詳 34국, 도합 춘추시대엔 여전히 모두 132국이 있었다.[008] 『荀子』의 기재[009]에 의하면 초기 周가 분봉할 때엔 同姓 제후가 많았지만 뒤로 차츰 異姓[010] 내지 姓不詳의 제후가 늘었다고 볼 수 있다.

西周의 分封은 주로 文王·武王·成王·康王의 4대에 걸쳐 이루어졌다. 대체로 서주 말기엔 더 이상 분봉할 토지가 없게 되었다.[011] 東周시대로 접어들면서 춘추시기에 수없는 兼倂전쟁이 일어난 것은 결국 이러한 분봉의 한계에 기인하는 것이다.[012] 게다가 분봉된 토지는 세습되었기에 신규 영토가 없는 한 봉건제가 유지될 수 있는 물리적 여건은 필연적으로 약화될 수밖에 없었다. 세습된 疆土를 기반으로 한 제후들의 역량이 강력해질수록 周室이 장악한 토지는 갈수록 적어졌고, 이는 周代의 봉건제가 와해의 길로 갈 수밖에 없는 결정적 원인이었다. 애초 제후는 자신의 땅을 위임받아 대리 경영하는 존재였다. 이 때문에 경제적, 군사적 차원에서 周室에 대한 충성과 보답은 물리칠 수 없는 의무였다.[013] 天子가 제후의 나라를 巡行하며 시찰하는 巡狩[014]나 제후로 하여금 때에 맞춰 조정에 들게 하는 朝聘[015], 그리고 제후의 卿大夫 가운데 일부를 周室에서 직접 임명함으로써 天子가 각국 제후의 정치를 파악하고 그들의 행동을 감찰할 수 있도록 한 것[016] 등은 모두 周室의 각 제후국에 대한 견제 장치였다. 하지만 분봉할 토지의 고갈로 말미암아 周室의 장악력은 갈수록 저하됐으며, 상대적으로 지위와 토지를 세습하게 된 제후의 권력은 증대되었다. 아울러 제후 아래의 大夫 역시 지위와 토지를 세습하였는데, 춘추 말기로 가면 제후 뿐 아니라 대부까지도 참월을 스스럼없이 하는 등 周代의 봉건질서는 극도의 혼란에 빠지고 결국 周室은 와해의 길로 접어들게 되었다.

　봉건제는 토지제도를 중심으로 하며, 권리와 의무의 관계를 확정하는 계급사회제도이다. 농경이 이루어지기 이전에는 토지제도가 있을 수 없었다.[017] 周代는 商代의 씨족사회와 달리 농업이 발달하고 사유재산제도가 발생했으며, 이에 따라 嫡庶의 분별과 嫡長子가 승계하는 제도가 확정되었다.[018] 이 점은 周代의 봉건제가 종법제를 기반으로 한다는 사실을 잘 말해준다.

　애초 종법과 토지봉건은 같이 생겨난 것이다. 즉 종법제도는 봉건제도를 유지하기 위한 것이자 봉건제도는 종법제도에 의지해 그 존재가 유지되는 것이다. 종법제도의 중심인 嫡庶 분별은 嫡長子에 의해 國土田邑을 승계하는 시스템을 확정하기 위해 고안된 것이다. 周代의 典章제도를 확립한 周公은 적장자 계승의 방식이 政爭과 紊亂을 억지하여 周代의 百世를 보장해줄 것이라 여겼다.[019] 가장 일반적인 봉건계급은 天子·諸侯·卿大夫·士·庶人의 다섯 등급인데, 이 가운데 서인은 田邑이 없기 때문에 종법제와 관계하지 않는다.[020] 따라서 서인은 봉건체계의 주체가 되지 않는다. 이는 곧 봉건제가 토지를 기초로 세워진 체제라는 점과 봉건제와 종법제가 서로 긴밀한 상관관계를 갖는다는 점을 말해준다.

이상 내용을 종합하여 보면, 邦國은 근본적으로 봉건제의 근간인 토지 혹은 영토를 기반으로 하며, 제후국의 강토를 기준으로 하는 관념이고, 그 안의 구체적이고 실질적인 체제는 종법제 내지 종법질서에 의해 운용되는 영역 단위라 할 수 있다.

(3) 邦國의 체제와 규모

『說文解字』에서는 邦이 곧 國[021]을 가리킨다고 했지만, 좀 더 자세히 보면 邦과 國 구별된다. 國이 제후가 封地 내에 세운, 종묘와 사직이 있는 도읍을 가리키는 한편, 邦은 國을 중심으로 하는 전체 봉지를 말한다. 國은 처음에는 제후가 봉지 위에 쌓은 都城을 가리켰다.[022] 國은 邦

의 통치 중심이며 제후가 거처하는 都인 것이다. 확대해서 보자면, 國이 통할할 수 있는 토지 또한 國이라 할 수 있다. 그래서 '百里之國' 또는 '千里之國'이란 말이 있게 된 것이다.[023] 확대된 의미에서 보면 國은 곧 邦에 상당하는 말이다. 邦은 역사적인 용어로서 범위를 획정하고 토지를 分封하는 데서 온 말이고, 國은 통치하는 영토로부터 온 말이라 할 수 있다.[024] 이런 정황으로부터 보면 邦은 분봉으로부터 형성된 다분히 상징적인 '관념 영토' 개념이고, 國은 실질적인 '통치 영토' 개념이라 할 수 있다.

　실질적인 강토 개념으로 볼 때, 周代에는 國과 國 바깥의 野를 이분법적으로 합칭한 國野제도로 운용되었다. 周代의 國野제도는 王朝 및 각 제후국의 도성과 이 도성 이외의 농촌지대라는 두 지역의 공동체 제도를 말한다. 왕조와 각 제후국의 國都 중심의 도시화 지대를 國이라 하고, 國에 붙어있는 농촌지대를 郊 혹은 鄕이라 한다. 郊 바깥의 모든 국토는 野인데, 野는 기본적으로 농촌지역이다. 그러나 野에는 또한 귀족이 소유하고 거주하는 采邑도 분포되어 있는데, 이 또한 都라고 불리며 野 안의 도시 혹은 준도시 지역이다. 野와 상대적인 의미로서의 國과 都를 합쳐 國이라 부르며, 그 안에 사는 사람들을 國人이라 한다. 귀족들은 國 안의 도시지역에 살며, 國 안의 농촌지역에 사는 사람은 왕실이나 公室 및 각 귀족의 집에 종속되어 兵役의 의무를 지는 농민으로 國人 가운데 하층민이다. 野에 거주하며 전문적으로 농업에 종사하고 귀족에 예속된 하층민은 野人이라 한다. 國과 野 안의 이러한 하층민을 또한 庶人이라고도 한다.[025]

여기서 國과 관계되는 都·郊·野에 대해 좀 더 자세히 살펴보자. 都는 國의 정치·경제·군사·문화의 중심으로서, 先君을 모시는 종묘가 위치[026]하고 國城을 의미하며 國君이 거처하는 곳[027]이다. 郊는 國都와 野 사이의 지대이자 도성 둘레의 구역을 말한다. 통치와 관리의 편의를 위해 郊區는 대체로 몇몇 鄕으로 획분되는데, 四郊는 國都를 호위하는 곳으로 평시에는 군주에게 각종 생산물을 공급하고 전시에는 군대 병력의 주요 공급원이다. 郊는 또한 제후와 왕이 祭天祭地 등 제사를 지내는 곳이다. 郊 밖의 곳을 野 혹은 甸이라 한다. 野 혹은 甸은 큰 규모의 농업 생산과 생활의 주요 장소이다.[028] 野에 사는 사람을 野人이라 하는데, 이는 國人과 단순 대비되는 의미에서의 거주민을 말하기도 하고, 野라는 농촌지대에서 노동에 종사하는 노예 혹은 농노[029]를 말하기도 한다.

한편 사람들이 모여 사는 곳을 지칭하는 영역으로는 邑과 鄕이 있다. 읍은 씨족공동체시기의 거주지로부터 시작해 나중에 사람이 모여 사는 곳을 가리킨다. 읍은 크고 작은 것이 있는데, 十室之邑[030]이나 千室之邑[031]도 있지만 일반적으로 百家 좌우이다. 분봉제 하에서는 인구와 상관된 토지로서의 읍이 통상 분봉과 償賜의 단위[032]로 쓰였다.[033] 엄격한 등급제도를 시행했던 周代는 농노가 집중된 읍과 구별하기 위해 군주 거주의 읍을 都나 國으로 불렀다. 일반적으로 國君의 子弟나 卿大夫의 封邑 가운데 그들의 통치중심으로서의 읍을 都라 한 것이다.[034] 제후 자제와 경대부가 祖廟를 설치하고 기반을 내린 읍을 都라 하고, 제후 자신의 都는 곧 國이라 칭했다.[035] 한편 鄕은 戰國시대 이전엔 國都 近郊의 사람들이 모여 사는 곳을 가리켰다. 遠郊는 별도로 遂라 불렀다. 그런데 鄕은 당시 결코 농촌을 가리킨 것이 아니었다. 그곳은 귀족과 평민 및 그들을 위해 일하는 수공업자와 상인이 모여 사는 곳이었다. 도시가 발달한 후에 鄕은 비로소 도시와 상대적인 농촌이 되었다.[036]

邦과 國의 관계에 대해 좀 더 깊은 이해를 위해서는 焦循의 國에 대한 해석을 살펴볼 필요가 있다. 焦循은 國에 대해 세 가지 해석을 했다. 첫째, 큰 나라가 邦이고 작은 나라가 國이다. 둘째, 郊의 안쪽을 國이라 한다. 셋째, 城 안을 國이라 한다. 천하로 말하자면 분봉의 한 단위가 國이고, 一國으로 말하자면 郊의 안쪽이 國이고 바깥쪽은 野이며, 郊의 안쪽으로 말하자면 城 안이 國이고 城 밖이 郊이다.[037] 許倬雲은 焦循의 이 세 가지 해석이 邦國의 성장하는 과정을 보여주는 것이라 파악한다. 첫 번째 단계는 식민지배세력이 성읍을 쌓아 스스로를 보위하는 것을 보여주고, 둘째 단계는 管內의 領地를 近郊로 확충하는 것을 보여주며, 셋째 단계는 封國과 봉국의 경계를 접하는 것으로, 경계 내의 영토는 모두 國 안의 土城으로 생각함을 보여준다는 것이다.[038] 이 세 가지 해석은, 대략 城邑을 國으로 삼는 것이 가장 이르고 邦國이라 말하는 것이 가장 늦음을 말해주는데, 이는 제후가 授民하여 경계 없는 땅을 분봉받은 후 차츰 외연을 넓혀가는 과정을 통해 國에서 邦을 확대하여 건립함을 말해준다.

周代의 봉건제는 철저한 등급제도를 기반으로 한다. 제후국의 최고 권력자인 國君은 각각 다른 등급의 신분을 갖는데, 公·侯·伯·子·男

이 그것이다. 국군의 아래에는 政事를 담당하는 주요 신하가 있는데, 魯나라를 예로 들면, 司徒·司馬·司空이 그들이며 三卿이라 불렀다.[039] 周代의 계급체계는 크게 귀족·평민·노예의 세 부류이다. 이러한 계급 중, 士 이상의 몇 등급이 국가권력을 장악하였고, 庶人은 평민계급에 속한다. 周代 사회의 평민계급은 또한 國의 서인과 野의 서인으로 나뉜다. 前者는 國의 귀족과 함께 살며 國人이라 불린다. 다만 그들의 사회적 지위는 아주 낮아 사실상 병역 의무를 부담하는 농민이다. 後者는 대체로 전쟁포로 출신이거나 외부로부터 이주해온 사람들이다. 그들은 전쟁에 참가할 권리가 없는 순수한 농민이다. 國의 서인은 鄕邑의 구성원으로서 또한 향읍의 귀족이 주관하는 공동체의 활동, 예컨대 鄕飮酒 등에 참가할 수 있는 권리가 있었다. 國의 서인과 野의 서인은 농업이라는 국가재부의 주요 생산자였다.[040] 國의 서인은 하급 관리나 심지어 귀족이 될 수 있는 기회가 있었으나 野의 서인은 이러한 기회가 없었다. 하지만 반드시 그런 것만은 아니었다. 예컨대, 魯나라의 경우 國都의 통치계층은 周人이고 國都 밖의 광대한 郊野 지구에 사는 郊人 혹은 野人은 殷의 후예 내지 遺民이다. 이들은 여전히 殷민족의 풍속과 옛 禮制를 간직하고 있었다.[041] 殷의 遺民으로서의 野人이 옛 예제에 대한 이해, 즉 문화적인 역량이 있었다는 짐은 의미하는 바가 크다. 이점이 공자시대 野人의 지위변동에 매우 중요한 역할을 하기 때문이다. 周初에 수립된 國野제도에선 처음에는 國人만이 參政權이나 參戰權을 가졌고, 野人은 그러한 권리를 누리지 못했다. 하지만 경제적, 사회적 여러 요인으로 인해 野人의 지위도 바뀌게 된다. 鑄鐵의 제련이나 유연화 기술 등의 발명으로 말미암아 경제가 급속히 발전했고, 그에 따라 사회구조가 바뀌었으며, 결국 이는 사람의 신분을 변화시켰다.[042] 처음엔 國人만이 軍人이 될 수 있었지만, 점차 제후 및 家臣들이 군사적 확장을 꾀하면서 더 큰 군사력이 필요하게 되자 野人이 그 수요를 담당하게 되었다. 군인이 될 수 있다는 것, 즉 전쟁에 참가할 수 있는 권리를 갖게 됨으로써 이제 野人은 일개 평민이자 농민에 머무르지 않고 통치계층에 진입할 수 있게 되었다. 이에 따라 野人 중 애초 지식계층이자 통치계층이었던 殷의 후예들은 사회가 크게 요동치던 시기에 새로운 士계층으로서 또 하나의 주류로 대두하게 되었다.

마지막으로 邦國의 크기를 나타내는 里를 보자. 최초의 里는 거주지의 호칭이었다.[043] 대체로 里는 도시 안에서는 주로 대거주지 안의 작은 거주구역을 가리킨다. 거주지라는 의미에서 里는 戶數로 규정되는데, 전적마다 숫자가 같지는 않다.[044] 그런데 이 里는 국토의 크기를 나타내는 데에도 쓰였다. 『穀梁傳』에 의하면 一里는 三百步[045]인데, 管子[046]와 孟子[047]는 등급별 국토의 크기를 구체적으로 명시한 바 있다. 그들의 말에서 알 수 있는 것은 두 가지이다. 첫째, 국토의 크기는 大國·次國·小國의 三等으로 분류되었고, 각 등급의 크기는 각각 百里·七十里·五十里였다. 둘째, 公侯와 男의 里數는 일치하나, 伯과 子의 국토 크기는 다르다.[048] 周代의 작위는 오등급이지만, 국토의 크기는 삼등급[049]으로 운용했던 것이다.

(4) 邦國의 경제·군사적 운용

　周代의 정치·행정 체제는 봉건제이며, 이는 대체로 제후국을 중심으로 운용되었다. 천하라고 불리는 全國과 그 통치중심인 周室은 사실상 상징일 뿐, 西周의 일정 시기를 제외하곤 규모나 영향력 면에서 명목상으로만 체제의 上部에 지나지 않았다. 分封 받은 강토와 그곳에 거주하는 사람들을 기반으로 하는 제후국이 실질적으로 운용될 수 있는 자원은 賦役과 軍役이었다. 이 두 가지 役을 담당하는 이는 國人과 野人의 서인들이었다. 여기서 두 가지 특기할 만한 사항이 있다. 하나는, 國人은 參戰의 권리로 軍役을 담당했으나 대개의 野人은 그러지 못하고 賦役만 담당했다는 점이다. 다른 하나는 대개 농민층인 서인들이 평시에는 農事를 담당하고 전시에는 軍事에 동원되었다는 점이다.[050] 따라서 농사와 군사의 행정조직은 동일하였으며, 다만 해당 시기에 따라 명칭과 편제만 다르게 운용되었다.

　제후가 周室로부터 분봉 받은 땅은 절대적으로 私有였으며 세습되었다. 大封邑主로서의 제후는 그 중 일부를 다시 자신의 수하에게 하사함으로써 경대부 같은 이는 제후국 안의 小封邑主가 되었다. 경대부의 봉읍 역시 세습되었다. 읍은 분봉의 기본 단위였다. 춘추시대의 경대부는 수십에서 수백의 읍을 가졌다. 이러한 읍은 아주 작은 취락일 뿐이었으며 작게는 十家의 읍에서 크게는 百家의 읍이 있었다. 한편 춘추 초기에 도읍의 안에는 일부 경대부가 정치를 잘 하여 특수한 지위의 읍이 된 경우도 있었다.[051] 한 제후의 영지 안에 이미 적어도 두 단위의 城

邑이 행정시스템의 층위를 구성했던 것이다.⁰⁵² 田은 郊野에 있는 것으로 농부들이 경작하는 곳이며, 읍은 농경지가 그리 많지 않은 땅으로 귀족과 관리들이 사는 곳이다.⁰⁵³ 따라서 종묘와 神主가 있는 읍은 곧 國都가 된다. 田은 兵賦를 내는 기본조직이며, 그러므로 읍은 田 없이 단독으로 존재할 수 없다. 大夫는 읍 가운데 거하며 읍 전체의 생산을 봉록으로 받았고, 士는 公田의 생산물을 봉록으로 받았다.⁰⁵⁴ 경대부가 받는 田邑의 많고 적음은 그들 벼슬과 유관⁰⁵⁵했으며, 경대부의 등급차에 따라 田畝의 수에도 차이가 있었다.⁰⁵⁶ 한편 周代에는 公田私田의 井田제도가 운용되었는데, 농민은 먼저 公田을 경작하고 나중에 私田을 경작하였다. 私田은 地主가 백성들에게 준 땅인데, 지주는 그들에게 公田을 경작할 의무를 준 뒤 公事가 끝난 뒤 私田을 경작하고 그로부터 나온 수입으로 생활을 유지토록 했다. 庶人이 받은 田의 畝數는 대체로 百畝이다.⁰⁵⁷ 천자·제후·경대부로부터 서인에 이르기까지 모든 이는 그들의 생산에 의지해 생활하였다.⁰⁵⁸

한편 農事와 軍事가 같은 조직으로 운용된 周代에 인구조사는 徵役의 기초이자 필요조건이었다. 인구조사는 매년 정기적으로 한 번 하였는데, 인구의 老幼殘弱의 상태까지도 판별하여 徵兵의 기준으로 삼았다. 인구조사 뿐 아니라 토지조사도 매우 중요했다. 토지를 상세하게 측량하여, 내야 할 병사와 무기 및 兵車의 수량을 알 수 있는 기준으로 삼았기 때문이다. 兵車 위의 甲士와 步兵은 분리해야 하는데, 갑사는 전쟁을 업으로 하는 武士이고 농민은 간략하게 무장한 보병일 뿐이었다.⁰⁵⁹ 농민은 兵甲도 스스로 준비해야 히고 兵車와 戰馬를 공급할 의

무가 있어 부담이 매우 컸다.[060]

『周禮』에 제시된 '王六軍'이란 군대조직의 편제방식[061]은 군대편제인 君·師·旅·卒·兩·伍가 각급 행정조직인 鄕·州·黨·族·閭·比의 위에 세워지는 것이었다. 군대조직과 행정조직 양자는 서로 대응되며 완전히 하나로 통일된 체계를 갖췄다.[062] 이 내용을 표로 정리하면 아래와 같다.

<표1: 周室의 행정 및 군사 조직>

		周室	鄕	州	黨	族	閭	比
행정조직	長	王	鄕大夫	州長	黨正	族師	閭胥	比長
	규모	6鄕	5州	5黨	5族	4閭	5比	5家
	家(戶)	75,000	12,500	2,500	500	100	25	
군사조직		周室	軍	師	旅	卒	兩	伍
	長	王	軍將	師帥	旅帥	卒長	兩司馬	伍長
	규모	6軍	5師	5旅	5卒	4兩	5伍	
	乘(兩)	3,000	500	100	20	4	1	
	士兵(人)	75,000	12,500	2,500	500	100	25	5

22

이러한 체제에 의하면, 군사의 규모가 천자는 6軍으로 兵 12,500人을 1軍으로 하면 王室엔 兵 75,000人이다. 제후의 軍數는 爵位와 국토의 크기에 따라 다른데, 『左傳』과 『周禮』에 의하면 大國三軍·次國二軍·小國一軍이다.[063] 여기서 大國·次國·小國의 三種의 기준은, 제후의 작위는 五等이지만 封土는 삼종[公侯/伯/子男]만 있다는데 근거한다. 군대의 수는 인구의 많고 적음에 따라 다르며, 인구수는 또한 토지의 크기에 정비례한다. 公侯는 같이 大國이므로 軍數도 같고, 子男도 같이 小國이므로 軍數가 같다.[064]

(5) 『논어』의 邦國 용례 분석

『논어』에는 '邦'이 23구절에 걸쳐 거론되며, 출현하는 총 횟수는 48차이다. '國'은 8구절에 걸쳐 거론되며, 출현하는 총 횟수는 10차이다. '邦國'이 하나의 단어로 출현하는 경우는 없다. 다만 '國家'가 한 단어로 출현한 용례는 없지만, 특이하게도 '邦家'는 한 단어로 2회 출현한다. 『논어』에 등장하는 邦과 國의 용례는 그 내용으로 따졌을 때, 대략 다음 세 가지로 분류할 수 있다. 첫째, 불특정한 지칭이다. 일반적 의미의 '나라'에 해당한다. 둘째, 指定한 지칭이다. 이는 특정한 것은 아니지만 막연한 의미의 '나라'를 가리키는 것도 아니다. 셋째, 특정한 지칭이다. 이 분류를 표로 만들어 정리하면 다음과 같다.

〈표2: 『논어』의 邦國 용례 분류〉

분류	번호	邦/國	篇名	구절	의미
불특정	1-1-1	邦	八佾	然則管仲知禮乎？曰：邦君樹塞門, 管氏亦樹塞門; 邦君爲兩君之好, 有反坫, 管氏亦有反坫. 管氏而知禮, 孰不知禮?	일반적인 '나라'
	1-1-2		公冶長	子謂南容, 邦有道, 不廢; 邦無道, 免於刑戮. 以其兄之子妻之.	〃
	1-1-3			子曰: 甯武子邦有道則知, 邦無道則愚. 其知可及也, 其愚不可及也.	〃
	1-1-4		泰伯	危邦不入, 亂邦不居. 天下有道則見, 無道則隱. 邦有道, 貧且賤焉, 恥也; 邦無道, 富且貴焉, 恥也.	〃
	1-1-5		顏淵	仲弓問仁. 子曰: 出門如見大賓, 使民如承大祭. 己所不欲, 勿施於人. 在邦無怨, 在家無怨. 仲弓曰: 雍雖不敏, 請事斯語矣.	〃
	1-1-6			子張對曰: 在邦必聞, 在家必聞. 子曰: 是聞也, 非達也. 夫達也者, 質直而好義, 察言而觀色, 慮以下人. 在邦必達, 在家必達. 夫聞也者, 色取仁而行違, 居之不疑. 在邦必聞, 在家必聞.	〃
	1-1-7			子曰: 善人爲邦百年, 亦可以勝殘去殺矣. 誠哉是言也!	〃
	1-1-8		子路	定公問: 一言而可以興邦, 有諸? 孔子對曰: 言不可以若是其幾也. …… 如知爲君之難也, 不幾乎一言而興邦乎? 曰: 一言而喪邦, 有諸? 孔子對曰: 言不可以若是其幾也. 人之言曰: 予無樂乎爲君, 唯其言而莫予違也. 如其善而莫之違也, 不亦善乎? 如不善而莫之違也, 不幾乎一言而喪邦乎?	〃
	1-1-9		憲問	憲問恥. 子曰: 邦有道, 穀; 邦無道, 穀, 恥也.	〃
	1-1-10			子曰: 邦有道, 危言危行; 邦無道, 危行言孫.	〃

1-1-11	衛靈公	子張問行. 子曰: 言忠信, 行篤敬, 雖蠻貊之邦行矣; 言不忠信, 行不篤敬, 雖州里行乎哉?	〃
1-1-12		子曰: 直哉史魚! 邦有道, 如矢; 邦無道, 如矢. 君子哉蘧伯玉! 邦有道, 則仕; 邦無道, 則可卷而懷之.	〃
1-1-13		顏淵問為邦. 子曰: 行夏之時, 乘殷之輅, 服周之冕, 樂則韶舞.	〃
1-1-14	陽貨	謂孔子曰: 來! 予與爾言. 曰: 懷其寶而迷其邦, 可謂仁乎? 曰: 不可. 好從事而亟失時, 可謂知乎? 曰: 不可. 日月逝矣, 歲不我與. 孔子曰: 諾. 吾將仕矣.	〃
1-1-15		子曰: 惡紫之奪朱也, 惡鄭聲之亂雅樂也, 惡利口之覆邦家者.	〃
1-1-16	微子	柳下惠為士師, 三黜. 人曰: 子未可以去乎? 曰: 直道而事人, 焉往而不三黜? 枉道而事人, 何必去父母之邦.	〃
1-1-17	子張	夫子之得邦家者, 所謂立之斯立, 道之斯行, 綏之斯來, 動之斯和. 其生也榮, 其死也哀, 如之何其可及也.	〃
1-2-1	里仁	子曰: 能以禮讓為國乎? 何有? 不能以禮讓為國, 如禮何?	〃
1-2-2	先進	曰: 為國以禮, 其言不讓, 是故哂之. 唯求則非邦也與? 安見方六七十如五六十而非邦也者? 唯赤則非邦也與? 宗廟會同, 非諸侯而何? 赤也為之小, 孰能為之大?	〃
1-2-3	季氏	丘也聞有國有家者, 不患寡而患不均, 不患貧而患不安. 蓋均無貧, 和無寡, 安無傾.	〃
1-2-4		孔子曰: 天下有道, 則禮樂征伐自天子出; 天下無道, 則禮樂征伐自諸侯出. 自諸侯出, 蓋十世希不失矣; 自大夫出, 五世希不失矣; 陪臣執國命, 三世希不失矣.	〃

(國 spans 1-2-1 through 1-2-4)

지정	2-1-1	邦	學而	子禽問於子貢曰: 夫子至於是邦也, 必聞其政, 求之與? 抑與之與?	是邦: 이 나라
	2-1-2		公冶長	崔子弑齊君, 陳文子有馬十乘, 棄而違之. 至於他邦, 則曰: 猶吾大夫崔子也. 違之. 之一邦, 則又曰: 猶吾大夫崔子也. 違之. 何如? 子曰: 淸矣. 曰: 仁矣乎? 曰: 未知. 焉得仁?	他邦·一邦: 다른 나라
	2-1-3		鄕黨	問人於他邦, 再拜而送之.	他邦: 다른 나라
	2-1-4		衛靈公	子貢問爲仁. 子曰: 工欲善其事, 必先利其器. 居是邦也, 事其大夫之賢者, 友其士之仁者.	是邦: 이 나라
	2-1-5		季氏	邦君之妻, 君稱之曰夫人, 夫人自稱曰小童; 邦人稱之曰君夫人, 稱諸異邦曰寡小君; 異邦人稱之亦曰君夫人.	邦君·邦人: 자기나라 異邦(人): 다른 나라
	2-2-1	國	堯曰	興滅國, 繼絶世, 擧逸民, 天下之民歸心焉.	滅國: 멸망한 나라
특정	3-1-1	邦	季氏	夫顓臾, 昔者先王以爲東蒙主, 且在邦域之中矣, 是社稷之臣也. 何以伐爲? …… 今由與求也, 相夫子, 遠人不服而不能來也; 邦分崩離析而不能守也. 而謀動干戈於邦內. 吾恐季孫之憂, 不在顓臾, 而在蕭墻之內也.	邦域·邦分·邦內: 魯의 영토
	3-2-1	國	學而	子曰: 道千乘之國: 敬事而信, 節用而愛人, 使民以時.	千乘之國
	3-2-2		公冶長	子曰: 由也, 千乘之國, 可使治其賦也, 不知其仁也.	千乘之國
	3-2-3		先進	子路率爾而對曰: 千乘之國, 攝乎大國之間, 加之以師旅, 因之以饑饉; 由也爲之, 比及三年, 可使有勇, 且知方也.	千乘之國, 大國

이 내용들로부터 몇 가지 특징을 읽을 수 있다. 첫째, 『논어』에서 '나라'의 개념으로 쓰인 邦國의 용례는 邦이 48차이며 國이 10차이다. 邦이 國보다 5배가량 많이 사용되었다는 점에서, 공자의 인식에선 대개 '나라'를 지칭하는데 邦이 훨씬 보편적이었음을 알 수 있다. 둘째, 邦과 國을 불문하고 전체 31구절 가운데 대부분인 21구절에 출현하는 邦·國은 구체적인 지목이 없는 일반적인 '나라'를 의미한다. 여기서 공자의 인식 가운데 邦國은 대체로 그가 처한 제후국이 일반화되어 각종 정치적, 도덕적 주제의 내용에 '나라'로 거론되었음을 알 수 있다. 셋째, 그럼에도 불구하고 '3-1-1, 3-2-1, 3-2-2, 3-2-3' 등의 몇 가지 용례에서는, 邦·國이 분명하게 魯나라를 지칭한다. 구체적인 사안이 논의될 때의 邦·國은 魯나라임을 알 수 있다.

마지막으로 두 구절을 좀 더 면밀히 살펴보도록 한다. 먼저 '3-1-1'의 구절이다. 여기 '邦域·邦分·邦內'에서의 邦은 魯를 가리키는데, 그 이유는 顓臾國때문이다. 顓臾는 魯나라의 附庸國으로 魯나라의 강토 안에 위치하고 있었다. 따라서 '3-1-1'의 구절은 魯나라와의 연관선상에서 顓臾를 말하는 것이므로, '邦域·邦分·邦內'는 魯나라의 영토를 특정하여 말하는 것이 된다.

다음으로 볼 것은 '3-2-3'의 구절이다. 여기서의 國은 千乘之國과 大國이라는 특정한 나라를 말한다. 〈표1〉에서 보다시피 1軍의 戰車는 500乘이니, 『周禮』[065]의 기준에 의하면 千乘之國은 2軍을 낼 수 있는 次國에 해당한다. 魯나라가 바로 次國의 규모를 가진 나라이다.[066] 子路가 말한, 千乘之國이 大國의 사이에 끼었다는 것은 魯國이 晉·楚·

齊·秦 등의 春秋四覇⁰⁶⁷에 둘러싸였음을 말하는 것이다. 여러 전적에 기재된 바를 종합하면 기원전 6세기에 이미 이 4국의 병력은 총합 16,000乘에 달했는데⁰⁶⁸, 대략 평균적으로 한 나라가 4,000乘인 셈이다. 晉·楚·齊·秦의 군사력은 단순히 1,500乘이란 大國의 수준을 넘어 周室 王六軍의 3,000乘 규모마저 능가했음을 알 수 있다.⁰⁶⁹ '3-2-3'의 구절은 분명 군사적 주제의 내용이다. 그렇다면 子路가 3년 안에 이루겠다던 "可使有勇"에서의 '勇'의 의미는 國人이 갖춰야할 중요한 자질이다. 왜냐하면 앞 장에서 살폈듯이 國人만이 전쟁에 나갈 수 있었기 때문이다. 주로 농업에 종사했던 野人에게 용기 혹은 용맹이란 어울리지 않는 덕목이다. 이 구절에 이어 冉有가 제시한 포부는 "方六七十里 혹은 方五六十里" 규모 나라의 政事를 맡아 3년 이내에 "可使足民" 하겠다는 것이다. 次國의 영토 면적이 대략 方七十里이고 小國은 方五十里라는 점⁰⁷⁰에서 보면 冉有가 말한 나라는 小國에서 次國까지의 규모이다. 대체로 魯나라의 규모라 할 수 있다. 子路·冉有가 공자와 대화를 나눈 주제인데다 자로와 염유가 季氏의 家臣이란 점에서 자로가 말한 천승지국이나 염유가 말한 "方六七十里 혹은 方五六十里"의 나라는 魯나라를 의미함이 틀림없다. 그런데 자로는 천승지국과 의미상 대구를 이룬 "可使有勇"을 말한 반면, 염유는 "方六七十里 혹은 方五六十里"라는 영토를 제시하고 "可使足民"을 언급했다. 그렇다면 여기서의 '民'은 國人 뿐 아니라 野人까지 포괄하는 것으로 봐야 한다. 이는 바로 뒤에 이어지는 "如其禮樂, 以俟君子"의 구절을 함께 고려하면 더욱 자명해진다. "可使足民"과 "如其禮樂, 以俟君子"는 상대적으로 서술된 것이다. 禮樂이라는 것은 國都 안에서 이루어지는 귀족문화이자 통치행위이다. 君子는 곧 통치계급을 말한다.[071] 따라서 子路는 國都 안, 즉 郊內의 일만을 논했다면, 冉有는 郊外까지 포함한 전체 邦國의 일을 논했다고 볼 수 있다. 한편 당시엔 農事와 軍事가 같은 단위에서 이루어졌다는 점을 상기하면, 자로는 戰時를 주목한 발언을 했고 염유의 언급은 平時를 염두에 둔 것이라 할 수 있다.

周代의 분봉은 授民과 함께 이루어졌고, 봉토와 인민은 제후에게 세습되었다. 이는 제후가 다시 경대부에게 땅과 사람을 하사했을 때도 마찬가지로 토지와 인민은 경대부의 사유재산으로 세습되었다. 따라서 제후국 안의 사람들은 제후 혹은 대부에게만 연루되었을 뿐, 그들에게 천하라는 관념이나 周라는 실체는 의식되지도 않았고 안중에도 없었다. 그들의 실질적인 주인은 周天子가 아니라 제후거나 대부였다.[072] 그런데 제후국으로서의 魯나라의 신하인 공자는 사뭇 다른 양상을 보였다. 비록 〈표2〉에서 상당한 숫자의 邦國 용례가 특별한 지칭이 없는 것으로 분류되었지만 공자가 『논어』의 全篇에 걸쳐 周의 典章질서를 따지고 魯나라와 周室을 같은 맥락으로 연계하고 있다는 점을 상기할 때, 공자 관념 속의 邦國은 일반적인 '자기 나라'가 아니라 철저하게 천하[周] 체제와 周禮 아래의 제후국이었다. 공자가 魯나라를 西周 혹은 周室과 연계하여 이해하려는 것은 그의 道統관념과 관련이 있다. 魯나라는 周公을 시조로 하며, 周公은 周代 等級·典章制의 설계자이다. 공자의 심중에선 周代의 道統을 잇는 魯나라가 小國의 지위로까지 떨어진 현실[073]을 인정할 수 없었던 것이다. 魯나라를 하나의 邦國으로 이해하지 않고 줄곧 周室 내지 天下와 결부시킨 것은 道統의 회복을 기도한 관념적 復原主義라 할 수 있다. 공자가 季氏를 두고 天子의 禮를 참람했다고 비판한 것이나 克己復禮를 주장한 것 등이 모두 같은 맥락이다. 이미 세상은 周室의 천하가 아니었지만, 공자의 염두 속 魯나라는 周室과 이미 멀리 이격된 자기 나라가 아니라 여전히 저 먼 西周 시기의 토지봉건과 엮여있는 혹은 엮여져야만 하는 제후국이었던 것이다. 이것이 공자의 邦國觀이다.

2장

孔子시대 '千乘之國'의 實狀

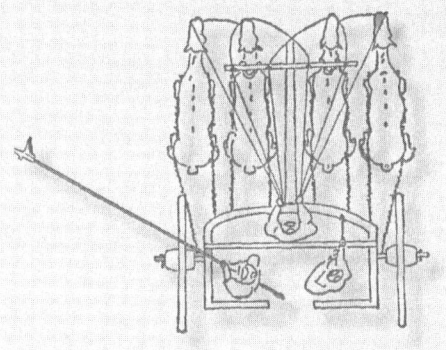

2. 孔子시대 '千乘之國'의 實狀

(1) 車戰의 시대

孔子 당시의 물리적 상황을 이해하는 것은 정치와 윤리에 관한 언급이 주를 이루는『論語』및 원시유가사상을 이해하는 데 필수불가결한 요소이다.『논어』의「學而」·「公冶長」·「先進」편에 보이는 '千乘之國'의 실질은 東周시기의 정치상황과 이를 바탕으로 하는 공자 및 그 제자들의 정치사상을 살펴볼 수 있는 구체적 사례 중 하나라고 할 수 있다. 千乘之國이란 표현은 군사적 규모 및 車戰이라는 전쟁방식을 기반으로 한 국가 지칭이다. 東周시기의 천하 형세는 전쟁[074]이 가장 핵심적인 관건[075]이었고, 구체적인 정치책략과 윤리는 모두 전쟁과 관련된 사유의 산물이었다. 공자와 제자들이 세상을 대하는 사고의 출발점이자 주 관심사는 千乘之國, 즉 제후국이었다. 天下를 입버릇처럼 말하지만, 사실 구체적인 立論은 제후국들을 중심으로 이루어졌던 것이다. 그들에게서나 원시유가에서의 大義나 질서나 正名 및 禮는 기실 周室의 천하가 아닌 제후국들 간 연결체제로서의 천하를 전제로 하고 목표로 삼은 것들이었다. 千乘之國의 구체적 實狀을 이해하면 원시유가의 정치사상과 윤리의식의 근간과 성격이 어떠한지 실증적으로 규명할 수 있다.[076]

(2) 乘의 정의

車戰은 춘추전국시대를 지배한 전쟁방식이며, 戰車는 그러한 車戰의 핵심 장비였다. 車戰의 전투력은 운행의 신속성과 여러 전투역량의 상호 유기적인 배합으로부터 나온다. 여러 전투역량의 배합은 일정한 규모를 갖추게 되는데, 그 단위가 바로 '乘'이다.[077] 이 乘의 규모는 바로 國力의 상징이었다. 당시 제후국들은 모두 다량의 전차를 만들어 군비 경쟁을 벌였으니, 이른바 '千乘之國'이란 말은 바로 그러한 정황이 만들어낸 修辭인 것이다.

乘의 본뜻은 '登, 升'이었는데, 이로부터 '登'의 의미가 구체화되어 '登車'란 뜻으로 확장되었다. 그리고 다시 登車로부터 뜻이 넓어져 車를 몰거나 탄다는 의미 및 兵車를 뜻하게 되었다. (마차를) 몬다는 말은 '(사람을) 다스린다.'는 말로, (마차를) 탄다는 말은 '(앉아서) 지킨다.'는 말로 확장되었다.[078] 『左傳』을 예로 들어 좀 더 구체적으로 살펴보면, '乘'자는 모두 163번 나오는데 그 뜻은 대체로 登·兵車·馬·甲士의 네 가지로 분류할 수 있다.[079] 여기 乘의 訓들은 모두 戰車와 관련된 것임을 알 수 있다. 산재되어 출현하는 乘의 여러 訓들은 乘이 차츰 戰車의 기본 編制를 포괄적으로 말하는 단위가 되었음을 추론케 한다.

周代의 전쟁은 車戰이 핵심이었으며, 그 編制는 戰車를 중심으로 甲士·步兵·雜役 등이 배합된 체계로 이루어졌다. 그리고 이 편제의 단위가 바로 乘이었다.[080] 1대의 戰車에는 탑승하는 3인의 甲士 외에 '卒'이라 불리는 일정한 수의 보병이 함께 움직인다. 갑사와 보병의 합계가 1乘을 이루는 것이다. 그렇다면 이 1乘의 병력은 몇 명일까? 이에 대해서는 고래로 두 가지 견해가 있다. 하나는 갑사 10인에 보병 20인[081]을 말하고, 다른 하나는 갑사 3인에 보병 72인[082]을 말한다. 두 가지 견해가 나온 데 대해 역시 아래와 같은 두 가지 해석이 존재한다.

> 戰車 1乘이 갑사 10인과 보병 20인으로 구성되는 것은 天子의 畿內 采地法이다. 畿外邦國法은 전차 1乘이 갑사 3인과 보병 72인으로 구성되는데, 갑사는 적고 보병이 많다. 畿內采地法은 畿外邦國法에 비해 갑사가 많고 보병이 적은데, 이는 內外의 규정이 다른 까닭이다.[083]

> 〈갑사와 보병 합쳐〉 75인이라 하는 것은 丘乘(4丘에서 1乘의 戰車를 내는 軍賦제도)의 本法이고, 30인이라 하는 것은 징발의 통상적 시행법이다.[084]

그런데 이 두 견해는 시대의 경과에 따른 군사상·경제상·행정조직상 여러 변화를 간과했을 수 있다. 시간의 경과를 고려하면, '갑사 10인과 보병 20인'의 구성은 주로 西周시기부터 春秋시기 前期까지 행해진 軍制이며, '갑사 3인과 보병 72인'의 구성은 주로 춘추시대 後期부터 전국시대까지 행해진 軍制라고 볼 수 있다.[085] 그렇다면 춘추시대 後期에 해당하는 공자시대의 1乘 규모는 '갑사 3인과 보병 72인'의 구성이라 할 수 있다.[086]

다음으로 戰車의 구성을 살펴보자. 古代의 戰車는 攻車와 守車의 두 부류로 편성되는데, 여러 변화를 겪다가 春秋시대에 이르러 攻車 1

輛은 전차에 탑승하는 甲士 3人과 도보로 따르는 步卒 72人으로 구성되고, 守車 1組는 짐을 싣는 輜車 혹은 重車[087]에 徒役 25人으로 구성된다. 攻車와 守車를 합하여 1乘이라 하는 것이다.[088] 그렇다면, 75인제라 말하는 것은 攻車만의 규모이므로 守車까지 포함한 1乘의 실제 규모는 100인제가 맞는 것이다. 한편 杜牧에 의하면, 守車인 重車를 담당한 25인의 구체적 역할과 할당 인원은 炊事 담당 10인, 의복과 장비 수선 5인, 말 관리 5인, 樵汲 5인이다.[089]

여기서 西周시기의 30인제와 춘추시대 이후의 100인제의 구성을 구체적으로 살펴보자. 西周시대의 軍制에 "5인을 伍라 하고, 5伍를 兩이라 한다."[090]는 대목이 있다. 이에 대해 孔廣森은 "5伍를 兩이라 한다는 데서의 兩은 輛을 말한 것이다. 25人으로 戰車 1輛이 된다."[091]고 하였다. 그런데 이 25인은 攻車의 구성을 말한 것이다. 攻車에서는 갑사 10인 중 3인만 탑승하고 나머지 7인은 전차 아래에 위치한다. 보병은 15인이 된다. 그렇다면 30人制에서 나머지 5인은 누구인가? 그들은 守車인 重車를 담당하며 炊事·樵汲·말 관리·의복과 장비 수선 등의 임무를 수행한다. 전투를 직접 수행하는 25인과 보조하는 5인을 합해 30인이 된다. 따라서 위의 100인제의 구성을 상기하면, 30인제 역시 攻車와 守車의 조합 및 步卒과 徒役의 공동 구성임을 알 수 있다.

다음으로 攻車의 구성원인 甲士를 보자. 先秦시기 戰車의 乘法은 1대에 甲士 3인이다. 戰車에 탑승하는 갑사의 수는 갑사10인제나 갑사3인제나 동일하게 세 사람이다. 甲士는 車士라고도 하는데, 戰車에 탑승하는 3人의 전투원을 말한다.[092] 戰車에 타는 甲士 3인이 어떠한 전투

대형을 갖췄는지에 대해선, 3인이 一字橫帶로 戰車 앞에 늘어설 경우 너무 좁기 때문에 이 3인은 '品'字形으로 위치했을 것이란 추단이 좀 더 설득력이 있다. 그렇다면 아래 〈圖1〉에서 묘사된 것처럼 軾(車箱의 가로나무)을 사이에 두고 御者는 軾의 앞 중앙에, 車左와 車右는 軾 뒤의 좌우에 각각 위치했을 것이다.[093] 여기서 왼쪽에 위치한 車左는 활을 들고, 오른쪽에 위치한 車右는 긴 창을 들며, 가운데 한 사람이 고삐를 잡고 전차를 몬다. 이 중 車左가 車長으로서 지휘를 한다. 전차와 보졸은 같이 나가고 같이 물러서며 대오를 함께 한다.[094] 이 때 보졸은 전차를 뒤따르며[095] 전투를 수행하고, 후퇴 시 또한 전차를 보호하는 역할을 수행했을 것으로 보인다.

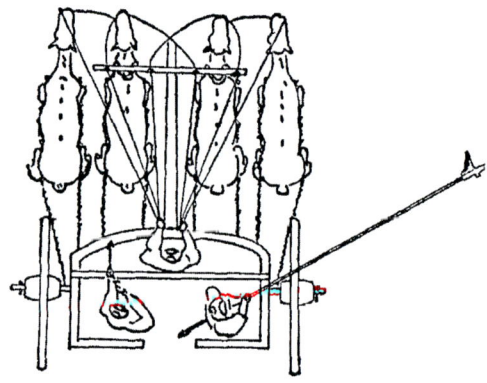

〈圖1: 3甲士의 品字型 立乘 說明圖〉[537]

(3) 수치로 본 千乘의 규모

춘추전국시대에 戰車의 수량은 국력의 상징이었다. 제후국들은 압도적인 전차의 수량으로써 전쟁에서 승리할 수 있었기에 전차를 얼마나 동원할 수 있느냐가 霸主의 지위를 얻는 선결조건이었다. 이 때문에 춘추전국시대의 제후국들은 앞 다투어 대량의 인력과 경제력을 투입하여 전차를 생산했던 것이다. 춘추시대의 대규모 車戰은 사회경제상 커다란 변화를 야기했지만, 거꾸로 사실상 그러한 대규모 전쟁을 일으킬 수 있는 힘은 경제적 자원에 근거하는 것이었다. 戰車와 병기 제작, 그리고 병사 및 군속 비용 등 車戰에는 돈이 많이 들어가기 마련이다. 따라서 군주는 막강한 재정 역량이 있어야 했다. 大夫의 참월도 사실상 재정상의 우위에 근거하는 것이었다. 더 큰 전쟁을 수행하기 위해선 더 큰 재정 여건이 필요했기 때문에 지속적인 무한 확장이 요구되었다.[096]

'乘'의 수량은 전투력을 알 수 있는 표상이기도 하고 한 국가의 경제력과 그 나라 君主의 권력을 가늠할 수 있는 기준이기도 했다.[097] 그렇다면 '千乘'의 규모가 어떠한지와 그러한 규모는 어떠한 여건에서 조성되는지를 살펴본다면, 千乘之國이란 제후국의 실상은 윤곽을 드러낼 것이다.

1乘의 구성 인원을 攻車와 守車의 조합 편성인 100인제로 따져보면, 甲士 3인과 步卒 72인 및 徒役 25인이다. 그렇다면 공자시대의 千乘의 구성인원은 攻車의 경우 甲士 3,000인과 步卒 72,000인 및 守車의 徒役 25,000인 등 도합 10만이 된다.

『周禮』에 제시된 '王六軍'이란 군대조직의 編制방식은 「地官·大司徒」, 「地官·小司徒」, 「夏官·大司馬」 등의 다음과 같은 기재에서 볼 수 있다.

> 五家를 比라 하고, … 五比를 閭라 하며, … 四閭를 族이라 하고, … 五族을 黨이라 하며, … 五黨을 州라 하고, … 五州를 鄕이라 한다.[098]

> 五人을 伍라 하고, 五伍를 兩이라 하며, 四兩을 卒이라 하고, 五卒을 旅라 하며, 五旅를 師라 하고, 五師를 軍이라 한다.[099]

> 군대를 조직함에, 12,500인을 軍이라 하고, … 2,500인을 師라 하며, … 500인을 旅라 하고, … 100인을 卒이라 하며, … 25인을 兩이라 하고, … 5인을 伍라 한다.[100]

앞장의 〈표1〉에서 본대로, 王六軍의 군대편제인 軍·師·旅·卒·兩·伍는 각급 행정조직인 鄕·州·黨·族·閭·比의 위에 세워지는 것이었다. 군대조직과 행정조직 양자는 서로 대응되며 완전히 하나로 통일된 체계를 갖췄다. 이에 대해 좀 더 상세히 살펴보도록 하자.

王六軍은 周室, 즉 天子의 군대를 말한다. 『周禮』에서의 '軍'은 군대의 최고 상위 편제이다. 『周禮』의 六鄕은 각 鄕이 1軍을 내서 모두 六軍이 된다. 평시 鄕의 책임자는 鄕大夫이고, 戰時 軍의 책임자는 軍將이다. 각 軍에는 500대의 전차가 있고, 군인은 12,500인이다. 각 鄕의 아래에 五州가 있는데, 각 州마다 1師를 낸다. 각 師에는 100대의 전차가 있고, 군인은 2,500인이다. 師의 지휘관은 師帥이고, 평시 州의 책임자는 州長이다. 六軍에는 모두 30인의 師帥가 있게 된다. 州 아래에 5黨이 있는데 각 黨에서 1旅를 낸다. 黨의 책임자는 黨正이고, 旅의 지휘관은 旅帥이다. 旅에는 500人의 군인이 있고, 각 軍에는 25旅가 있게 된다. 다음으로 黨 아래 5族이 있는데, 각 族에서 1卒을 낸다. 卒은 先秦시기의 문헌에 자주 보이는 군대편제인데, 통상 100인이다. 族의 책임자는 族師이고, 卒의 지휘관은 卒長이다. 각 軍에는 모두 125인의 卒長이 있다. 卒이라는 편제의 명칭은 步卒 개념으로부터 온 것이다.[101] 族 아래 4閭가 있는데 각 閭에서 1兩을 낸다. 閭의 책임자는 閭胥이고, 兩의 지휘관은 兩司馬이다. 兩은 士卒 25인으로 구성된다. 각 군은 500인의 兩司馬와 500乘의 戰車를 갖게 된다.[102] 마지막으로 閭 아래 5比가 있는데, 각 比에서 1伍를 낸다. 比의 책임자는 比長이고, 伍의 지휘관은 伍長이다. 伍는 5인으로 구성된다. 각 軍에는 2,500인의 伍長이 있다.

앞서 보았듯이 王六軍은 '兩'으로 戰車 단위를 삼았는데, 一軍은 戰車 500兩이고 六軍을 합하면 3,000兩이다. 이에 의하면 周室의 전차 규모는 3,000乘이므로, 天子의 군대 규모의 기준이 3,000乘임을 알 수 있다. 그런데 춘추시대 中後期로 넘어가면서 각 제후국들의 군사규모는 이미 周王室을 넘어섰으니[103], 禮樂이 붕괴되고 천하가 어지럽게 된 것의 표지이자 원인은 바로 군사적 힘의 질서의 와해였던 것이다.

『周禮』에 의하면 周室의 왕과 이하 제후국들은 각기 정치등급의 차이에 따라 다른 군사조직을 갖게 되며, 나아가 제후국 군사조직의 최고 지휘관인 軍將 역시 왕이 직접 임명하게 되어 있었다.[104] 왕은 이를 통해 각 제후국의 군대를 장악하고 통제하려 했던 것이다. 하지만 東周시대 이후 이러한 군사적 연계는 그 통제력을 상실하게 된다. 특정 개별 국가가 경제력 상승과 전쟁승리로 인한 인구증가 등의 요인에 의해 심지어 周王室의 군대 규모를 넘어서는 군사력을 갖게 되자 그러한 제도는 의미를 상실케 되었다. 여기서 無道한 세상이 만들어진 것이다.

이제 '千乘之國'의 인구 규모를 알아보자. 주왕실의 행정조직과 군사조직은 하나의 체계로 맞물려 있으며, 이러한 정황은 춘추시기 각국의 상황과도 동일하다. 따라서 춘추시기 각국의 병력과 軍賦 및 행정편제를 살펴보면 그 인구 규모를 산출할 수 있다.

춘추시기 군대조직의 기본형식은 車兵과 戰車에 예속된 徒卒의 조합으로 이루어졌다. 乘은 군대의 기본편제 단위이기도 했고 軍賦의 단위이기도 했다.[105] 이는 西周 이래의 전통적인 賦制이며, 戰國시기 初에 없어졌다.[106] 軍賦는 甸을 단위로 배정되었고, 乘을 단위로 계산되었다.[107] 軍賦는 錢糧으로 내는 것이 아니라 전투를 수행하는 인력 및 전투에 필요한 한 세트의 장비를 내는 것이었다.[108] 그 자세한 내역은 아래와 같다.

> 1甸은 64井인데, 여기서 戰車 1兩, 말 4匹, 소 12頭, 甲士 3人, 步卒 72人, 그리고 창과 방패 등 武器 일체를 낸다. 이것이 1乘의 편제이다.[109]

이것이 1甸, 즉 '一乘之地'가 내는 1乘의 賦의 전체내용이다. 전차 위의 甲士와 전차를 따르는 步卒을 합하면 모두 75인이다. 그리고 춘추시기의 군대 편제는 100인제이므로, 여기에 徒役으로 따르는 이가 25인 추가된다. 그런데 이들은 國人이 아니므로 편제에는 포함되지 않았다. 한편 그들이 담당한 重車는 소가 끌었다는 점과 위의 軍賦 규정이 제시한 소가 12頭인 점을 고려하면, 徒役이 끌었던 重車는 모두 12兩이었음을 유추할 수 있다.

　　위에서 본대로 1甸 내지 64井에서 75인의 士兵을 낸다면, 몇 家에서 1인을 내는 것일까? 여기엔 두 가지 설이 있다. 첫째, "8家를 1井"[110]으로 보는 기준에 의하면, 7家 정도에서 1인을 낸다. 둘째, "30家에서 士 1인과 卒 2인을 낸다."[111]는 기준에 의하면, 10家에서 1인을 낸다. '7家1人'으로 계산하면, 75인에 대해선 525家가 되며 1家의 구성원을 5인[112]이라 봤을 때 1乘을 내는 인구수는 2,625명이 된다. 따라서 千乘之國의 인구는 國人을 기준으로 2,625,000명이다. 이는 1乘 100인제 중 士兵 75인에 대한 계산이므로 나머지 徒役을 맡는 25인의 野人의 값, 즉 $\frac{1}{4}$에 해당하는 사람수를 계산하여 합산하면 3,281,250명이 된다. 한편 '10家1人'으로 계산하면, 75인에 대해선 750家가 되며 역시 1家의 구성원을 5인이라 봤을 때 1乘을 내는 인구수는 3,750명이 된다. 그러면 千乘之國의 인구는 國人을 기준으로 3,750,000명이다. 역시 $\frac{1}{4}$에 해당하는 野人의 徒役을 여기에 합하면 千乘之國의 인구는 4,687,500명이 된다. 두 가지 설의 기준으로 볼 때 당시 千乘之國의 인구는 대략 4백만 명 안팎이라 할 수 있다.

다음으로 '千乘之國'의 면적 규모를 알아보자. 『管子』에 "사방 6里가 1乘을 내는 땅이다."[113]라는 대목이 나온다. 이를 기준으로 보면, 1,000 乘을 내는 땅의 면적은 사방 190里 정도이며, 이는 현대의 척도로 보면 약 76㎢에 해당한다. 또 "1甸은 64井인데, 여기서 戰車 1乘을 낸다."[114] 고 한 司馬法을 기준으로 보면 사방 8里가 1乘을 내는 면적이 된다. 그렇다면 1,000乘을 내는 땅의 면적은 사방 250里 정도[115]이며, 이는 현대의 척도로 보면 약 100㎢에 해당한다. 앞서 본 대로 1軍은 500乘이니, 千乘之國은 2軍을 갖춘 국가이다. 2軍의 규모를 갖춘 千乘之國에서, 대략 76~100㎢의 땅 안에 國人 3백여만 명과 野人 1백여만 명 등 도합 4백여만 명이 평시엔 농업에 종사하고 전시엔 士兵과 徒役으로 전쟁을 수행했던 것이다.[116]

(4) 千乘之國의 논어적 의미

앞서 千乘之國의 實狀을 살펴보았으니, 이제 마지막으로 『論語』에서 千乘之國이 어떠한 의미로 논의되고 있는지 살펴보자. 『論語』에서 千乘之國은 다음 세 구절에서 거론된다.

千乘의 나라를 경영[117]하는데, 제사[118]를 경건하고 미덥게 하며, 물자를 아끼고 사람을 귀히 여기며, 백성을 부림에 때를 가려야 한다.[119]

子路는 千乘의 나라를 능히 다스릴 수는 있겠지만, 그가 仁한지는 모르겠다.[120]

子路가 경솔히 나서 말하였다. 千乘의 나라가 大國 사이에 끼어 군사력으로 위협을 받고 또 그로 인해 기근에 시달릴 때, 제가 다스리면 3년 안에 백성으로 하여금 용맹이 있게 하고 방향을 알게 하겠습니다.[121]

첫째 구절은 孔子가 직접 千乘之國과 관련된 방책 내지 마음가짐을 말한 것이다. 둘째 구절과 셋째 구절은 모두 孔子와 子路가 연계된 내용이다. 두 구절의 내용은 공히 子路가 千乘之國을 담당할 만한 능력이 있음을 암시하나, 도덕적 자질의 면에서 孔子가 子路를 그다지 인정하지 않음을 보여준다.

앞서 살펴본 내용을 토대로 검토할 수 있는 부분은 첫째 구절에서의 "使民以時", 둘째 구절에서의 "治其賦", 그리고 셋째 구절에서의 "攝乎大國之間, 加之以師旅, 因之以饑饉"과 "可使有勇" 등이다.

먼저 "使民以時"를 보자. 공자시대 각국은 행정조직과 군사조직이 연계된 체제였고 평시엔 생업(즉, 농업)에 종사하고 전시엔 전쟁을 수행했던 '農兵合一'[122]의 체계였으므로, 백성들을 농사철에 맞게 부리는 것은 매우 중요했다. 어느 정도까진 백성의 小康을 고려한 인도적 측면도 있었을지 모르나, 사실 중요한 것은 그 백성들이 바로 전쟁의 중요한 자원이자 농업생산물 자체 또한 軍賦로서의 전쟁 물자를 담보하는 관건적인 자신이었기 때문에 농업생산의 기반이 무너지는 것은 전쟁수행에 치명적인 타격이었다는 점이다. 따라서 백성을 어떻게 다스리는가는 爲政者의 중요한 전략적 책무였다.

다음으로 "治其賦"를 보자. 여기서 賦는 말할 것도 없이 軍賦를 의미한다. 앞서 살펴본 대로 1乘에서 내는 軍賦는 인력과 물자를 포괄하는 '戰車 1兩, 말 4匹, 소 12頭, 甲士 3人, 步卒 72人, 그리고 창과 방패 등 武器 일체' 등이니, 이를 기준 삼아 산술적으로 계산하면 千乘之國의 軍賦 총량은 '戰車 1,000兩, 말 4,000匹, 소 12,000頭, 甲士 3,000人, 步卒 72,000人, 그리고 그 군사력에 부합하는 양의 창과 방패 등 武器 일체'가 된다. 여기에 인구와 면적을 고려하면 76~100㎢의 땅 안에 國人 3백여만 명과 野人 1백여만 명 등 도합 4백여만 명을 갖춘 나라가 千乘之國이다. "治其賦"라는 말은 단순한 세무행정을 담당하거나 군사적 지휘를 뜻하는 것이 아니라 이러한 규모의 나라를 다스린다는 뜻이다.

마지막으로 "攝乎大國之間, 加之以師旅, 因之以飢饉"과 "可使有勇"을 보자. 周代의 軍制는 周王室 및 그 이하 제후국의 등급에 따라 규모를 규정하고 있다. 즉, 周王室은 6軍, 大國은 3軍, 次國은 2軍, 小國은 1軍을 갖도록 했다.[123] 앞서 살핀 대로 1軍의 戰車규모가 500乘인 점을 감안하면, 周室은 3,000乘, 大國은 1,500乘, 次國은 1,000乘, 小國은 500乘의 진자규모를 보유하게 된다. 그렇다면 千乘之國의 등급은 次國인 셈이다. 바로 魯나라가 『左傳』의 기재[124]에 의하면 1,000乘을 지닌 국가이니 2軍을 낼 수 있는 次國에 해당한다. 孔子와 子路가 속한 나라는 魯나라이다. 당시 많은 약소국들과 마찬가지로 魯나라 역시 주위에 이른바 春秋四覇라 하는 晉·楚·齊·秦 등에 의해 둘러싸인 형국에 처해있었다. 여기서 말하는 大國은 바로 이 네 나라를 말하는 것이다. 앞서 본 대로 이 나라들은 대체로 4,000乘 안팎을 내는 나라들이니 사실상 周室을 초과하는 국력이지만, 당시 관습적으로 이들은 제후국 가운데 가장 규모가 큰 나라로서의 大國이라 칭했던 것이다. 師와 旅는 軍 아래의 군사조직이지만 이 합칭은 전쟁을 의미하는 군사력으로 봐야한다.[125] 군사적 위협과 지속적인 압박은 兵農合一의 체계에서 줄곧 식량생산에 곤란을 겪거나 무수히 약탈당했음을 의미한다. 大國 사이에 끼인 약한 국가에서는 따라서 농업의 기반이 흔들릴 수밖에 없을 것이고 이것이 기근으로 이어짐은 당연한 것이다. 그렇다면 이러한 모든 국가적인 문제를 해결할 수 있는 길은 전쟁에서 승리하거나 밀리지 않는 방법뿐이다. 이에 백성들에게 용맹을 강조할 수밖에 없는 것이다.

특히 "道千乘之國, 敬事而信, 節用而愛人, 使民以時."(『論語』「學而」)이란 구절은 공자의 정치철학이 어떠한 것인지를 잘 보여준다. "국가의 큰 일은 제사와 전쟁이다."[126]라는 구절에서 볼 수 있듯이, 당시 가장 중요한 국가대사는 전쟁과 제사였다. 공자가 말한 '千乘'은 말할 것도 없이 전쟁과 직결되고 "節用而愛人"이나 "使民以時" 역시 軍役과 관련을 갖는 것이며, "敬事而信"은 그대로 제사와 연관이 있다. 결국 이 구절은 전쟁과 제사가 국가경영에서 가장 중요하다는 점을 말한 것이다. 춘추말기의 혼란했던 그 시절, 공자의 세계이해와 사상적 책략이 어떠했는지를 극명하게 보여주는 대목이다.

3장

"先進於禮樂"章의 實狀

3. "先進於禮樂"章의 實狀

(1) 先進과 後進의 의미

「先進」편 首章은 역대로 많은 주석가 및 연구자들을 혼란케 만든 난해한 문장이다. 내용은 매우 단순하고 글의 구성도 극히 명료하다. 하지만 이 문장이 무엇을 의미하는지, 나아가 이 글을 통해 공자가 궁극적으로 무엇을 말하려고 했는지에 대한 합리적이고도 논리적인 답을 얻기는 쉽지 않다. 여기서 공자시대 당시의 역사적 상황과 당시 사람들의 현실에 주목하고자 한다. 일단, 기본적으로 首章에서 가장 중요한 키워드인 "野人"이란 말은 그 자체로 역사 용어이기 때문에, 철학 영역 안에서만 고찰할 경우 이 문장의 의미를 제대로 파악하기란 불가능에 가깝기 때문이다.

> 子曰: 先進於禮樂, 野人也. 後進於禮樂, 君子也. 如用之, 則吾從先進.

우선 先進과 後進의 뜻을 밝히는 것이 「先進」편 첫 구절을 정확히 이해하는 데 필요한 선결 과제이다. 여기에는 여러 갈래가 있다. 첫째, 先進・後進은 한 단어인가 아니면 先・後와 進이 분리되는 두 단어인가? 둘째, 한 단어라면 각각은 무슨 뜻인가? 셋째, 두 단어라면 進은 무슨 뜻인가?

먼저 先進과 後進을 하나의 단어로 이해한 해석을 보자. 아래는 先進·後進을 선후배로 보는 해석이다.

先進과 後進은 벼슬길에 들어선 시간상의 선후배를 말한다.[127]

先進과 後進은 선배와 후배를 말한다.[128]

다음은 先進·後進을 공자의 제자와 연결시킨 해석이다.

이 章은 孔子가 그 弟子 가운데 벼슬길에 나선 시간상 선후의 무리를 評한 것이다.[129]

先進, 後進은 곧 弟子를 가리킨다.[130]

先進은 먼저 관직에 들어선 이로 子路 등인데, 이들은 亂世를 바로잡는데 뜻을 두었다. 後進은 子游나 公西華 등인데, 이들은 太平을 이루는데 뜻을 두었다.[131]

다음은 先進·後進을 당시의 역사적 상황과 연결한 해석이다.

> 先進은 士民이 덕이 있어 벼슬길에 나가 卿大夫가 된 이로, 野人으로부터 조정에 들어간 사람이다. 後進은 諸侯卿大夫로서 爵祿을 세습 받는 이다.[132]

先進·後進을 선후배로 이해하면서 여기에 시간상의 구분을 가하는 해석도 있다.

> 先進은 三代 이전, 後進은 三代 이후를 가리킨다.[133]

> 皇侃은, 五帝 이전을 先進이라 하고 三王 이후를 後進이라 했다. 江永과 姚鼐는 殷 이전을 先進, 三王 이후를 後進이라 했다. … 邢昺은 襄公·昭公의 시대를 先進, 定公·哀公의 시대를 後進이라 했다. 나(宦懋庸)는 武王·周公 때를 先進, 춘추시대를 後進이라 본다.[134]

「先進」편의 전체 내용이 사실상 공자의 제자들에 대한 거론 및 평가라는 점에서, 先進·後進을 하나의 단어로 이해하여 해석한 위 일부 내용이 시간상 선후를 둔 공자의 두 제자 그룹의 관직 활동을 지칭하는 것이라 말하는 것도 일리는 있다. 그런데 여기서 先進과 後進의 뒤에 연결되는 野人·君子를 연계하여 구절을 다시 볼 때, 先進·後進이 과연 공자의 제자들을 지칭하는 것인지는 재고를 요한다. 野人·君子에 대한 내용은 周代史 내 국가체제의 史實과 관련된 문제이며, 이는 매우 넓은 시공간의 범위를 배경으로 하기에 공자 제자들에만 논의를 국한할 수 없기 때문이다. 위 『論語稽』의 인용문에서 볼 수 있는 시기 구분도 先進·後進이 野人·君子와 직접 결부되어 있기 때문에 설정된 것이다. 따라서 先·後의 문제가 단지 시간상의 차이를 말하는 것이 아니라 시기 구분에 따른 각기 내용의 상이함을 말하고 있다는 점을 상정해야 한다. 이는 다시 말해서 野人·君子의 의미를 명확히 파악해야만 先進·後進이 무엇을 말하는지 명료해진다는 뜻이기도 하다.

이상 살펴본 것은 先進·後進을 하나의 단어로 이해하는 해석이다. 이번엔 先進·後進을 하나의 단어, 즉 명사가 아니라 "부사+동사"의 구조로 이해하도록 한다. 다시 말해서 "進"이 동사이고 "先·後"는 "進"의 작용에 대해 단지 시간 구분을 보여주는 부사라는 것이다. 따라서 여기서는 사실상 "進"의 뜻만 살피면 된다. 대체로 이에 대해서는 세 가지 해석이 존재한다. 첫 번째 해석은 鄭玄이 제기한 것으로, "進"을 "學"의 의미로 보는 것이다.[135] 두 번째 해석은 "進"을 선발·등용의 의미로 보는 것이다. 이 글의 주제와 연관 있는 내용이 『禮記』에 나오는데, 여기서 "進"이 그러한 뜻으로 쓰이고 있다.

> 世子와 士를 가르치는 것은 반드시 때에 따라야 한다. 봄과 여름에는 방패와 창을 들고 추는 武舞를 가르치고, 가을과 겨울에는 깃털과 피리를 들고 추는 文舞를 가르치는데 이는 모두 東序에서 교육이 이루어진다. … 禮는 瞽宗에서 가르치고, 글은 上庠에서 가르친다. … 郊學에서 天子가 직접 임해 학생의 논설을 듣는 것은 어진 이를 뽑고자 함이다. 혹은 덕행이 뛰어나 벼슬을 받아 등용되고, 혹은 일처리에 능해 등용되며, 혹은 언변이 능통해 등용된다. … 三王이 世子를 교육할 때는 반드시 禮樂으로써 한다. 樂은 내면을 닦게 해주고, 禮는 외양을 닦게 해준다.[136]

원문의 "或以德進"에서의 "進"에 대해 孔穎達은 "進謂用爵之"[137], 즉 "벼슬을 주어 등용케 한다."는 뜻으로 해석하였다. 위 인용문의 말미에서 보듯, 당시 교육의 주요 내용이 禮樂이었기 때문에 "先進於禮樂"이라는 구절을 "禮樂에 뛰어나 〈먼저〉 등용되었다."라고 해석하는 설도 성립 가능하다고 볼 수 있다. 그러나 마찬가지 이유로 鄭玄이 앞서 해석한 "學"의 뜻도 충분히 유효하다. 당시의 주요 학습내용이 禮樂이기 때문에 "先進於禮樂"을 "〈먼저〉 禮樂을 배웠다."라고 이해하는 것도 역시 전혀 무리가 없어 보인다.

근일에 제기된 "進"에 대한 세 번째 해석은 매우 도발적이다. 여기서 "進"은 "進獻", 즉 "바치다." 혹은 "올리다."의 뜻으로 이해된다. 이는 제사활동과 관계있는 용어로, 제사에 필요한 용품을 陳設하는 것을 말한다. 이 주장은 "進"에 관한 고대 한어사전의 여러 뜻풀이와 다양한 용례로부터 근거를 이끌어낸다.[138] 이에 의하면, 『說文解字』에서 "進"은 "登"의 뜻이고[139], 『春秋左傳』에서는 "進"이 "前進", "使前進", "進獻"의 세 가지 뜻으로 쓰였으며[140], 상고시대의 한자 용례에도 "進"이 "推進"과 "獻納"의 두 가지 의미로 쓰였다고 한다.[141] 그런데 "先進於禮樂" 내지 "後進於禮樂"의 문장을 고대 漢語의 구성이라는 측면에서 분석하면, "前進", "使前進", "推進" 등은 어법적으로 맞지 않는 뜻풀이가 된다는 점을 들어 언어규정상 여기서는 "進"이 進獻의 의미라는 것이다. 이 의미는 어법 차원 뿐 아니라 陳設이라는 뜻에서 넓게 제사에 해당하는 禮樂과 어울리는 용어로 보인다. 그렇다면 "先進於禮樂"은 "제사의례에 앞서 祭需 용품을 陳設하다."로 해석된다.

이상 여러 가지 각도에 의해 "進"의 의미를 고찰해 보았다. 하지만 지금 단계에서 이 몇 가지 해석 가운데 하나를 취하는 것은 무리이다. 왜냐하면 뒤에 연결되는 禮樂 및 野人·君子와 함께 고려되어야 정확한 의미를 알 수 있기 때문이다. 이제 野人·君子의 의미를 추적해 보기로 하자.

(2) 野·野人과 군자의 의미

"野"의 의미는 일단 크게 두 가지로 나뉜다. 하나는 명사로서 특정 區域을 지칭하는 용어이고, 다른 하나는 정신세계를 형용하는 "質朴"의 의미이다. 野人의 의미 또한 전자를 따르면 野에 거주하는 사람이 되고, 후자를 따르면 순박한 사람이 된다.

前者의 "野"를 먼저 보자. 이때의 "野"는 지역적 개념이다. 앞 장에서 詳述했으므로 간단히 정리해보자. 周는 王朝 및 각 諸侯國의 都城과 이러한 都城 바깥의 농촌지역이라는 두 구역으로 이루어진 공동체이다. 이 공동체를 國野제도라고도 부른다. 王朝와 각 諸侯國 國都의 중심에 조성된 도시화부분을 國이라 한다. 國의 주위에 범위가 그리 크지 않으면서 國에 붙어있는 농촌지대를 郊 혹은 鄕이라 한다. 그리고 郊 바깥의 모든 국토는 野라 한다.[142] 野는 기본적으로 농촌지역이다. 그러나 野에는 또한 귀족이 소유하고 거주하는 采邑도 분포되어 있는데, 이는 都라고 불리며 野 안의 도시 혹은 준도시 지역이다. 野와 상대적 구역으로서 國이 있으며, 그 안에 사는 사람들을 國人이라 한다. 귀족들은 國 안의 도시지역에 산다. 國 안의 농촌지역에 사는 사람은 王室이나 公室 및 각 귀족의 집에 종속되어 兵役의 의무를 지는 農民이다. 이들은 國人 가운데 하층민이다. 野에 거주하며 전문적으로 농업생산에 종사하고 귀족에 예속된 하층민은 野人이라 한다.[143]

다음으로 後者의 "野"를 보자. 『漢語大詞典』에는 "野"의 형용사적 의미가 네 가지로 열거되어 있는데, 질박·天然·예의나 예절에 부합하지 않음·鄙俗 혹은 粗野 등이 그것이다.[144] 네 가지 의미는 모두 어울리거나 연관성이 없음에도 불구하고 하나의 단어에 대한 뜻으로 배치되어 있는데, 이러한 혼재 자체는 "鄙陋"로부터 "質朴"으로의 "野"의 의미 변화를 보여주는 표지이기도 하다. 왜냐하면 비루는 郊라는 지리적 한계로부터 조성된 것이며 질박은 殷의 후예라는 점으로부터 조성된 것이기 때문이다.

孔子 및 孔門私學의 근거지인 魯나라는 衛나라와 함께 대표적인 殷의 후예 내지 遺民들이 조상인 제후국이다.[145] 魯나라의 경우 國都의 통치계층은 周人이고 國都 밖의 광대한 郊野 지구에 사는 郊人 혹은 野人은 殷의 후예 내지 遺民이다. 이들은 여전히 殷민족의 풍속과 옛 禮制를 간직하고 있었다.[146] 공자가 周의 문화는 殷으로부터 온 것[147]이라 한 점은 사실 공자 자신이 殷의 후예이기 때문이란 점을 말해주기도 하지만 또 하나의 중요한 사실을 내포하고 있다. 즉 武王의 무력에 의해 殷을 멸망시킨 周는 통치자이기는 하지만 禮儀文化라는 면에서는 殷에 비해 형편없었다는 점이다. 반면 망한 나라로서의 殷은 열악한 환경

에 처한 피통치계층이 되었다 해도 예의문화까지 사라져 버릴 리는 없었다. 그렇다면 주로 예의문화를 담당하고 시행했던 殷의 귀족들은 설령 亡國과 함께 관작을 박탈당하고 평민이 되어 교외에 살게 되었다 해도 여전히 舊制度로서의 禮儀文化를 보존하고 있었음을 짐작할 수 있다. 통치계층이긴 하지만 예의문화의 수준은 뒤떨어졌던 周는 오히려 實在하는 殷의 예의문화를 배우고 익혀 점차 殷의 수준에 도달 내지는 초월하는 문화대국이 되었고, 따라서 殷의 禮儀文化는 결국 周의 근본제도이자 질서가 되었던 것이다.[148]

이제 전자의 郊外의 의미와 후자의 質朴의 의미를 결합하여 "野人"의 정체를 규명해보자. 중앙 통치계층이 거주하는 國都와 먼 거리에 있는 郊外에 사는 野人은 亡國民에 평민임에도 불구하고 殷의 후예[149]이기에 禮儀文化를 여전히 보존함으로써 질박하다고 정리해 보자. 여기서 의문점은 殷의 예의문화가 왜 질박하냐는 것이다. 이에 대한 해답은 "質勝文則野"[150]에서 찾을 수 있다. 이 구절에서의 "質"은 내면의 자질로, "文"은 외면의 修飾으로, "野"는 질박함으로 보통 이해된다. 殷과 周를 비교대상으로 상정하여 보면, 周는 새로이 봉건왕국을 건설하면서 典章제도를 촘촘하고 엄격하게 수립하는데 상당히 공을 들였다. 그런데 이 典章제도는 규정과 질서에 충실한, 다분히 목적성 儀禮문화이다. 여기서 "文"을 周의 봉건제를 지탱케 해주는 典章제도의 형식성이라 본다면, 이의 대척점으로 설정된 "質"은 예전 殷이 구현 했던 바의 상황과 인정에 충실한 適宜性 의례문화의 특징으로 볼 수 있다. 따라서 質은 本然이기에 질박할 수밖에 없으며 文은 외향적이기에 浮華하니,

본연이 수식을 넘어선 것을 질박이라 표현한 것이다. "質勝文則野"의 구절로부터 殷의 예의문화가 周의 예의문화에 비해 질박하다는 점을 확인할 수 있다. 지리적으로 편벽된 점과 殷의 후예로서의 질박한 문화가 결합하여 野人의 性情이 조성되고, 나아가 天人관계의 충실함을 소중하게 여겼던 原始儀禮의 진면목을 보존하고 발휘할 수 있는 이가 野人이라는 것이다.

다음으로 공자시대 野人의 지위변동에 대해 살펴보자. 周初에 수립된 國野제도에선 國人이 평민 계층이긴 해도 통치계층과 同姓이라는 혈연관계가 있기 때문에 씨족공동체의 구성원이 될 수 있었다. 따라서 다른 外族 구성원인 野人에 비해 사회적 지위는 비교적 높았다고 볼 수 있다.[151] 처음에는 國人만이 參政權이나 參戰權을 가졌고, 野人은 그러한 권리를 누리지 못했다. 하지만 경제적 및 사회적 여러 요인으로 말미암아 野人의 지위도 변동하게 된다.

鑄鐵의 제련 및 유연화 기술의 발명으로 경제가 급속히 발전했고, 이에 따라 사회구조가 바뀌었으며, 궁극적으로 이는 사람의 신분을 변화시켰다.[152] 애초 國人만이 군인이 될 수 있었으나 점차 제후 및 家臣들이 모두 군사적 확장을 도모하면서 더 많은 군대가 필요하게 되자 野人이 그 수요를 충족시키게 되었다. 전쟁이 당시 매우 중요한 행사[153]였던 점을 감안하면, 野人이 전쟁에 참여할 수 있게 되었다는 것은 바야흐로 國人과 野人의 신분상 경계가 사라졌음을 의미한다.[154] 군인이 될 수 있다는 것, 즉 參戰權을 갖게 되었다는 것은 이제 野人이 한낱 평민이자 농민에 머무르지 않고 통치계층에 진입할 수 있게 되었음을 상징적으로 보여준다. 그리고 野人 중 애초 識字層이자 통치계층이었던 殷의 후예들은 사회변동의 시기에 이른바 新士로서 또 하나의 주류로 대두하게 된다.

이제 "先進於禮樂"章의 野人 내지 공자시대의 野人에 대해 정리해 보자. 일단 여기서의 野人은 禮樂과 연관된 이다.[155] 따라서 주)150에 거론된 여러 부류의 野人 구성원 가운데 禮樂에 대한 이해와 지식이 있거나 禮樂을 익힐 수 있는 지적 기반을 갖춘 이는 殷왕조 때 통치계층에 있었던 이들일 수밖에 없다. 그런데 亡國民으로서 이젠 郊外에서 농사에 종사하는 평민계층인 野人이 어떻게 禮樂과 연관될 수 있을까? 禮樂은 世子와 귀족 등 통치계층이 반드시 익혀야할 정도로 통치의 기반이 되는 중요한 경영 및 수양 매뉴얼[156]이자 하나의 제도로서 국가적 혹은 관방적 사업인데 말이다. 이에 대한 해답은 사회변동으로 인한 野人의 지위 변화에 단서가 있다. 앞서 野人이 전반적 군사력 확장에 의해 군인이 됨으로써 參戰權이라는 중요한 권리를 획득했음을 거론했다. 그런데 이뿐만이 아니라 野人은 사회적 지위상승[157]에 힘입어 본격적으로 통치계층으로의 진입을 꾀하였다. 그 통로이자 방법은 학문연마와 禮樂 수련이다. 특히 춘추시기로 접어들면서 사회의 혼란은 가중되었고 兼併戰爭이 빈번해졌을 뿐 아니라 규모도 확대되었다. 野人은 바로 이 난세에 편승해 지위 상승과 禮樂 학습의 기회를 획득하고자 애썼던 것이다.

野人이 禮樂을 배울 기회와 參戰의 권력을 얻게 된 것은 춘추시대에 비로소 나타난 새로운 상황이다. 공자가 살았던 춘추시대에는 野人

의 지위와 역량이 증가하였다. 중언하자면, 당시 날로 심해지는 제후국 간의 합병전쟁으로 인해 통치계층이 군사력을 확충하고자 野人으로 하여금 參戰을 적극적으로 요구하였기 때문이다. 원래는 國人이 독점하였던 기본적 통치 권력을 나누어 갖게 된 것이다. 野人 가운데 통치계층의 신분을 추구한 무리는 원래 통치계층만의 禮樂문화의 지식을 배워 관리가 될 기회를 구했다.[158] 한편 "先進於禮樂"章에서의 禮樂이 西周시기의 典章제도나 훗날 유가적 儀禮의 정수가 된 禮樂문화를 말하는 것이 아니라 六藝 가운데 가장 중요하고 기본이 되는 禮와 樂을 가리키는 것처럼, 이 章에서 野人과 상대적 존재로 등장하는 君子 역시 儒學에서 인간이 반드시 도달하고자 한 도덕적 완전인격체를 말하는 것이 아니라 애초의 뜻 그대로 王公子弟로서의 통치계층을 가리킨다. 만약 이 구절에서 군자가 도덕적 완전인격체를 지칭한다고 하면 野人은 小人과 같은 저열한 인격체를 지칭해야 의미론적 대구가 맞게 되는데, 野人에는 小人의 의미도 없거니와 문맥상 공자가 선호 혹은 선택하지 않아 野人보다 後位에 두었다는 점에서 군자는 도덕적 완전인격체를 가리키는 것이라 볼 수 없다.

한편 國野제도에서는 君子가 國人을 가리키는 것이라는 견해가 있다. 군자를 단순히 통치계층으로 이해해서는 안 되며, 따라서 野人이 國人으로서의 군자와 상대되는 개념이라는 것이다.[159] 하지만 이 견해는 용납되기 어렵다. 역사학적 고찰에 따르면, 廣義의 차원에서 國人은 "國" 안에 거주하는 사람들을 모두 칭하는데 여기에는 귀족·하층 귀족인 士·공상업자 등을 포함하고, 狹義의 차원에서 國人은 일종의 신분으로서 주로 하급 귀족으로서의 士라는 한 사회계층을 가리킨다.[160] 특히 협의의 國人이 士를 가리키므로, 이때는 군자가 國人과 동등한 의미라 해도 무방하다 할 수 있다. 하지만 士도 넓은 의미에서는 통치계층에 속하므로, 단순히 군자를 통치계층으로 볼 수 없다는 말은 國人의 지칭 범위를 제대로 헤아리지 않은 오류라 할 것이다.

(3) "吾從先進"의 이유와 의미

先進과 後進 및 野人과 君子의 이분법적 구도를 제시하고, 택일의 가정에서 공자는 先進을 선택했다. 『논어』 전편에 걸쳐 군자는 지속적이고도 일관되게 유가의 이상적 인간상으로 제시되고 표방되었다.[161] 그럼에도 불구하고 공자는 군자 쪽이 아닌 野人 쪽을 우선했다. 이 점이 바로 「先進」편의 首章을 독해하기 어렵게 만든 결정적 이유이다. 이 곤란으로부터 벗어날 유일한 방도는 앞서 언급한 바대로 군자를 유학의 도덕철학적 방식이 아닌 당시 실황에 입각한 역사적 방식으로 정의하는 것이다. 그렇다면 國人 통치계층의 건너편에 있는 野人은 어떤 부류인가? 일단 앞서 언급한 대로 공자가 거론한 野人은 禮樂과 연계될 수 있는 부류여야 하기 때문에 학문과 문화이해의 역량을 갖추어야 하므로 野에 거주하는 野人들 중 殷의 후예라고 할 수 있다. 劉寶楠은 당시 상황을 이해하는데 좋은 단서가 되는 해설을 제시한 바 있다.

野人은 爵祿이 없는 평민을 지칭한다. 춘추시기에 관리 선발의 법이 폐지되고 卿大夫들은 모두 爵祿을 세습하게 됐다. 그들은 모두 학문을 미리 한 것이 아니라 관직에 오른 다음 현명한 자가 禮樂의 일을 생각하게 되었다. 그리하여 그로부터 禮樂을 익히게 되어 군자가 되었다. 군자란 卿大夫를 지칭하는 것이다.¹⁶²

여기서 "仕而優則學"과 "學而優則仕"¹⁶³의 두 방식이 제기될 수 있다. 劉寶楠이 거론한 "학문을 미리 하지 않았지만 먼저 관직에 오른 다음 禮樂을 공부"한 國人 卿大夫로서의 군자는 "仕而優則學"의 경우에 해당한다. 卿大夫 등 통치계층이 爵祿을 세습하게 되면서 신규 관리를 선발할 여지가 없게 되었지만, 군사력 확장의 정세로 인해 군인 수요가 늘게 되면서 參戰權을 획득하고 사회적 지위가 상승하게 된 野人은 신분 상승의 기회가 제공된 후 본인 스스로의 노력에 의해 禮樂을 공부한 다음 벼슬을 한 부류이기에 "學而優則仕"의 경우에 해당한다. 이 野人 부류는 다름 아닌 공자의 제자들이다. 이들은 혼란한 사회에서 역설적으로 賢士의 수요가 급증하자 학문과 수양을 쌓은 후 그 필요를 충족시켜준 신흥 士 계층이었다. 춘추시기 사상과 사회관계에서 가장 큰 변화는 바로 이 士 계층의 대두였다. 공자가 거론한 野人은 바로 제자로서 士이거나 士를 예정하고 있는 이들¹⁶⁴을 의미하며, 이들은 孔門私學에서 양성되었다.

또 한 가지 해결해야 할 문제는 왜 "吾從野人"이 아닌 "吾從先進"인가 하는 것이다. 다시 말해서 공자는 왜 "野人"이라는 인물 부류가 아닌 "先進"이라는 방식을 선택했느냐는 것이다. 일단 기본적인 이유는 스승인 공자가 어떻게 제자를 따를 수 있느냐는 것이다. 曾點에 대해 "내가 너와 함께 하겠다."[165]라고 한 정도가 제자에 대한 극찬이다. 당시의 객관적인 정황에서 "스승인 내가 제자인 너를 따르겠다."라는 발상과 언급은 있을 수 없는 일이다. 따라서 앞의 문장에서 先進과 野人이 연결된다 해서 "吾從先進"에서의 先進을 野人과 동일시할 수는 없는 것이다. 다시 말해서 공자는 제자를 천거한 것이 아니다. 그렇다면 先進이란 방식은 무엇인가? 문장에 결부된 "禮樂"에 답이 있다. 즉, 禮樂을 수행하는 방식을 말하며, 공자는 시간적으로 "後"의 禮樂 수행 방식이 아닌 "先〈前〉"의 禮樂 수행 방식이 실행되기를 염원한 것이다. 하지만 野人과 先進이 선택적으로 분리되는 것은 아니다. 先進의 주체가 바로 野人이기 때문이다. 다만 공자는 염두에 두고 있는 실질적인 문제를 직접 토로했을 뿐이다. 만약 "吾從野人"이라 했다면 관심이 인물에 집중되어 정작 겨냥한 본질적 문제는 부각되지 못했을 것이다.

(4) 禮樂의 내용과 孔門의 성격

공자가 처했던 춘추시기의 현저한 특징은 세 가지를 꼽을 수 있다. 첫째, 약육강식의 兼併전쟁이 무한히 확대되었고, 둘째, 역사가 나중에 제자백가라 부른 私學이 흥기하였으며, 셋째, 신분 및 계급관계의 변화에 따른 신흥 士 계층의 출현이 그것이다.

당시는 정치의 목적도 平天下에서 國의 보전 혹은 확장으로 바뀌었고, 현실 상황 즉 경제·사회적 조건과 인적 조건도 바뀌었다. 野人의 지위변화에서 볼 수 있듯이, 급변하는 세상에선 개인의 신분도 급격한 변동을 겪게 된다. 葉公이 정치를 물었을 때 공자가 제시한 요건이 "遠者來"[166]인데, 이 遠者엔 몰락한 식자층으로서의 "民"[167]도 포함된다. 殷의 후예로서의 野人 또한 이 民에 해당된다. 공자는 孔門의 일원이 될 수 있는 이의 신분이나 자격을 한정하지 않고[168] 각지의 士·人·民을 모두 받아들였다. 공자 내지 孔門도 得勢의 총력전을 편 것이다.

이처럼 당시 私學들이 勢를 모으는 것이 중요했던 이유는 통치계층에 의해 주도되는 현실정치의 필요를 충족해주기 위해서였다. 통치계층은 兼倂전쟁을 수행하기 위해 군사력을 확충하고 賢士들을 확보하는 것이 관건이었다. 이러한 상황에 의해 전면적으로 인재가 필요했고, 이에 따라 野人들까지 소요되었다. 鑄鐵 분야의 기술적 발명 이래 농경제는 비약적으로 발전했는데, 이는 직접적으로 사회변동을 야기했다. 野人 중에 사회변동으로 신분이 상승하게 된 일부 殷의 후예 출신 우수한 인재들이 私學에서 수학한 후 賢士가 되었다. 이러한 정황에 의해 孔門도 확장되었는데, 공자가 운영한 私學에 삼천 명이 몰렸다고 전해지는 것은 바로 그러한 확장이 어느 정도였는지 잘 보여준다.

이제 마지막으로 禮樂과 孔門私學의 관계를 알아보자. 당시 상황에 입각하여 보면, 孔門私學에서의 공부는 크게 詩와 禮에 관한 것이었다.[169] 여기서 詩는 문학의 장르가 아니라 역사 내용이다. 종이책이 없던 시절 전수와 학습은 암송의 방식으로 교육이 이루어졌다. 孔子가 詩에 대한 공부를 강조[170]한 것도 암송을 통해 옛 역사를 이해할 것을 말한 것이다. 여기서 詩에 암기가 쉽도록 효과적인 차원에서 韻을 달은 것이 歌이다. 『周禮』에 나오는 六律로 음률을 삼아 詩를 가르쳤다는 내용[171] 역시 이를 말하는 것이다. 통상 詩歌가 한 단어처럼 쓰여 온 것도 이러한 연고이다. 나아가 오늘날 무용극에 해당하는 舞蹈의 내용 역시 史實 및 그로부터의 교훈을 담고 있는 것이기에, 詩의 암송과 더불어 역사를 학습하는데 매우 중요한 방편이었다.[172] 흔히 六大樂舞라고 일컬어지는 "雲門大卷·大咸·大韶·大夏·大濩·大武"는 黃帝부터 武王에 이르기까지의 聖王들의 功德을 표현한 대서사극이다. 이 무용극을 익히는 것도 중요한 학습이었다. 위대한 聖王들의 聖德과 교훈을 체득하는데 이보다 더 효과적인 방법은 없었기 때문이다. 詩는 역사의 내용이며, 歌는 암송하기 쉽도록 음운을 붙인 형태이고, 舞는 詩歌의 내용을 공간적으로 표현한 것이다. 이러한 "詩·歌·舞"는 결국 하나의 체계로 이해할 수 있으며, 궁극적으로 "樂"이라 總稱되면서 가장 중요한 교과가 된 것이다.[173] 비단 孔門私學뿐 아니라 당시 많은 私學에서는 역사의 내용과 교훈이 학습의 주목적이었음을 유추하는 것은 어렵지 않다. 통치계층이 바라는 賢士들의 가장 중요한 자질은 도덕성 따위의 비실용적인 것이 아니라 현실정치에 대한 정확한 안목이었고, 賢士들은 그러한 안목을 고대의 역사적 사실과 교훈으로부터 키웠다. 따라서 혼란했던 공자시대엔 禮樂에서 정작 중요한 것이 樂이었다. 禮는 훗날 유가가 통일제국의 통치학이 되면서 국가제도와 儀禮에 결부되며 聲價가 높아졌다고 할 수 있다. 공자는 "詩로부터 일깨우고, 禮에 서며, 樂에서 완성한다."[174]라고 한 바 있는데, 왜 樂에서 마지막으로 완성하게 되는지 잘 알 수 있다. 한편 禮의 공부는 儀禮의 동작과 순서 등 제도를 익히는 것을 말한다. 따라서 孔門에서 수학하는 詩와 禮는 훗날 유가 禮樂의 기초이자 근원이라 할 수 있다. 그렇다면「先進」首章에서의 禮樂은 다분히 孔門私學에서 이루어지는 학습교과를 말한 것이라 볼 수 있다. 여기서 한 가지 짚을 것은 이 禮樂의 성격이다. 殷의 후예이자 野人으로서 공자의 제자가 된 孔門私學의 학생들은 殷代의 禮樂 내지 이 정통을 계승한 西周의 禮樂, 다시 말해서 가장 본원적인 禮樂을 배웠을 것이다. 반면 문맥상 공자가 결국 비판한 꼴이 된 현 통치계층으로서의 군자가 연루한 禮樂은 춘추시대 당시 원형이 붕괴된 混亂相의 禮樂을 가리키는 것이라 할 수 있다. 당시 孔門私學에서 敎學했던 禮樂이 지극히 현실적이고 실용적인 지식이었다 할지라도, 그 내용은 여전히 원칙과 지향을 담고 있었다 하겠다. 실용학문으로서의 공자시대 유가가 훗날 도덕철학으로 발돋움한 것은 바로 공자가 주창하고 견지한 이러한 내재가치가 있었기 때문이다.

 孔門私學과 연결지어「先進」편 首章을 이해하면 "進"의 의미는 마땅히 "學"이 되어야 한다. "先進於禮樂"은 野人이 賢士가 되기 위해, 즉 벼슬길에 앞서 먼저 현실정치에 필요한 실용지식을 공부하는 것을 말하고, "後進於禮樂"은 세습제로 인해 벼슬부터 하게 된 군자(통치계층)가 나중에 필요한 실용지식을 공부하게 된 것을 말한다. "吾從先進"은 공자가 만약 누군가를 현실정치에 쓰이도록 천거한다면 먼저 공부가 된, 말하자면 신분과 상관없이 실력을 갖춘 자(즉, 자기 제자)를 천거하겠다는 말이다. 여기서의 "從"은 앞서 거론했듯이 제자를 따른다는 말이 아니라 "如用之"의 "用"과 연계하여 쓰이도록 천거한다는 뜻으로 봐야 앞뒤 문맥이 통한다. 이상의 고찰을 종합하면 이 首章은 다음과 같이 풀이할 수 있겠다.

〈賢士를 지향하며 벼슬길을 위해〉 먼저 〈현실정치에 필요한 실용지식으로서의〉 禮樂을 공부하는 이는 野人이고, 〈세습제로 인해 벼슬부터 하게 된 다음〉 나중에 〈필요한 실용지식으로서의〉 禮樂을 공부하는 이는 〈통치계층으로서의〉 군자이다. 누군가를 〈현실정치에〉 등용되도록 한다면, 나는 미리 禮樂 공부가 된 〈신분과 상관없이 실력을 갖춘〉 이를 천거하겠다.

4장

"季氏將伐顓臾"章의 實狀

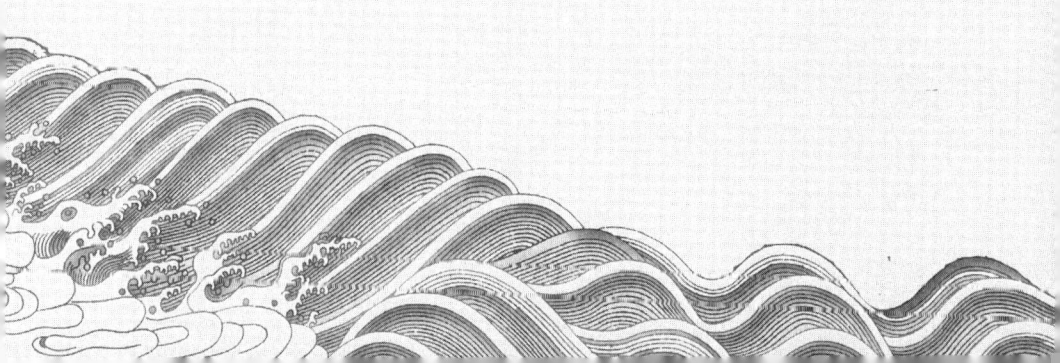

4. "季氏將伐顓臾"章의 實狀

(1) 엇박이는 대화

季氏가 顓臾를 공격하려 한 일을 두고 孔子와 冉有가 駁論을 펼치는 記事는 단일 사안으로 보면 『論語』에서 가장 긴 편폭을 차지한다. 먼저 전체 내용을 살펴보자.

季氏가 장차 顓臾를 치려고 하자 冉有와 季路가 孔子를 찾아가 말했다.
염유: "季氏가 장차 顓臾를 칠 일이 있을 것입니다."
공자: "求(冉有)야! 이 일은 너의 잘못이 아닌가? 顓臾는 옛날 先王이 東蒙山의 祭主로 삼았고 또 나라 변경의 안에 있어 社稷의 신하인데 어찌 칠 수 있겠는가?"
염유: "夫子(季氏)가 하고자 하지 우리 둘은 모두 하고자 하지 않습니다."
공자: "求야! 周任이 말하기를 '힘을 펴서 대열에 나아가도 능히 할 수 없으면 그친다.'고 했다. 위태로워도 붙들지 않고 엎어지려는 데도 부축하지 않으면 장차 그 신하를 어디다 쓰겠는가. 또 너의 말이 틀렸다. 호랑이와 들소가 우리에서 나오고 거북과 옥이 궤짝 안에서 망가지는 것이 누구의 잘못인가?"
염유: "지금 顓臾는 성곽이 견고한 데다 費邑에 가까우니 지금 취하지

않으면 후세에 반드시 자손의 근심거리가 될 것입니다."
공자: "求야! 군자는 하고(갖고) 싶다고 솔직히 말하지 않고 꼭 무언가 이유를 찾아내 변명하는 것을 미워한다. 내가 듣기에 '나라와 家室을 소유한 자는 백성이 적음을 근심하지 않고 고르지 못함을 근심하며, 가난함을 근심하지 않고 편안하지 못함을 근심한다.'고 했다. 대개 고르면 가난이 없고, 화목하면 적음이 없고, 편안하면 기울어짐이 없다. 이와 같기에 먼 데 있는 사람이 복종하지 않으면 文德을 닦아서 오게 하고, 이미 왔으면 편안하게 해야 한다. 지금 由와 求는 夫子(季氏)를 돕는다 하나 먼 데 있는 사람이 복종하지 않아도 능히 오게 하지 못하며, 나라가 여럿으로 나뉘고 무너지며 쪼개져도 능히 지키지 못하고 있다. 그런데도 나라 안에서 창과 방패를 움직이고자 하나, 나는 아마도 季孫의 근심이 바깥의 顓臾에게 있는 것이 아니라 병풍 안의 내부에 있는 것이 아닐까 싶다."[175]

대강의 내용은, 冉有가 季氏의 입장에 서서 그를 도와 顓臾를 공격하려 하자 孔子가 그 일의 부당함을 정치적 道義의 입장에서 견지하여 冉有를 질타하는 것이다. 그러나 대화에서 둘의 견해는 그 초점이 전반적으로 빗나가 있다. 孔子는 정치철학의 입장에서 의견을 개진하는 반면, 冉有는 그러한 孔子의 생각을 시종 정치공학적 시각에 경도된 채 되받고 있기 때문이다. 冉有는 道義를 따지는 孔子의 제자이면서 또한 현실만이 의미 있는 季氏의 신하이다. 이러한 양면적 처지에서 비롯된 곤경은 冉有 한 개인을 떠나 당시 모든 士 계층의 숙명적 업보일 수밖에 없었다. 당시의 士 자체가 도덕군자를 지향하는 지식인이자 현실지향의 관료라는 兩向體였기 때문이다.

"季氏將伐顓臾"의 내용이 구체적으로 어떠했는지 그 實況을 재구성하고, 그로부터 季氏·冉有·孔子 三者의 인식과 그 입장차의 연유를 따져 춘추말기의 혼란상을 임하는 多岐的 가치세계를 비교 분석하는 작업은, 『論語』를 도덕철학적 각도로만 들여다볼 것이 아니라 정치·경제·군사·제도·국제관계·국가행정 등의 물적 토대를 감안하여 입체적으로 조명하자는 고증학적 및 문헌고고학적 연구의 일환이다.

(2) 釋名과 實情

"季氏將伐顓臾" 대목의 내용을 정확히 이해하기 위해선 우선 季氏의 존재와 顓臾라는 나라의 정체를 史實的으로 파악해야 한다. 季氏는 많은 대목에서 등장하는 중요인물이기 때문에 그에 대한 정밀한 이해는 『論語』에 나타난 孔子의 사상을 실제적으로 파악하는데 결정적인 관건이라 할 수 있다. 또한 『論語』는 당시의 외적 상황과 연계된 논변이 많기 때문에 외부의 물리적 및 물질적 상황을 실증적으로 파악하지 못하면 孔子의 사상을 명확히 이해하는 것은 난망하다 할 수 있다. 이 점이 魯나라 안의 小國으로서의 顓臾 및 그와 연관된 일련의 사건을 공자사상의 물적 토대이자 자료로서 살펴보아야 하는 까닭이다.

먼저 季氏를 규명해보자. 季氏는 또한 季孫氏라고도 부르는데, 특정인의 구체적인 實名이 아니라 '季' 혹은 '季孫'의 世系를 가리키는 통칭이다. 季氏는 춘추시대 후기에 魯나라의 정권을 장악했던 귀족 가문으로, 魯나라 桓公(?~BC 694)의 막내아들 季友(?~BC 644)의 후예를 일컫는다. 季友는 季成子로도 불리는데, 형 莊公(BC 693~662)이 죽은 후 諸侯位를 노리는 庶兄 慶父의 난을 수습하고 그를 추방함으로써 난리를 진정시키고, 莊公의 아들 僖公(?~BC 627)이 즉위하자 내정을 안정시킨 공로로 費邑을 하사받고 季孫氏의 開祖가 되었다.[176] 大夫의 家室인 季氏는 季友 이래로 季文子(?~BC 568)·季武子(?~BC 535)·季平子(?~BC 505)를 거치면서 魯나라의 실권을 장악하였다. 季平子 이후로 季桓子(?~BC 492)와 季康子(?~BC 468)가 계보를 잇는데, 이들은 孔子(BC 551~479)의 주요 활동시기에 재임했다. 따라서 孔子와 冉有의 대화에서 거론된 季氏는 이 둘 중 하나로 볼 수 있다.

그렇다면 당시 冉有가 모셨던 季氏는 누구인가? 결론적으로 보자면 그는 季康子라 할 수 있다. 孔子와 冉有의 대화에 子路도 합석했는데, 이는 당시 冉有와 子路가 함께 季氏의 신하였다는 얘기이다. 이 사실과 당시 여러 사건 정황을 구체적인 魯나라 군주의 재위 년도와 맞춰봤을 때, 대화 당시의 季氏는 季康子임을 알 수 있는 것이다.[177]

다음으로 顓臾라는 나라에 대해 알아보자. 顓臾는 '風'을 姓으로 하는 東夷부족 수령 太皞(伏羲)를 시조로 하는 나라이다. 초창기엔 강성한 나라였지만, 점점 국세가 약해져 춘추시대 초기에 魯나라의 附庸國이 되었다.[178] 강성했을 시기 西周 초기에 成王이 顓臾王으로 봉했는데, 이는 顓臾의 周天子에 대한 臣服의 표지일 뿐 당시엔 顓臾가 비교적 독립된 지위를 유지했다고 보인다.[179] 그 대략적인 위치는 "泰山의 남쪽 武陽縣의 東北"[180]인데, 현재의 위치로는 山東省 平邑縣의 동쪽이다.[181]

다음 몇 개의 대목으로부터 顓臾에 대해 좀 더 자세한 이해를 구해보자.

"任·宿·須句·顓臾의 나라는 國姓이 風이다. 신실하게 〈조상인〉大皞(伏羲)와 濟水의 神에 대한 제사를 담당하며 중국에 대해 臣服해왔다."[182]

"춘추시대의 나라는 모두 124개국이다. 정규 국가는 115개이고 附庸國이 9개이다. 國姓과 爵位가 있는 나라가 46국이다. 魯國은 姬姓이고 侯爵이다. … 宿國은 風姓이고 男爵이다. … 國姓은 있으나 작위가 없는 나라는 18국이다. … 작위는 있으나 國姓이 없는 나라는 17국이다. … 國姓과 작위 모두 없는 나라는 33국이다. … 부용국 아홉 나라 중 한 나라가 國姓과 작위를 모두 가졌는데, 須句國이 風姓이고 子爵이다. 세 나라가 國姓은 있으나 작위는 없는데, 顓臾國이 風姓이고 任國이 風姓이다."[183]

"附庸國의 君主는 비록 爵位는 없으나 封土를 받아 建國하는데, 군주는 宗廟를 세우고 祭祀 지낼 권한을 부여받았다."[184]

『左傳』의 기록에는 任·宿·須句·顓臾의 네 나라는 공히 風姓으로 뿌리가 같다. 하지만 위의 陸淳의 기록에 의하면, 宿은 男爵의 작위를 갖는 정규 국가이고 須句는 附庸國이라 하더라도 子爵의 작위를 가졌다. 顓臾와 任만이 國姓은 있으나 작위가 없는 부용국이다. 따라서 顓

臾는 西周시기에 國勢가 강성했는지는 몰라도 춘추시대엔 가장 힘없는 약소 부용국이었다고 할 수 있다.

한편 魏了翁이 거론한 내용은 종법제와 봉건제가 맞물린 分封의 정황을 말해준다. 봉건제후에게는 "그 지역에 있어서 토지와 인민의 지배권이 부여되었을 뿐만 아니라, 그밖에 授祀[185]·授氏·授職·授物·授爵 등의 권한까지 수반"[186]되었는데, 제사와 國姓 및 爵位 등을 부여받는 것이 周天子와의 연계 정도를 가늠하는 중요한 척도였음을 알 수 있다. 정규의 제후국이 아닌 顓臾는 대체로 東蒙山에 대한 祭祀와 風이라는 國姓은 받았으나 작위까지는 부여받지 못했으니, 애초부터 周室과의 연계 정도가 그렇게 대단치는 않았던 것으로 생각된다.

周代는 宗法制와 封建制가 연계된 체제였으므로 모든 分封은 宗室과 깊게 연결되어 있다. 宗室의 禮에서 가장 중요한 것이 祭祀였으므로 分封된 諸侯가 지내는 제사의 대상은 周室과 관계가 있고, 그가 누구에게 제사지내는가는 바로 그와 周室의 관계의 밀접도를 말해주므로 제사를 지내는 것이 권한으로 인식되는 것이다. 따라서 顓臾가 周室을 대표하여 蒙山에 제사를 지낸다는 사실은, 설령 나중에 魯의 附庸國으로 전락했다 할지라도, 顓臾의 내력 내지 상징적인 의미가 결코 적지 않다는 것을 말해 준다. 孔子가 가장 먼저 蒙山에 대한 제사 주체로 顓臾를 거론한 것도 이 때문이다. 하지만 周王室의 권세가 쇠미해지면서 分封된 나라들끼리 兼併전쟁을 일삼고 또 魯나라의 경우 季氏 같은 大夫의 家室들까지 혼란의 주역으로 활약하게 되면서 禮樂이 붕괴되는 시대가 되니, 顓臾의 상징적 위세 및 그로 인한 지위는 현실적으로 의미가 없어지게 된 것이다.

다음으로 대화에 등장하는 東蒙主에 대해 알아보자. 邢昺은 疏에서, "蒙山의 동쪽에 있어 東蒙이라 한다."[187]고 했다. 여기서 말하는 동쪽이란 魯나라 국경의 동부를 가리키며, 魯나라의 境內에는 오직 하나만의 蒙山이 있고 顓臾가 蒙山의 아래에 있으므로 東蒙은 분명 蒙山을 가리키는 것이다. 따라서 '東蒙'은 현재 山東省 臨沂市 西北에 위치한 蒙山의 옛이름임을 알 수 있다. 또한 胡渭도 蒙山엔 여러 高峰이 있어 당시 사람들이 습관적으로 각각 방위에 따라 東蒙·雲蒙·龜蒙으로 불렀으나 사실 모두는 하나의 산이라 한 바 있다.[188] 이러한 언급들을 따져볼 때 東蒙은 蒙山을 가리킴이 분명하다.

蒙山은 해발 1,156m로, 山東省의 第二高峰이다.[189] 山東省의 第一高峰은 五岳 가운데 으뜸으로 치는 해발 1,545m의 泰山이다.[190] 고대 중국에서의 中原은 동부의 대평원이었고, 여기에 인구의 대부분이 집중되었다. 중원의 삶의 중심지에 가장 우뚝 선 산이 泰山이었고 그에 버금가는 名山이 蒙山이었다. 봉건제를 시행했던 周代에도 천하의 名山大川은 分封하지 않고[191] 周王이 직접 제사를 지냈다. 그런데 자기 영내에 명산대천이 있을 경우 그에 대해서는 諸侯도 제사를 지냈다.[192] 천하의 모든 명산대천에 대해 天子가 제사를 지내고, 각가의 封土 내에 있는 명산대천은 또한 각기 제후도 중복하여 제사를 지낸 것이다. 泰山에 견줄만한 장중한 명산인 蒙山은 周代 이전부터 자연스레 토착민들의 숭배와 제사의 대상이 되었을 것이다. 중원의 통치자가 된 周王室은 蒙山 지역의 토착민과 그들의 邦國을 보듬는 차원에서 그들이 이전부터 제사를 지내던 蒙山에 대한 祭祀權을 부여했을 것이다. 이 정황이 바로 대화에 나오는 "昔者先王以爲東蒙主"의 내용이며, 그로부터 顓臾는 周室을 대표하여 蒙山에 제사[193]를 지낸 것이라 볼 수 있다.

(3) 季康子의 입장과 의도

춘추시대 말기에 이르러 禮樂의 행사와 征伐의 집행이 天子가 아닌 諸侯에 의해 이루어지는 無道한 세상[194]이 도래하였는데, 그 즈음엔 周王의 위엄이 더 이상 존재하지 않았을 뿐 아니라 심지어 제후의 권력마저도 大夫의 손에 들어간 형국이었다. 이러한 상황은 魯나라 역시 예외가 아니었다. 아래 『左傳』의 기록에서 알 수 있듯이 당시 魯나라의 國勢는 三桓氏, 특히 季氏에게 이미 기울어진 상태였다.

> "〈魯나라 군주가 통치하는 영토인〉 公室을 세 구역으로 나눠, 季孫氏・孟孫氏・叔孫氏의 三家가 각각 하나씩을 차지했다."[195]

> "〈魯나라 군주가 통치하는 영토인〉 公室을 네 구역으로 나눠, 季孫氏가 그 가운데 둘을 취하고 孟孫氏와 叔孫氏가 각각 하나씩을 차지했다."[196]

그런데 여기서 季氏의 입장에 대해 다면적인 고찰이 필요하다. 『論語』에서 孔子는 여러 대목에 걸쳐 이른바 季氏의 전횡 내지 참월을 비판적으로 지적[197]하고 있는데, 이러한 비판을 季氏의 입장에서 다시금 검토할 필요가 있다는 말이다. 비난하는 孔子의 시각이 아니라 季氏 자신의 처지에서 그의 입장과 의도를 살펴볼 수 있는 단서는 두 가지이다. 하나는 『左傳』에 기재된 바의 季氏가 民心을 얻었다는 기록이고, 다른 하나는 대화의 내용에 표현된 "季氏將伐顓臾"에서의 '伐'이 의미하는 바이다.

먼저 季氏가 민심을 얻었다는 내용을 살펴보자. 이에 대해서는 『左傳·昭公』에 많은 기사가 있다.

"〈季友는〉 성장하여 魯나라에 큰 功을 세움으로써 費邑을 받았고 上卿이 되었다. 季文子와 季武子에 이르도록 대대로 가문의 功業을 쌓아 선조의 업적이 헛되지 않도록 하였다."[198]

"魯나라의 정권이 季氏에게 있은 지 三代이고, 魯나라 군주가 정권을 상실한 지가 네 군주째이다. 복종하는 백성이 없는데도 그 뜻을 마음대로 펼 수 있는 자는 있지 않았다. 그래서 한 나라의 군주는 자신의 백성들을 잘 어루만지는 것이다. … 魯나라 군주는 백성을 잃었으니 어찌 뜻대로 할 수 있겠는가?"[199]

"魯나라의 정권이 季氏에게 있은 지가 昭公까지 네 군주이다. 백성이 군주의 존재를 알지 못하는데 군주가 어찌 나라를 장악할 수 있겠는가?"[200]

"〈晉나라의〉趙簡子가 太史 蔡墨에게 물었다. '魯나라의 季氏(季平子)가 자신의 군주를 나라밖으로 나가게 했는데도 백성들은 그에게 복종하고 제후들도 그의 편이 되었다. 군주가 나라밖에서 죽었는데도 그에게 죄가 있다고 하는 자가 없으니 어찌 된 것인가?' 蔡墨이 대답하였다. '… 하늘이 季氏를 낳아 魯나라 군주를 돕게 한 지가 오래되었습니다. 그러니 백성들이 그에게 복종하는 것이 당연하지 않겠습니까? 魯나라 군주는 대대로 위신을 잃었고 季氏는 대대로 공을 닦았습니다. 이에 백성이 군주를 잊었는데 설령 밖에서 죽었다 하더라도 누가 그 군주를 불쌍히 여길 것입니까? 社稷에 일정한 주인이 없고 君臣관계가 영원하지 않음은 옛날부터 그랬습니다."[201]

이 내용들에선 孔子가 비난한 바와는 판이하게 季氏가 묘사되어 있다. 앞서 살펴본 '三分公室' 혹은 '四分公室'에 의해 季氏가 확고하게 권세를 구축한 시점이 대략 襄公과 昭公 초기에 걸친 시기이고, 지금 본 백성의 복종을 획득한 시기는 昭公 말년이다. 昭公(在位: BC 542~510)은 타지에서 죽었을 정도로 권력 장악에 실패한 군주였고, 그 시점에 季平子(?~BC 505)가 민심을 얻어 권력을 획득하였다. 그런데 季平子와 그 후대인 季桓子(?~BC 492)·季康子(?~BC 468) 사이의 간극은 30년 정도에 불과하다. 따라서 "季氏將伐顓臾"의 시기에도 여전히 季氏, 즉 季康子는 권력과 민심을 모두 장악하고 있었을 개연성이 충분하다. 그렇다면 실행 여부를 떠나 季康子가 顓臾를 공격하려 한 행위는, 孔子가 비난한 것처럼 無道한 행위가 아니라 魯나라 전체의 和平을 위한 정책 집행이었다고도 볼 수 있다. 즉 '民服'의 상황 아래라면 이는 단순한 참월이 아닐 수도 있는 것이다.

이러한 정황의 또 다른 근거는 "季氏將伐顓臾"에서의 '伐'의 字義에서도 확인할 수 있다. '伐'은 군대의 進攻방식의 하나로서, 종을 울리고 북을 치며 선전포고를 하고 공개적으로 聲討하고 進攻하는 것을 말한다.[202] 즉 '伐'은 征伐전쟁의 의미에서 양국 간 공개전쟁을 가리키는 것이다. '伐'의 대상이 국가·敵人·有罪者일 때, '伐'은 討伐의 의미이다. 이 때 당당하게 군대의 陳列의 펼치고 정의로운 깃발을 내걸며 상대방의 罪狀을 선포하고 進攻의 정당성을 밝힌다.[203] 따라서 '伐'은 또한 "上伐下"와 "討有罪"의 색채를 띤다.[204] 즉 '伐'은 위에서 아래로의 懲罰性 전쟁을 말한다. 따라서 이 때문에 대개 '伐'은 褒義를 띤다.[205] 그렇다면 季氏가 顓臾를 '伐'하고자 한 의도는 고생하는 백성을 위로하고 죄 있는 통치자를 징벌하고자 한 "吊民伐罪"이며[206], 그 전쟁의 성격은 不義를 처단하고자 한 '討伐'이라고 말할 수 있다.[207]

이러한 정황에 따라 季康子의 입장에서 "伐顓臾"를 상고했을 때, 이는 民服을 얻은 季康子가 無道한 顓臾를 토벌한 성격으로 읽을 수 있는 것이다.

(4) 冉有의 입장과 의도

冉有는 공자가 특별히 거론했을 정도로 政事에 뛰어난 재능을 지닌 제자이다.[208] 冉有는 오랜 기간 季氏 아래에서 宰[209]의 벼슬을 지냈는데[210], 大夫를 보좌하는 구체적인 政事의 처리에 있어 여러 차례 공자의 비판을 들었음에도 불구하고 공자의 지적 때문에 벼슬을 사직했다거나 반성했다는 대목은 『論語』에 보이지 않는다. 비록 孔門이기는 하나 실제 정치에 참여하면서 현실문제에 대해 공자와 일정 정도 사상적 분기가 있었음을 알 수 있다.[211]

대화에서 초입에 冉有는 공자에게 "季氏將有事於顓臾"라 말했는데 공자는 대뜸 "何以伐爲"라 하며 '有事'를 바로 '伐'로 이해하였다. 冉有는 물론 공자가 正名의 도리상 용납하지 않을 것이기 때문에 '有事'라는 완곡한 표현으로 '伐'을 말한 것이지만, 공자가 '有事'를 '伐'로 알아들었다는 것은 이미 당시 "季氏伐顓臾"가 기정사실이었음을 의미한다. 이러한 보편인식은 당시 "伐顓臾"가 확정된 정치상황이었다는 점과 顓臾가 季氏로부터 공격당할 만한 이유 혹은 빌미가 충분히 무르익었다는 점을 반증한다. 다시 말해서 "季氏伐顓臾"의 정치논리상 타당성이 충분히 긍정되었다는 것이다.

冉有의 입장 내지 처지에서 가장 중요한 점은 그가 철저히 季氏의 편에 서 있다는 점이다. 이에 대한 근본적인 동기는 이미 실권이 魯나라 군주에게 있지 않은 당시 상황을 현실주의적 시각으로 인식하고 있었다는 점이며, 이 때문에 그에게 '正名'은 무가치하고도 공허한 원칙이 아닐 수 없는 것이다. 더더군다나 앞서 살펴본 대로 季氏가 魯나라의 民服을 획득했다는 점에서, 冉有의 판단과 선택은 정당성마저 확보하는 셈이다. 따라서 공자의 비판에 대해 冉有는 항상 자신의 능력 밖이란 점을 항변하지만, 이는 진정한 '할 수 없음'이기보다는 스승인 공자를 고려한 변명이라고밖에 볼 수 없을 것이다.

冉有의 季氏에 대한 인식을 구체적으로 살펴보자. 대화에서 冉有는 "今不取"라는 발언을 하였는데, 여기서 '取'의 의미를 자세히 알아볼 필요가 있다. 胡安國은 고대 전쟁에서의 用兵의 방식을 13가지로 분류하여 설명212한 바 있는데, 여기서 제시한 '取'는 "점령지의 백성을 모두 잡아 포로로 만듦"213을 의미한다. 이는 공격한 곳을 완전히 패배시키는 것을 말한다.214 그런데 사실 '取'보다 더 점령지를 초토화시키는 방식은 宗廟와 社稷을 허물어버리는 '滅'이다.215 종묘사직이 없어지면 한 나라는 복구가 불가능해지는 완전한 소멸 상태가 된다. 이 때문에 대개 역사에서는 설령 군주가 상대를 완전히 絶滅하였더라도 '滅'이라는 표현을 쓰지 않았다.216 무자비하고 不德한 군주로 여겨질 뿐 아니라 신령 세계의 저주를 회피하고자 한 의도였을 것이다. 그러나 사실상 춘추시대의 전쟁에서 '取'를 당하든 '滅'을 당하든 그 결과 자체는 망한 것이기 때문에 의미의 차이는 없다. 따라서 '伐顓臾'는 실상 '滅顓臾'를 의미하는 것인데도 통상 군주를 위해 諱하여 표현하는 '取'라는 용어를 사용했다는 것은, 冉有의 심리 근저에 이미 季氏가 魯나라의 실권만을 획득한 것이 아니라 魯나라의 군주로 인식되어 있음을 말해 주는 것이다. 이미 역사에 季氏가 행한 정벌이 그가 諸侯가 아닌 大夫이기에 '滅'로 묘사되어 있음217을 상기한다면, 이는 더욱 자명해진다. 또한 대화에서 顓臾에 대한 공격이 '伐'·'有事'·'取'의 세 가지로 표현되는데, 冉有가 '取'를 말한 것은 결국 '伐'을 자기 일처럼 인식하고 있음을 증명한다. 다시 말해서 자신의 생각이 季氏와 같음을 은연중에 표현한 것이다. 이로써 冉有가 季氏를 위해 일하고 있음을 확실히 알 수 있다.

冉有가 季氏를 이미 魯나라의 군주처럼 여긴 것은 다른 사례에서도 확인할 수 있다. 예컨대, 季氏가 泰山에서 제사를 지내는 것을 "막을 수 없었다.("不能")"라고 말한 데서 그 일단을 알 수 있다.[218] 앞서 거론했듯이, 당시 천하의 모든 名山大川에 대해 天子가 제사를 지내고 각각의 封土 내에 있는 명산대천은 또한 각기 제후도 제사를 지냈다.[219] 泰山은 齊나라와 魯나라의 변경에 위치했으므로 魯나라 군주 역시 祭禮에 따라 제후의 신분으로 제사에 참여할 수 있었다. 그런데 季氏가 魯나라 군주를 대신해 직접 祭祀權을 행사한 것이다. 禮法은 제후에 방점이 있으나 季氏는 魯나라의 제사권을 따진 것이다. 魯나라의 실권을 가지고 있으니 자신이 魯나라를 대표해 제사권을 행사하려 한 것인데, 이를 공자는 예법의 원칙적 기준에 따라 비판한 것이다. 그럼에도 불구하고 너는 뭘 했느냐는 공자의 질책에 대해 冉有는 季氏의 그러한 행위를 막을 수 없었다고 했다. 이 지점에서 공자와 冉有의 입장과 의도는 갈라진다. 공자는 원리적 근본주의의 입장을 견지했고, 冉有는 실제 상황에 입각한 현실주의의 입장을 피력한 것이다. "季氏旅於泰山"의 실질에 대해 다음 내용은 시사하는 바가 있다.

> "大夫가 제후의 禮를 행한 것은 참월이다. 하지만 당시 魯나라는 이미 三桓에 의해 四分된 상황이라 魯나라 군주에겐 백성도 賦도 없었다. 설령 제사를 지내고자 해도 할 수가 없었던 것이다. 季氏가 魯나라를 전횡하면서 魯나라가 마땅히 거행해야할 典禮를 스스로 집행하였기에, 泰山에서의 旅祭는 다만 魯나라 군주를 대신해 禮를 집행했을 뿐이다. 따라서 본인은 이를 참월이라 생각하지 않았다. 그리고 冉有는

이를 막을 수 없었다. 바로잡고자 하면 季氏가 다시 大夫의 위치로 돌아가서 魯나라가 옛 질서를 회복해야 하는데, 이것이 어찌 冉有가 해낼 수 있는 일인가? 그래서 이를 사실대로 공자에게 고했고, 공자 역시 冉有를 다시 질책하지 않은 채 스스로 한탄하고 만 것이다."[220]

이 기사는 '참월'이란 현상의 다면성을 고려하게 한다. 당시의 實情을 따라 이해하자면 季氏의 행위는, 원칙적으로 보자면 참월이지만 현실적으로 보자면 상식선에서 그다지 벗어나지 않는다. 季氏는 일종의 권한대행으로서 맡은 바 직무를 행한 것일 수도 있기 때문이다.

한편 冉有의 현실주의적 정치관이 어떠한 효과 내지 결과를 낳았는지 알아볼 필요가 있다. 冉有는 공자도 인정한 제자였는데, 공자와 다른 길을 택한 冉有의 정치사상적 입장 내지 의도가 합당한 혹은 응분의 효력을 발휘했어야만 공자의 인정이 제 값을 하기 때문이다. 공자의 책망과 힐난에도 불구하고 季氏를 변호하거나 혹은 최소한 비판하지 않는 冉有의 생각은 무엇일까? 孔門의 일원이기도 한 冉有가 일단 실권자 아래에서 벼슬을 하기로 했을 때, 그는 어쨌든 孔子와 季氏 모두를 충족시킬 수 있는 行路를 설정해야만 했을 것이다. 그리고 그가 내린 결론은 "民服이 바로 권력의 정당성"이란 명제였음이 분명하다. 民服은 어쨌든 공자의 이상임에 틀림이 없으며, 魯나라 군주를 대신해 季氏가 民服을 획득했다면 이는 또한 季氏가 충분히 足民에 성공했음을 반증하는 것이기도 하다.

여기서 우리는 冉有가 공자의 그 큰 기대에도 불구하고 결론적으로 선택한 방안이 '權道'였음을 알 수 있다. 冉有가 정치철학의 관점에서 보면 無道하다고 할 수 있는 季氏에게 벼슬을 한 명분은 크게 두 가지라 볼 수 있다. 하나는 季氏가 民服을 얻었다는 점이고, 다른 하나는 더 큰 惡을 방지한다는 억지효과를 權道로 표방한 것이다. 冉有가 비록 季氏의 無道함 자체를 막지는 못했을지라도, 孔門에서 수학한 그가 20여 년간 季氏 가문에서 더 큰 혼란을 방지하거나 늦추게 했다는 최소한의 억지효과는 성취했을 것이다. 어떤 면에선 冉有가 季氏를 위해 田賦제도를 실행하며 聚斂을 도왔으며[221] 이로 인해 공자의 혹독한 비판[222]을 받았다고는 하지만, 그만한 것도 또 『左傳』에 史實로 기록된 民服 자체도 이러한 冉有의 노력에 의한 억지효과의 결과일 수도 있다.

(5) 孔子의 입장과 의도

공자가 "季氏將伐顓臾"를 비판한 근거는 征伐의 부당성이다. 討伐의 의미를 갖는 정벌은 기본적으로 天子만이 행사할 수 있는 권한이었다.[223] 게다가 제후도 아닌 대부가 참월을 하려 하니 공자가 맹렬히 반박한 것도 무리는 아니다. 공자는 대화에서 季氏의 '無道'와 '非禮'를 문제 삼는데, 구체적으로 그 내용은 크게 다음 두 가지로 나눌 수 있다. 첫째, 顓臾는 옛날 先王이 東蒙山의 祭主로 삼았고("昔者先王以爲東蒙主") 나라 변경의 안에 있으며("在邦域之中") 社稷의 신하("社稷之臣")이기에 정벌이 부당하다는 것이다. 둘째, "나라와 家室을 소유한 자는 백성이 적음을 근심하지 않고 고르지 못함을 근심하며, 가난함을 근심하지 않고 편안하지 못함을 근심한다."("有國有家者, 不患寡而患不均, 不患貧而患不安.")는 인용문을 들어, 실질적으로 魯나라의 爲政者인 季氏의 "外本內末"[224]하는 그릇된 정치방식을 비판한 것이다. 여기서 공자가 염려한 내용은 다음 세 가지로 볼 수 있다.[225] 첫째, 안정적인 질서를 해쳐 魯나라의 안위에 이롭지 못하다. 둘째, 先王의 律令에 위배된다. 셋째, 백성을 덕으로 다스리는 王道정치에 어긋난다.

여기서 우선 거론할 수 있는 내용은, 비판적인 공자의 인식에서 가장 중요한 핵심은 궁극적으로 祭祀와 관련이 있다는 점이다. 왜냐하면 顓臾라는 나라의 존재이유가 바로 蒙山에 대한 제사의 중요성이었기 때문이다. 蒙山에 대한 祭祀權을 부여받았다는 사실로부터 顓臾가 당시 禮制에서 매우 중요한 지위였음을 알 수 있다. 이점에서 제사로 규정되는 서열을 파괴하는 것이 공자에게는 가장 큰 참월로 인식된 것이다. 이는 『論語』에서 공자가 季氏의 참월을 비판하는 내용이 대부분 제사와 관련되어 있다는 사실에서도 잘 알 수 있다.

"季氏가 八佾舞를 뜰에서 춤추게 했다."[226]

"三家에서 제사를 마치고『詩經』雍章이 음악에 맞추어 祭物을 철거하였다."[227]

"季氏가 泰山에 旅祭를 지냈다."[228]

공자가 보기에는 季氏의 기도가 泰山에서 제사를 지내는 참월에 이어 顓臾를 멸하여 蒙山에 대한 祭祀權까지 참탈하려 한 것으로 보고, 이를 당시의 봉건질서에 대한 치명적인 훼손이라 생각한 것이다.

좀 더 근본적인 것은 공자의 비판이 현실정치를 따지는 공리주의적 인식과 정반대인 일종의 원리주의적 성격을 보여준다는 점이다. 공자와 季氏의 입장차에 담긴 본질은, 王道정치를 구현하려는 理想主義와 목전의 정치상황을 받아들이고 행동에 나서려는 現實主義의 대립[229]이었던 것으로 이해할 수 있다.

(6) 정치철학과 정치공학

"伐顓臾"를 마주한 각각의 입장과 의도를 종합해보면, 季氏는 顓臾가 반란을 꾀하므로 魯를 대표하는 실질적인 실력자로서 미연에 방지해야 한다는 계산이 있었을 것이고, 冉有는 자손에게 우환이 될 더 큰 혼란을 미연에 방지해야 한다는 현실주의적 시각을 가졌다고 볼 수 있다. 이에 대해 공자는 顓臾라는 나라를 正名의 각도에서 규정함으로써, 季氏를 禮樂崩壞를 일삼는 권력자로 비하했고 冉有의 강변은 口是心非한 자의 변명으로 폄하했던 것이다.

앞서 일면 살펴본 대로 魯나라가 季氏에게 民服했다면 顓臾에게 책임소재가 돌아가게 된다. 그렇다면 공자와 冉有의 갈등은 원리주의와 공리주의의 대립이 된다. 공자는 원칙적 근본주의의 입장에서 正名이라는 형식논리에 입각해 참월을 비판한 것이고, 冉有는 실제 民服이 있는 자의 정치가 王道고 그가 聖君이라는 논리였다. 이때문에 冉有는 "八佾舞於庭"같은 외면적 참월은 접수 가능하며, 중요한 것은 실질적인 것, 즉 民服이라는 인식을 가졌다고 볼 수 있다. 그럼에도 불구하고 공자가 보기에, 冉有는 자신의 숭고한 염원에 부응하지 못하는 판단과 처사를 보였다고 생각해 혹독하게 비판한 것이다.

공자는 현실정치에 참여하는 것 자체를 거부하진 않았지만, 현실과 이상이 일치하지 못하는 상황에서는 궁극적으로 이상을 고수하는 편을 택했다. 공자의 한탄과 곤혹은 숭고한 정치이상과 세속의 정치현실[230]이 맞닥뜨린 상황으로부터 비롯된 것이다. 이는 冉有에 대한 비판적 질책에서 뿐 아니라 『論語』의 도처에서 드러나고 있다.

그러나 사실 따지고 보면 공자는 다분히 이중적 현실인식 내지 현실접근의 면모를 보인다. 이는 이념적인 정치이상을 추구하면서도 이를 현실에 구현하기 위해 꾸준히 정치참여를 모색하였고 제자들에게도 권유[231]하였다는 점에서 자명한 사실이다. 冉有를 질책한 이유도 왜 현실정치에 간여하느냐가 아니라 왜 똑바로 관여하지 못하느냐이다. 공자는 周禮라는 사회정치질서가 천하의 안정을 담보하는 중요한 보루라 보고 非禮의 참월행위를 극도로 비난하고 王道정치의 구현을 힘써 설파했지만, 실현이 난망할 때는 가차없이 현실에서 몸을 빼는 "君子出處"의 원칙도 준수했다.[232] 스승으로서의 공자는 이러한 원칙을 견지함으로써 제자인 冉有가 현실에 부합하면서도 최소한의 도리와 원칙, 즉 權道를 유념할 수 있게 한 것이다. 이것은 어쩌면 스승으로서의 공자의 역할이기도 했다. 이 점에서 크게 보면 이상주의와 현실주의의 양면에 대한 이중적 현실인식과 현실접근은, 그 자체로 孔門의 본질적 가치였다고 할 수 있다.

5장

"孔子適衛"의 본말과 그 行程

5. "孔子適衛"의 본말과 그 行程

(1) 孔子의 周遊列國

　春秋戰國시기로 말해지는 東周시대는 다사다난하였다. 정국의 변화가 극심했던 탓에 宗法制가 동요하였고, 兼倂戰爭이 부단히 확대되었으며, 한편으론 私學이 흥기하였고 계급관계의 변화에 따라 새로운 士계층이 출현하였다.
　士계층은 종법관계의 속박을 거의 받지 않고 비교적 자유롭게 행동하며 主人과 예속관계가 없었다. 이때 출현한 가장 주목할 士는 사방을 떠도는 游士(游說之士)와 무리를 모아 講學하는 文士(文人學士)이다. 文士의 출현은 私學의 흥기와 밀접한 관계가 있다. 춘추전국시기 諸子百家의 대표인물은 모두 이러한 文士이다. 춘추전국 이래 士는 儒家化 혹은 官僚化한 讀書人을 지칭한다. 무리를 모아 講學하는 것은 당시 文士를 배양하고 文士集團을 형성하는 가장 중요한 경로였다.[233] 孔子는 魯나라에서 聚徒講學하였는데, 제자가 3千이고 그 가운데 수준 높은 이가 72人이었다 한다. 孔子는 바로 游士와 文士의 接點에 있거나 혹은 兼職했던 인물이라 하겠다.
　뛰어난 능력으로 명성이 높았던 孔子는 魯나라 定公에게 발탁되어 中都主管·司空·大司寇 등의 벼슬을 하였다. 관리로 일하던 시기에 이미 자신의 포부와 재능을 한껏 발휘했다. 사법과 교육의 발전 및 三桓을 물리치는 일 등에 노력을 다했으며, 비록 그 효과가 만족스럽지 못했더라도 그의 정치적 견해는 빛을 발했다. 이후 孔子는 魯나라의 君臣들과 정치적 견해가 맞지 않아, 55세가 되던 해에 관직을 내려놓고 魯나라를 떠나 여러 나라를 돌아다니면서 유세하기 시작했다. 14년 동안 衛·陳·曹·宋·鄭·蔡 여섯 제후국을 돌아다녔다. 그리곤 68세에 衛나라를 떠나 다시 魯나라로 돌아왔다.[234]

孔子가 周遊列國한 목적은 다음 세 가지로 정리할 수 있다.[235] 첫째, 傳道이다. 孔子는 자신의 학설을 전파하고 확산하려는 의도를 가졌다. 둘째, 求仕이다. 자신의 이상을 전파하고 확산하기 위해선 관직, 즉 권력을 가져야 했던 것이다.[236] 셋째, 學習이다. 천하라는 세상을 체험하고 파악하고자 하였다. 孔子가 관직에 있으면서도 공부해야 함을 말한 이유이기도 하다.[237]

行程이라는 裏面事는 당시의 사회·정치·역사 등의 여러 요인이 조합되어 구성된 것이다. 그러므로 孔子의 行程을 재구성하는 데는 직접적으로는 그의 정치 역정, 나아가서는 그가 추구했던 이념이나 교육사상 등을 이해하고 추론함에 매우 중요한 기초자료적 의미가 있다.

(2) 孔子適衛의 원인과 목적

'適衛'를 논하기 앞서 먼저 孔子가 왜 魯나라를 떠나게 되었는지를 따지는 것도 논의의 순서상 의미가 있다. 그가 魯나라를 떠나게 된 데는 크게 두 가지 원인을 생각해 볼 수 있다.[238] 첫째, 宗法制에 충실했던 魯나라는 官職과 封祿을 세습하는 이른바 世卿世祿의 제도와 親親관념이 매우 확고했는데, 孔子는 물론 그 제자들도 대부분 異姓이었기에 孔子와 그의 私學은 魯나라의 체제 안에 들어가기가 여의치 않았다는 점이다. 어떤 면에서 孔子가 제시한 仁의 사상 내지 愛人 관념도 대체로 이러한 사회의 실상에 대한 반발 내지 호소의 산물이거나 혹은 그러한 체제와 융합할 수 없게 만든 결정적 이유였다고 생각된다. 둘째, 魯나라에서 大司寇로서 孔子는 국가와 사회의 안정을 해치는 세 귀족의 도읍, 즉 季孫氏의 '費'邑·叔孫氏의 '郈'邑, 孟孫氏의 '成'邑을 허물었는데, 이것이 世卿世祿에 의해 자신들의 지위를 유지하려는 귀족들과 충돌을 일으켰다는 점이다.[239] 이러한 사회·정치적 요인들이 孔子로 하여금 魯나라에서 더 이상 버티지 못하고 밖으로 눈을 돌리게 한 핵심적 요인이라 하겠다.

한편, 孔子가 魯나라를 떠나 周遊할 수 있었던 데에는 各國이 국력 강화를 위해 경쟁적으로 賢人策士를 초빙하는 상황도 중요한 요인이 되었다. 예를 들어보자. 기원전 651년 齊나라 桓公은 제후를 葵丘로 불러모아 會盟을 행했다. 이를 '葵丘의 會'라고 하는데, 춘추시대의 회맹 중에서 가장 유명하다.[240] 이때의 맹약 내용이 『孟子』에 기록되어 있는데, 그 가운데 다음과 같은 대목이 있다.

    제2조: 현인을 존경하며, 재능있는 사람을 키우며, 우수한 사람을 빛

나게 한다.
제3조: 노인을 공경하고, 어린이를 사랑하며, 멀리서 온 사람이나 여행자에게 마음을 쓴다.[241]

여기서 보듯, 魯나라를 떠나서도 다른 나라에서 얼마든지 예우를 받으며 자신의 경륜을 펼칠 수 있는 환경, 그리고 그러한 환경에 대한 믿음이 있었기에, 孔子는 늦은 나이에도 과감히 周遊에 나설 수 있었던 것이다.

周遊에 나섰던 14년 간 孔子는 衛·曹·宋·鄭·陳·蔡 등의 국가에 머물렀는데, 그 중 유독 衛나라는 가장 처음 들렀을 뿐 아니라 여러 번 거쳤고, 게다가 전후 근 10년 동안 머물렀다. 따라서 그의 周遊列國의 주요한 활동은 사실상 衛나라를 중심으로 이루어졌다고 볼 수 있다. 孔子의 衛나라에 대한 기대와 의지가 지대했던 까닭은 다음 두 가지로 요약할 수 있다. 첫째, 魯나라와 衛나라는 모두 殷의 문화와 전통 및 풍속 내지 정치와 제도 등에서 많은 공통점이 있었다. 둘째, 衛나라에는 魯나라에서 얻기 어렵거나 이룰 수 없는 여러가지 문제들을 해결할 기회와 여지가 있었다.

먼저 첫번째 내용을 보자. 衛나라는 원래 周의 一族이었던 康叔이 봉건 받은 나라로, 殷의 옛 땅을 받았기 때문에 河南省 朝歌 부근에 수도를 두고 있던 중요한 나라였다.[242] 『左傳』에 의하면, 康叔이 분봉받은 땅은 武父의 남쪽으로부터 鄭나라 圃田의 북쪽 경계까지로 되어있다.[243] 武父는 현재 河北省 大名縣 북쪽에 해당하는 지역이고, 圃田은 현재 河南省 中牟縣의 서북지역이라 한다. 安陽에서 河南省 汲縣 일대에 걸친 殷의 옛 영지가 바로 衛나라의 영토였다.²⁴⁴ 여기서 알 수 있듯이, 衛나라 또한 魯나라와 마찬가지로 殷의 舊地이다. 나아가 魯나라와 衛나라는 모두 周天子의 同姓(姬姓)國인 점, 두 나라는 모두 商나라 때 도읍이 세워진 곳이기에 殷民이 아주 많다는 점, 두 나라는 모두 商族의 풍속과 周나라의 법령을 따르는 등 국가정책이 같다는 점, 두 나라는 모두 "同姓不婚"이라는 혼인풍속을 공유한다는 점, 두 나라는 모두 西周의 宗法制와 分封制를 따른다는 점 등 相同하는 점이 많았다.²⁴⁵ 또한 孔子 스스로 "魯나라와 衛나라의 정치는 형제와 같다."²⁴⁶라는 말을 했을 뿐 아니라, 여러 나라를 유력하면서 여의치 않을 때는 항상 衛나라로 돌아갔던 사실²⁴⁷을 보더라도 衛나라에 대해서는 깊은 친밀감을 가졌던 것이다. 또한 衛나라에는 孔子의 든든한 제자인 子路의 妻兄, 顔濁鄒가 大夫로 있었고, 처음 衛나라에 도착해서도 그의 집에 기거했다.²⁴⁸ 그의 제자 子貢도 衛나라 사람이다.²⁴⁹ 이러한 점들은 孔子가 衛나라에 거주하는데 있어서 심리적 안정과 생활의 편리를 보장해 주었으리라 추정된다. 魯나라와 衛나라가 모두 商의 전통과 핏줄을 계승하였다는 점은 孔子에게 매우 중요한 고려사항이었다. 孔子는 西周뿐 아니라 商의 문화까지 전승하려는 생각을 가진 점으로 보아 같은 문화전통을 가졌을 뿐 아니라 동일한 度量衡체계까지 가진 衛나라²⁵⁰에 심정적인 동질감과 친밀감을 가졌을 것으로 사료된다.

이어 두번째 내용을 보자. 魯나라와 衛나라는 모두 周天子와 同姓국가이긴 하지만, 魯나라가 좀 더 폐쇄적으로 同姓 위주의 世卿世祿制를 유지하여 독점적 권력을 유지한 반면 衛나라는 일찍이 狄人의 침략을 많이 당했을 때 異姓과 공동으로 방어했던 前歷이 있어 異姓의 세력을 허락하고 異姓이 국가 요직을 맡게 하며 그들이 스스로 무장하는 것 또한 허용하였다. 衛나라에서 가장 유력한 異姓은 石氏[251]와 孔氏[252]였다.[253] 따라서 魯나라에서 異姓이었던, 그리고 재능만큼은 출중했던 孔子에게 衛나라가 가장 나은 기회의 땅이었을 것으로 생각된다. 衛나라를 택한 가장 현실적인 이유는 아무래도 魯나라보다는 衛나라에 거처하는 편이 孔子가 정치적 지위를 담보할 수 있는 가능성이 더 컸다는 데 있다. 또한 孔子시대 衛나라의 상황은 孔子가 衛나라에 거처하는데 매우 우호적인 조건이었다. 당시 衛나라는 정치군사적으로 안정[254]되었으며, 경제적으로 비교적 부유[255]했고, 賢者들도 많았으며[256], 널리 賢士들을 초빙[257]하던 때였다.[258]

(3) 行程의 전제조건: 대우·경비·도로

孔子의 周遊列國, 혹은 최소한 適衛라는 行程에는 여러가지 전제조건을 살펴봐야 한다. 시기로 보아도 지금으로부터 물경 2,500여 년 전의 行程이며, 게다가 그것은 조촐하거나 짧은 시간의 나들이가 아니었기 때문이다. 당시 適衛라는 行程이 가능했으려면 일정한 물적 조건이 전제되어야만 한다. 그것은 크게 두 가지로 나눠볼 수 있다. 하나는 경비의 문제이고, 다른 하나는 도로상황이다.

어느 한 나라에서 다른 나라로 많은 인원이 장시간 이동함에는 많은 경비가 소요됐을 것이 분명하다. 孔子는 그러한 경비의 지출을 어떻게 감당했을까? 먼저 孔子의 재력을 살펴볼 필요가 있다. 衛나라로 가기 전까지 孔子는 魯나라의 관직에 있었다. 그간 孔子가 거친 지위와 대우들을 보자.

> 35세: 季氏와 孟氏의 중간에 해당하는 대우를 받았다.[259]
> 50세: 中都의 宰[260]에서 司空[261]이 되었고, 다시 司空에서 大司寇[262]가 되었다.[263]
> 51세: 宰相의 일을 임시로 보았다.[264]
> 56세: 大司寇로부터 宰相[265]의 일을 대신하게 되었다.[266] 魯나라에서 대략 6년 이상 大司寇의 신분이었다.

중국고대 官吏의 俸祿은 주로 土地, 實物, 錢幣 등의 형식으로 지급되었다. 商周시기는 官職과 爵位가 일치하였던 시기로, 이때의 봉록은 토지의 형식이었고 이는 세습되었다. 孔子가 살았던 춘추시기 末에는 관리의 봉록이 주로 실물로 지급되었다. 당시는 周代의 봉건제, 즉 작위와 봉록의 세습제가 무너지고, 각 제후국은 爭霸를 위해 유능한 賢士를 선발하여 임용하였는데, 선발된 관리들은 雇用의 방식으로 임용되었고, 그들은 맡은 바 직분의 高下에 따라 치등의 실물〈粟〉을 봉록으로 지급받았다.[267] 예컨대 孔子는 魯나라의 大司寇로 임명되었을 때 年俸으로 粟 6萬을 받았고, 나중에 衛나라에 갔을 때에도 같은 6萬의 粟[268]을 연봉으로 받았다.[269]

여기서 먼저 '粟'이 무엇을 지칭하는지 살펴보자. 사전적으로 粟은 다음 두 가지를 지칭한다. 첫째, 黍(메기장)·稷(차기장)·粱(기장)·秫(차조)의 총칭[270]이다. 둘째, 脫穀하지 않은 곡식의 범칭[271]이다. 또는 粟은 黍(메기장)·稷(차기장)의 낟알이거나 혹은 糧食의 총칭으로 정의되기도 한다.[272] 낟알에서 겉겨를 벗겨내지 않은 걸 粟이라 하고, 겉겨를 벗겨낸 것은 米라 하는데, 중국의 경우 米가 북방에선 대개 粟米(좁쌀)를 말하고 남방에선 대개 稻米(쌀)를 가리킨다.[273] 이러한 내용을 종합하면, 孔子는 揚子江 이북에 살았으므로 그가 봉급으로 받은 粟은 탈곡하지 않은 좁쌀 유형의 여러 양곡을 의미한다고 볼 수 있다.

다음으로 '粟六萬'에서 六萬의 단위가 무엇인지 살펴보자. 唐나라의 張守節에 의하면, 孔子가 魯나라와 衛나라에서 俸祿으로 받았던 粟六萬의 단위는 斗이며, 粟 6萬斗는 唐나라의 기준으로 2千石이다.[274] 唐나라의 1石은 60升이고, 이는 좁쌀 45kg을 담을 수 있는 용량이다. 그렇다면 孔子가 받은 6萬斗는 지금으로 치면 90톤에 해당한다.[275]

『周禮』에, 한 사람의 성인이 한 달에 4鬴의 좁쌀을 소비하면 大食이고, 3鬴의 좁쌀을 소비하면 中食이며, 2鬴의 좁쌀을 소비하면 小食이라는 말이 나온다.[276] 여기서 '鬴'는 '釜'와 통하며, 周代에 1釜는 64升이다. 당시 1升은 대략 187.6ml이니, 1釜는 지금의 12升에 상당하며 좁쌀 9kg 정도를 담을 수 있는 분량이다. 周나라 때 중간 정도의 식사량을 가진 成人이 매월 평균 3釜, 즉 27kg의 좁쌀을 소비한다면 하루에는 0.9kg의 식량을 필요로 한다는 얘기다. 이러한 양은 현대인의 식사량과 크게 다를 바 없다. 그렇다면 孔子가 魯나라와 衛나라에서 1년에 90톤의 좁쌀을 받았을 때, 이는 대략 280人이 1년을 먹을 수 있는 양이

며, 한 사람이 소비한다면 대략 280년을 먹을 수 있는 양이다.[277]

　이러한 계산으로 보면, 魯나라에서의 大司寇 시절 년봉이 粟六萬이었고 衛나라에서도 마찬가지의 년봉을 계속해서 받았으니, 孔子가 축적한 재산 및 당시 현직에 의한 수입이 상당했음을 짐작할 수 있다.

　孔子는 본인의 재력 이외에도 제자들의 경비보조를 行程 여비에 충당했다. 크게 부유한 제자로 알려진 子貢[278]은 기원전 520년에 태어났으니 孔子가 기원전 479년 衛나라로 처음 周遊를 떠났을 때는 불과 23세였다. 당시엔 아직 무역업을 하기 전이라 孔子의 行程에 재정적으로 기여한 바는 없다고 봐야한다. 하지만 기원전 489년(이 때 子貢은 31세)에 子貢이 孔子의 行程에 재정적 도움을 주었다는 기록[279]이 있는 바, 이후엔 무역업으로 어느 정도 재력을 갖추고 孔子의 周遊를 재정적으로 보조했을 수도 있다. 또 孔子를 수행한 제자 중 公良儒라는 자가 개인용 수레 다섯 대로 孔子를 모셨다는 기록[280]도 있다.

　한편, 孔子의 行程 경비 소요에는 당시 魯나라 귀족들의 도움도 있었다.『孔子家語』의 기록에 의하면, 魯나라 大夫 季孫이 孔子에게 1,000鍾의 곡식을 찬조했다 한다.[281] 1鍾은 6斛4斗[282]로 계산되니, 1,000鍾은 64,000斗에 해당하며 이는 孔子가 魯나라 大司寇 시절이나 衛나라에 가서 받았던 대우인 粟六萬斗와 대등하다. 이 역시 대략 좁쌀 90톤에 해당하는 양이다. 그의 식솔 몇 십 명이 몇 년 간 먹을 식량인 것이다.

　다음으로 당시의 도로사정을 살펴보자. 夏에서 西周까지 39개에 불과하던 도시가 東周시대에는 428개로 증가했다.[283] 이 많은 도시국가들이 전쟁·외교·통상 등 방면에서 얼마나 많은 접촉을 했을지는 능히 짐작이 된다. 춘추시대에는 列國 간에 會盟과 전쟁이 빈번했다는 점에서 국가 간 도로 정비가 잘 되어있었음은 자명하다.[284] 대규모 전쟁을 위해서라도 戰車가 다닐 수 있게끔 도로는 잘 정비되어 있어야 했다.

예컨대, 『國語』에는 齊나라 桓公이 동서남북의 사방을 정벌하려고 할 때 각각 어떤 나라로부터 군수 물자를 공급받도록 하는 것이 좋겠는가를 管仲에게 묻는 대목이 나온다. 관중은 주변의 나라를 열거하며 구체적인 방책을 제시하고, 관중의 말을 따라 齊나라는 사방의 나라들과 친하게 지냈고, 향후 질서가 어지러운 나라들을 무수히 정벌하였다.[285] 당시의 정벌과 전투 정황을 유추해보면 춘추시기의 나라들은 군사와 물자 이동이 충분할 정도의 교통여건이 마련되었음을 알 수 있다.[286] 특히 위 대목에서 군수물자를 공급받을 나라로 관중이 제시한 나라에 남쪽으로 魯나라와 서쪽으로 衛나라가 해당되었다는 사실은 齊나라에 인접한 魯와 衛 두 나라 역시 교통은 연결되었음을 알 수 있다.

또한 通商도 주목할 부분이다. 춘추시대의 상업활동은 몇몇 도시와 시장에만 국한되지 않았다. 列國의 병립과 더불어 형성된 지역문화권의 성립과 소비시장의 형성은 상인의 활동과 상품의 유통범위를 크게 확대시켰다. 이 때문에 도로도 발달했으며, 정비와 보수가 수시로 행해졌고, 교통의 요충지에는 여관도 있었으므로 상인의 원격지 왕래와 각지의 물산교류가 가능케되어 마침내 상인의 활동은 각국의 통치영역을 넘어서 전 중원으로 확대되었다.[287] 춘추시대 상업의 발달도 도로가 잘 정비되어 있음을 반추해 볼 수 있는 점이다.

(4) 行程의 재구성: 수단·규모·휴대품·거리·기간

　　경비를 충당할 재력도 갖췄고 四通八達의 도로사정도 여건을 충족했다. 行程의 기본적인 전제는 마련된 셈이다. 이제 適衛의 行程은 어떤 이동수단을 사용했고, 수행인원을 포함한 이동규모는 어땠으며, 어떤 물품들을 휴대했고, 이동거리와 기간은 어떠했는지 등 구체적으로 그 行程을 재구성해보자.

　　먼저 이동수단을 보자. 孔子 일행은 어떤 이동수단을 이용했을까? 당시 국가간 전쟁은 대개 戰車에 의해 수행했고 전차의 이동을 위해 도로를 잘 정비했던 만큼, 孔子 일행도 車를 이용했음은 자명하다.[288] 車로 이동하는 데는 많은 경비가 소요되나 앞서 보았듯이 경비조달도 문제 없고, 또한 도로사정도 무난했기 때문이다. 그렇다면 孔子가 탔던 차는 馬車일까? 아니면 牛車일까?

　　고대에 말(馬)은 사람이 타는 것이 아니라 車를 끄는 데 사용됐다. 말은 戰國時代 中期 이전까지는 다만 車를 끄는 데만 쓰였다. 사람이 말을 탄 것은 戰國 中期 이후이다.[289] 이때문에 '車馬'는 대개 연용해서 쓰며, 혹은 '乘馬'라고도 칭했다. 여기서 乘馬는 '馬車를 탐'을 의미한다.[290] 車는 사람이 타는 車室과 바퀴가 있는 탈것을 말한다.[291] 古代의 車는 통상 말이나 소가 끌었으며, 사람이 끄는 車는 따로 輦이라 불렀다. 輦은 秦漢 이후로 황제가 타는 가마를 일컫게 된다.[292] 춘추시대 이전 車의 용도와 명칭은 運輸(田車)·탑승(乘車)·전투(兵車)로 분류할 수 있다. 兵車는 또한 馳車·輕車·革車로 불렸으며, 운수화물을 담당하는 田車는 重車·大車·牛車로 불렸다.[293] 따라서 화물을 운송하는 車는 牛車이고[294], 사람이 타는 차, 즉 乘車는 馬車임을 알 수 있다.

兵車 즉 戰車는 말 네 필이 끌고 덮개가 없다. 乘車는 單轅도 있고 雙轅도 있으며, 말 한 필이 끄는 것과 말 두 필이 끄는 것이 있고, 일반적으로 덮개가 있다.[295] 大車 즉 牛車는 통상 소 한 마리가 끌었다.[296] 大車는 단거리 수송용이고, 장거리 운송용은 輜車이다. 輜車는 장거리 행군이나 여행에 필요한 식량과 馬草·야영 천막·의복·무기 등을 실어 나르며, 바람이나 비로부터 내용물을 보호하기 위해 장막이 둘러처 있기에 밤에 일꾼들이 그 안에서 누워 휴식[297]을 취할 수도 있다.[298] 孔子가 適衛할 때는 장거리여행이므로 輜車가 짐을 날랐을 것으로 추정된다.

당시 孔子가 탔던 수레가 牛車가 아닌 馬車였다는 점은 여러 典籍에서 확인할 수 있다. 먼저, 魯나라 南宮敬叔이 孔子와 周나라로 가 老子에게 禮를 물으러 가고자 했을 때, 魯나라 君主는 孔子에게 수레와 말 두필을 내주었다는 기사가 『史記』에 나온다.[299] 魯나라 군주가 교통 편의를 위해 馬車를 제공했다는 것인데, 馬車로 이동하는 것이 당시 실황임을 말해준다. 孔子 역시 나중에 周遊할 때 馬車를 이용했을 것임을 유추할 수 있다.

또 『論語』에는 당시 이동수단의 상황과 孔子의 형편을 알 수 있는 내용이 나온다.

子華(公西赤의 字)가 齊나라에 使臣으로 가는데 冉子가 子華의 모친을 위하여 곡식을 청하자, 孔子가 말했다. "부(釜: 6斗4升)만큼 주어라." 더 주기를 청하자 孔子가 말했다. "유(庾: 16斗)만큼 주어라." 冉子가 곡식 오병(五秉: 1秉은 160斗)을 주니, 孔子가 말했다. "公西赤이 齊나라에 갈 때 살진 말이 끄는 마차를 타며 가벼운 갖옷을 입었는데, 군자는 급한 사람은 도와주고 넉넉한 사람을 더 부유하게 해주진 않는다고 나는 들었다."[300]

여기서 이 글의 논지와 관련해 알 수 있는 내용은 세 가지이다. 첫째, 孔子는 재산 관리를 할 정도의 재력을 갖췄다. 둘째, 당시 식량의 총칭이 粟이다. 셋째, 먼 거리를 이동할 때는 馬車를 탔다.[301]

한편, 『論語』의 다른 기사에 "孔子가 衛나라로 갈 때 冉有가 僕의 역할을 했다."[302]는 대목이 있다. 僕은 勞役을 제공하는 자이다.[303] 僕은 집에 있을 때는 주인에게 노역을 하고 밖에 나가서는 주인의 馬車를 몬다.[304] 따라서 "冉有僕"의 의미는 "冉有가 마차를 몰았다."임을 알 수 있다.[305] 여기서 직접적으로 孔子가 適衛의 行程에 馬車를 타고 갔음이 확인된다.

孔子가 마차를 이용했음을 알려주는 간접적인 예도 있다. 孔子가 周遊 중 衛나라에 갈 때 그간 단골로 이용했던 여관 주인의 喪을 맞았는데, 이 때 孔子는 자신의 馬車를 끌던 네 필의 말 가운데 한 필을 賻儀했다는 기록이 있다.[306] 여기서 알 수 있는 것은 두 가지이다. 첫째, 나라 간 이동시 여관을 이용했다. 孔子는 말 한 필을 賻儀할만큼의 친교가 있을 정도로 자주 이용했다. 둘째, 孔子가 타고 다닌 마차는 네 필의 말이 끄는 마차였다.[307] 古代의 馬車는 일반적으로 말 두 필이 끄는

車이나, 말 세 필과 네 필이 끄는 車도 있었다 하니[308], 孔子가 탄 말 네 필이 끄는 馬車는 상당한 고관급 규모임을 알 수 있다.

그밖에 전해지는 도상자료에 의해서도 孔子가 馬車를 이용했음이 확인된다. 〈圖2〉[309]의 畫像石에 孔子의 馬車가 보인다. 한편 『孔子聖蹟圖』에는 孔子가 牛車를 타는 그림이 많이 나오는데, 이는 사실과 부합하지 않은 오류라 할 것이다. 특히 〈圖3〉[310]에서는 사람이 말을 직접 타는 묘사까지 있는데, 당시 상황에 대한 왜곡이 상당하다 아니 할 수 없다.

〈圖2: 『孔子見老子圖』, 山東 武梁祠〉

다음으론 수행인원을 포함한 이동규모를 알아보자. 孔子의 周遊는 일시적인 여행이 아니라 기약없는 여정이었기에, 그는 가족을 동반했을 것으로 추정할 수 있다. 孔子의 부인 丌官氏는 周遊를 끝내고 魯나라로 돌아오기 1년 전 衛나라에서 졸했고, 孔子의 아들 孔鯉는 魯나라로 돌아온 다음 해에 49세로 졸했다. 그리고 孔子의 손자 孔伋(字가 子思)은 孔鯉가 죽은 그 해에 魯나라에서 태어났다. 그렇다면 孔子가 周遊할 때 함께 했던 일가는 孔子·부인 丌官氏·아들 孔鯉·孔鯉의 처 등 네 식구로 추정된다. 그밖에 제자 여럿·일부 제자의 가족·하인 및 인부 등이 行程의 구성원이었을 것으로 생각된다. 특히 孔子의 14년 周遊 기간 동안 함께 한 제자, 顔路·顔回·子貢·子路·冉求·公西華·宰子·子張·公良孺·顔刻 등과 그의 일부 가족, 그리고 그들의 수행원까지 감안하면 行程 규모는 작지 않았음을 짐작할 수 있다. 孔子는 "子適衛, 冉有僕."(『論語·子路』)의 내용에서 보듯 乘車가 분명하고, 子貢[311]이나 公良孺[312] 같은 제자들 역시 승차했을 것으로 추정된다. 다만 顔回는 馬車가 없었음이 분명하다.[313] 하지만 그 역시 다른 제자의 馬車에 동승했을 것이다.

孔子가 한 때 陳나라와 蔡나라의 大夫들에 의해 들판에서 포위된 적이 있었다. 이 때 孔子는 가고자 했던 楚나라로 가지 못하고 식량도 떨어졌으며 시종하는 자들이 병들어 잘 일어서지도 못했다는 기록이 있다.[314] 여기서 시종하는 자들을 대동했으며 식량 및 기타 물품도 운반해 가지고 다녔음을 알 수 있다. 한편, 100명이 한 단위가 되는 戰車의 규모에 75명의 병사 뿐 아니라 25명의 밥짓는 이·의복 수선하는 이·

말을 관리하는 이·나무하고 물긷는 이 등이 3명당 1명꼴로 수행[315]했음을 볼 때, 척박한 변경을 가로지르는 孔子의 行程에도 역시 같은 양상의 적지 않은 필수 인력이 동행했을 것이다. 孔子의 가족, 제자 및 그들의 가족, 그리고 그들을 수행할 시종들을 대략 30명 정도로 가정했을 때 인부들은 10명 정도가 동행했을 것으로 짐작된다 그렇다면 孔子

〈圖3: 「孔子延醫」, 『孔子聖蹟圖』〉

行程의 규모는 인원 40명, 馬車 7대(孔子 및 그 가족 2대, 제자 및 그 가족 5대), 牛車 3대(이사물품 1대, 식량 1대, 취사도구 등 기타 물품 1대)로 추정할 수 있겠다.

그렇다면 孔子의 行程엔 어떤 물품들을 휴대하고 이동했을까? 일상적인 이사물품[316]에 더해 여행에 필요한 물품을 가지고 갔을 것으로 추정된다. 그것들은 대략 의류·침구류 등 생활용품과 식량·취사도구·마차 부품·무기·화폐 등 여행용품이라 상정할 수 있다. 특히 여기서 눈여겨 봐야 할 것은 화폐이다. 거처를 옮기는 것이기에 재산을 모두 정리해 가지고 갔을 것이나, 녹봉으로 받았던 그 많은 좁쌀을 모두 현물로 가지고 갔을 수는 없다. 무게와 부피가 상당하기 때문에 이동경비에 무리를 주었을 것이기 때문이다. 따라서 현물은 衛나라에서도 통용될 수 있는 화폐로 바꾸어 휴대했을 것으로 짐작된다.

春秋時代 後期부터 상업활동이 발흥[317]했는데, 상업이 점점 확대되자 이에 조응하여 화폐도 동시에 발전했다. 春秋 後期엔 이미 銅鑄화폐가 출현했다.[318] 춘추시대엔 각국이 자기나라의 주조화폐를 사용했으며 모양은 같지 않았다. 화폐제의 다양화는 교환이 빈번했음을 반영한다.[319] 西周 말기부터 시장경제가 발달하면서 동전이 삽·칼·고리 모양을 하게 되는데, 이는 원래 제사와 전쟁에 사용되었던 것들이 이제는 상업적 가치를 갖게 되었음을 보여준다는 점에서 의미 있는 현상이다.[320] 춘추전국시대 각지에 유통됐던 화폐[321]는 刀·布·錢·金이었는데, 그중 布가 유통됐던 지역은 黃河 중간지대로서 衛·鄭·晉·宋 등 상업교환이 발달한 지역이었다.[322] 여기서 布는 布疋이 아니라 布幣,

즉 鏟形의 銅으로 鑄造한 농기구 중 하나인 鎛의 형상을 한 화폐이다.[323]

다만 『論語』에는 馬·車·粟·輕裘 등으로 財力을 보여주는 곳[324]은 있지만 화폐로 재력을 나타내는 사례는 없다. 당시는 실물교환 위주였으며 화폐교환은 그 다음이었음을 알 수 있다.[325] 孔子보다 약간 후대에 子貢은 크게 富를 쌓았는데, 그를 묘사할 때의 기록[326]에는 이제 화폐로 財富를 묘사하고 있다. 이로써 볼 때, 孔子 당시엔 물론 실물 위주였지만 실물과 화폐 모두 兌換의 도구로 쓰였음을 알 수 있다. 그렇다면 孔子가 휴대한 재산은 어떤 종류였을까?

孔子가 자기 재산으로서의 그 많은 식량을 모두 가지고 다녔을 수는 없지만, 適衛 당시 孔子가 재물인 粟을 모두 화폐로 교환하여 휴대했다고도 볼 수는 없다. 일정부분은 실물을 휴대했다고 봐야한다. 당시 화폐는 세 종류이다. 첫째, 布幣·銅貝·刀幣·圓錢 등의 銅幣. 둘째, 布疋. 셋째, 黃金. 그런데 『孔子家語』에 "取束帛"[327]에 관한 기록이 나오는 걸로 봐서 당시 孔子가 휴대했던 화폐의 한 종류는 布疋이었음을 짐작할 수 있다.[328] 또한 당시 각국을 넘나들면서 상거래를 했던 상인들은 화폐의 발행처를 가리지 않고 함께 사용[329]했다는 점에서, 孔子의 일행은 휴대하기 간편하고 태환에도 문제가 없던 화폐도 다량 휴대했을 것으로 추정된다. 그리고 이 화폐의 종류는, 앞서 보았듯이, 衛나라에서는 유통되었던 布幣였음이 분명하다. 여기에 萬國에서 재물로서의 가지가 있는 곡식으로서이 粟 또한 일부 가지고 다녔을 것으로 짐작된다. 行程 도중에 식량으로도 쓰일 수 있는 등 다목적 효용이 있었기 때문이다. 이상 종합해 보면, 孔子가 휴대했던 재산의 내용물은 실물로서의 粟과 布疋, 그리고 화폐로서의 布幣 등 세 가지였음을 추정할 수 있다.

이제 마지막으로 適衛 行程의 이동거리와 기간을 살펴보자. 孔子適衛의 여정은, 〈圖4〉[330]에 보이는 바처럼, 魯나라의 曲阜에서 출발하여 衛나라의 帝丘까지 가는 길이다. 曲阜는 그대로 지금의 山東省 曲阜市이고, 帝丘는 지금의 河南省 滑縣이다.[331]

이 두 지점을 이동하는 데엔 〈圖5〉에 보이는 바처럼 구글지도의 길찾기에 의하면, 山東省 曲阜市에서 河南省 滑縣까지는 대략 245km이며 도보로 50시간이 걸린다.[332]

그런데 孔子 일행은 馬車(孔子 등)·牛車(물품 적재)·도보(하인과 인부)라는 세 종류의 이동방식이 함께 움직였다. 여기서 가장 늦는 것은 牛車였을 것이니, 행렬 자체는 소의 걸음에 속도를 맞출 수밖에 없었을 것이다. 『한국민족문화대백과』에 의하면, 소의 작업속도는 부리는 사람과 방법에 따라 달라질 수 있으나 대체로 논을 갈 때의 속도는 0.5m/sec, 달구지를 끌 때와 걸어갈 때는 0.8~1m/sec정도이다.[333] 그런데 위의 구글 길찾기에서의 도보 속도를 계산하면 1.36m/sec에 해당한다. 소걸음보다 빠른 편이다. 하지만 이동시 사람의 걸음 속도와 馬車의 속도는 어쩔 수 없이 牛車의 속도에 맞춰야 한다. 또 그 당시는 아무래도 길이 지금처럼 평탄하지 않았을 터이니, 도로 사정을 감안하여 소가 달구지를 끌거나 걸어갈 때의 속도를 평균보다 느린 0.5m/sec 정도로 가정한다면, 245km를 가는 데엔 최소 136시간 정도 소요된다. 그러나 또한 사람이든 牛馬든 쉬지 않고 갈 수는 없을 터이니, 일행이 하루에 8시간 정도 이동했다면 魯나라를 떠나 衛나라까지 가는데 산술

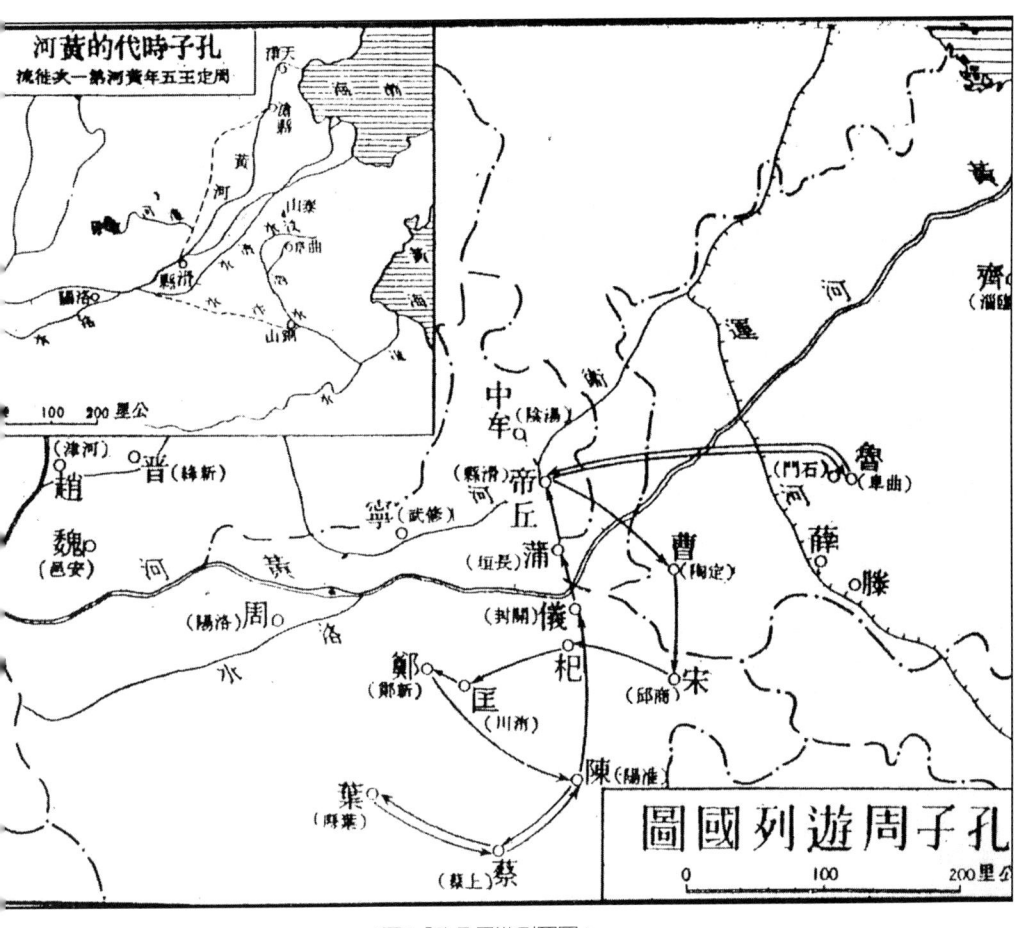

〈圖4:「孔子周遊列國圖」〉

적으로 최소 17일은 걸렸을 것으로 추정된다. 하지만 여기에 현장 도로 상황, 날씨상황, 사람이나 牛馬의 건강상황, 馬車나 牛車의 고장수리 상황 등 여러 변수를 고려하면, 실제 行程 기간은 그보다 훨씬 더 오래 걸렸음이 분명하다.

그런데 여기서 驛站이라는 요소를 하나 더 고려해야 한다. 통신과 교통이 발달하지 않았던 古代에 사람들의 왕래나 公文의 전달 및 정보의 소통 등은 주로 국가가 설치한 驛站에 의존했다. 역참은 주요 교통 선상의 일정 거리마다 설치한 館舍이다. 이러한 관사는 公文을 전달하거나 상업활동 등으로 왕래하는 사람들에게 숙식을 제공하고 차량·馬匹의 교환 등의 일을 담당했다. 이러한 역참이 점점이 연결되어 사람과 정보를 먼 곳까지 보낼 수 있었던 것이다. 춘추전국시기 역참의 명칭은 '舍'로 불렸는데, 舍는 30里 즉 12km마다 설치되었기에 또한 舍는 거리의 명칭이기도 했다.[334]

도로를 오가는 사람을 위한 館舍가 있었음이 『國語』에 여러 군데 보인다.[335] 또한 관사의 설치는 매우 구체적인 규정에 따라 시행되었다.

十里마다 廬가 있고, 三十里마다 宿이 있으며, 五十里마다 市가 있다. 宿에는 路室이 있고, 市에는 候館이 있다.[336]

十里마다 廬가 있는데, 廬에서는 飮食을 제공했다.[337]

廬에서는 식사만 하고 잠을 자려면 宿에 가야 했으므로, 하루에 적

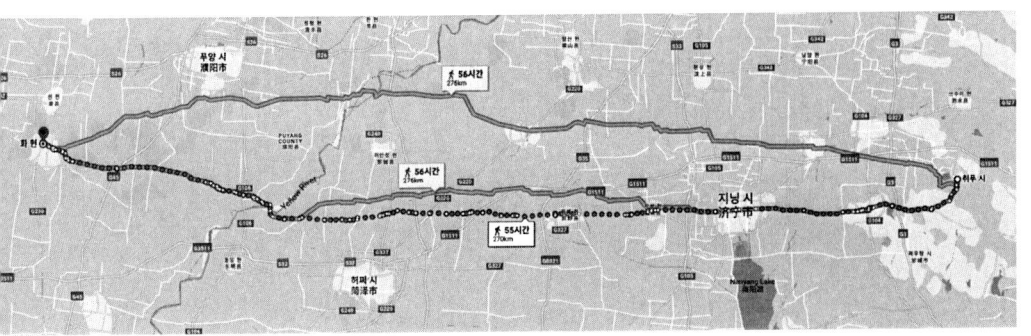

<圖5: 曲阜~滑縣 도보 이동경로>

어도 30里 즉 12km를 이동해야 한다. 그러려면 牛步의 속도로 6.7시간을 쉼 없이 가야 하므로, 쉬는 시간 등 어느 정도 여유를 감안해서 대략 하루 도보 이동을 기준으로 한 숙소 설치라 볼 수 있다. 그렇다면 曲阜를 떠나 帝丘까지 245km를 하루 12km씩 이동했을 경우 대략 20일이 걸린다는 계산이 나온다. 그리고 4km마다 음식을 먹을 수 있는 廬, 즉 휴게소가 있으므로 음식 준비를 위한 식량이나 도구는 완전히 구비해 다니지 않아도 되었을 것으로 짐작된다. 다만 비상시 사용할 식량과 취사도구·의복수선·차량 수리도구 등을 적재하여 가지고 다녔을 것이며, 또한 그 도구들을 사용할 수 있는 인원 등이 從者로 수행했으리라 생각된다.

(5) 孔子適衛의 의의

충분한 경제적 역량과 훌륭한 도로사정 등 양호한 내외적 조건 아래, 孔子는 부인 丌官氏·아들 孔鯉·孔鯉의 처 등 식구와 顔路·顔回·子貢·子路·冉求·公西華·宰予·子張·公良孺·顔刻 등 제자들 및 그들의 일부 가족 약 30명 정도, 그리고 취사·의복수선·차량 수리·기타 사역 등을 담당한 하인 및 인부 등 약 10명 정도 등 대략 총 40명의 인원이 馬車 7대에 나눠 타거나, 의류·침구류 등 생활용품과 식량·취사도구·마차 부품·무기·粟과 布疋과 布幣의 세 가지 화폐 등 물품을 牛車 3대에 나눠 싣고 끌거나 일부는 따라 걸으며, 魯나라의 曲阜에서 출발하여 衛나라의 帝丘까지 245km를 4km마다 廬에서 음식을 먹고 하루 12km씩 이동하여 宿에서 잠을 잔 후 대략 20일이 걸려 목적지에 당도하였다. 이것이 孔子 일행의 適衛 行程이다. 역사는 이러한 行程들의 총합을 周遊라 말한다. 그 周遊는, 그 세세 구간으로서의 行程은, 고난의 여정이었을까? 혹독한 시련이었을까? 이제까지 살펴본 適衛 行程을 보건대, 그렇진 않았을 것 같다. 달콤한 삶이 있는데도 쓰라린 苦行을 택했던 것이 일단 아니었기 때문이다. 孔子의 周遊는 막다른 선택이었다. 게다가 살펴본 대로 孔子의 行程은 호화롭지 못했을지언정 전혀 궁핍하거나 처절하진 않았음이 확실하다. 물론 고통이냐 행복이냐의 느낌은 孔子의 몫이고, 그 확실함의 단정은 필자의 몫이긴 하다.

하지만 이상의 미시적 관점과는 별도로 孔子의 周遊를 이해하고 평가해야할 시각은 분명 존재한다. 거시적인 관점에서, 孔子는 周遊하는 동안 求仕와 行道 방면에서 일정 부분 성과를 거두었다. 일단 위나라에 머무는 기간 동안 孔子 본인은 魯나라에서와 같은 대우로 자문만 했지 실제 관직을 맡지 않았지만, 제자들은 여러 많은 직책을 맡았다.[338] 그

러는 과정 중 孔門의 이상과 정책방안 및 도덕이 전파되었다고 볼 수 있다.[339]

한편 衛나라에 체류했을 때 및 다른 나라를 周遊할 때는 孔子의 제자들, 특히 정치에 주력한 제자들에게 아주 관건적인 시기이기도 했다. 이때의 孔子는 비교적 여유가 많았기 때문에 제자들과의 교류도 많아졌고, 또한 遊歷하는 기간 동안 실제 사건이나 경험 등 견문이 많아져 교육적인 효과도 아주 좋았다. 이 때 孔子를 수행했던 제자들은 孔子의 영향을 많이 받았으며 그의 추천에 의해 차례로 벼슬길에 나가게 되었던 것이다.[340]

춘추시기 孔子의 현실적 正體는 크게 두 가지이다. 하나는 정치가이고 다른 하나는 교육자이다. 정치를 통해서든 교육을 통해서든, 그가 이루고자 했던 목표는 治國平天下이다. 이 목표 또한 현실에서 구현해야할 당면 과제이다. 당시 孔子에게 이 과제를 실현할 수 있는 방도는 두 가지이다. 하나는 君主를 자신이 원하는 방향으로 나아가도록 설득하는 것이고, 다른 하나는 스스로 현실권력을 가져 목표를 실현하는 것이다. 孔子는 周遊列國하는 동안 부단히 군주 및 권력자들을 설득했고, 동시에 현실적 목표를 이루어내기 위해서 현실 권력을 얻고자 했다. 이것이 스스로도 현실권력, 즉 관직에 오르고자 했던 이유이고, 나아가 제자들도 벼슬을 함으로써 이상을 구현할 수 있게끔 유도하고 권유했던 동기이다. 이러한 목표가 衛나라에 머문 기간 내지 전체 周遊기간 동안 제대로 이루어졌다고는 볼 수 없다. 중요한 것은 孔子시대를 역사로 학습하고 이해하는 후세늘에게, 무수히 겪고 마주치거나 혹은 앞으로 다가오는 과제를 대하는 데 있어 마땅한 자세와 적절한 교훈을 제시했다는 철학적 공로는 인정해야 한다는 점이다. 이는 또한 현실에서 패배자였던 孔子를 역사적으로는 승리자로 만든 연유이기도 하다.

6장

"未可與權"說에 나타난 孔子의 經權觀

6. "未可與權"說에 나타난 孔子의 經權觀

(1) '權'字解

『論語·子罕』에 나오는 "未可與權"說은 儒學史上 '權'개념에 대한 최초의 제기이다. 孔子가 權의 개념을 비중 있게 거론함으로써 자연스레 經의 개념과 더불어 經權觀이라는 정치철학적 논의가 형성되었으며, 이는 漢代와 宋代 주류 유학자들의 큰 관심과 쟁론을 불러일으켰다.

字義上으로 볼 때, 經은 고정불변의 원칙이고 權은 應變의 최적 방안이다. 그런데 『論語』에서 이 權이 공자 言說의 문맥 속에 등장함으로써 이후 해석가들에게 개념적으로 받아들여졌다. 역대로 權의 의미는 대체로 權衡과 權變으로 대별되는 해석으로부터 출발하여, 權이 經과 다를 바 없다거나 權의 양상을 反經으로 규정하는 등 다양하게 이해되어 왔다. 이러한 權의 의미를 정확히 파악하는 것은 공자의 정치철학관을 제대로 규명하는데 매우 중요한 관건이다.

이 규명의 전제는, "未可與權"說 속의 權의 의미를 관념론적으로 궁구하려 들지 말고 당시 실정과 상황에 입각한 내재적 접근의 방식으로써 이해하여야 한다는 점이다. 왜냐하면 經과 달리 權 자체는 정치론적 동기 혹은 목적과 결부된 현실적 방침이자 구현을 위한 방법이기 때문이다.

'權'은 『說文解字』에 의하면 원래 나무이름[341]이지만, 이러한 뜻으로는 거의 사용되지 않고 대개 저울추를 가리킨다.[342] 先秦시대엔 저울대를 두고 저울판에 물품을 둔 뒤 저울추를 달아 저울눈을 읽어 무게를 재는 체계의 저울이 없었다. 당시엔 양쪽의 평형을 이루는 방식의 天平秤이란 공구의 '衡'으로 무게를 쟀다.[343] 이때 '權'이 度量의 단위였다.[344] 이로부터 天平秤의 錘와 後代 저울의 錘를 '權'이라 한다.[345] 뜻이 넓혀져 사회적으로 輕重과 得失을 재는 가운데, 刑과 賞의 두 권한을 장악하고 생사여탈을 결정할 수 있으며 사물에 대한 처치를 결정할 수 있는 힘을 '權'이라 칭하게 되었다.[346] 이것이 '權柄' 혹은 '權力'의 의미로서의 '權'이다.[347]

'權'은 사용되는 과정 중에 權力·權勢·權變·權謀의 의미로 점점 굳혀지게 되었다. 東漢 시기에 이르러 사람들은 새로 '銓'이라는 글자로 저울추를 나타내게 되었는데, '權'과 '銓'은 저울추를 표시하는 古今字이다. 동사로 쓰일 때, 權은 득실을 가늠하는 의미에 치중되고, 銓은 인재를 가늠하는 의미에 치중된다.[348]

한편 權과 衡을 비교하자면, '衡'은 추상적 의미로 거의 쓰이지 않지만 '權'은 주로 두 가지 추상적 의미로 쓰였다. 하나는 權力 혹은 權勢의 의미이다. 저울추로 물품의 무게를 재는 데로부터 확장된 개념이다. 다른 하나는 權變 혹은 應變의 뜻이다. 이는 저울추를 물품의 무게에 따라 이리저리 움직인다는 데로부터 확장된 개념이다. 긍정적으로는 실제정황으로부터 비롯되어 민첩하게 원칙을 운용하기에 變通과 臨機應變의 의미[349]이고, 부정적으로는 원칙 없이 수단을 농단하는 것이기에

權謀術數의 의미이다.350 權과 勢도 또한 비교된다. '權'은 '法' 혹은 '禮'를 근거로 삼은 객관적 역량이고, '勢'는 '權'에 기초한 각종 역량의 종합이다. 바꾸어 말하면, '權'은 장악한 지배역량을 가리키고, '勢'는 점거한 바의 지배적 지위를 가리킨다.351

(2) "與權"과 "可與"의 의미

이 글의 주제인 "未可與權"說에서의 權의 의미를 파악하기 위해 먼저 해당 구절이 나오는 원전 내용을 보자.

> 孔子가 말했다. "더불어 배울 수 있지만 함께 道에 이를 수는 없고, 함께 道에 이를 수 있어도 함께 설 수는 없으며, 함께 설 수 있어도 함께 權을 행할 수는 없다."352

문제는 바로 여기서의 "與權" 혹은 "行權"이 무슨 의미이냐는 것이다. 먼저 이 '權'의 字義에 대해 제기된 대표적인 견해를 보자. 程頤는 "權은 저울과 저울추로, 물건을 달아서 輕重을 알기 위한 것"353이라 했고, 丁若鏞은 "저울의 錘가 균형을 잡아 어느 쪽으로도 기울어지지 않고 中正을 얻은 것을 '權'이라 한다."354고 했다. 저울질의 목적으로 적시한 "知輕重"과 "得中"은 내용상 일단 다른 맥락이다. 前者가 방법이나 행위에 초점이 있다면, 後者는 결과와 목적에 주안점이 있다. 당시 상황에 비춰볼 때 공자에게 있어 權의 논리가 정치철학적인 맥락에서 거론된 것이라는 점에서, 일단 權의 의미는 得中이라는 최종적 결과와 연결되는 것이라 봐야 할 것이다.³⁵⁵ 得中의 좀 더 실질적인 의미는 執其兩端이다. 공자가 추구한 최고의 경계는 매사를 도리에 의거하여 처리하면서도 또한 常規에 얽매이지 않는 것이다. 이것이 응변에 통달하면서도 도리에 합치되는 경지이다. 그렇기 때문에 權은 도리와 대립되는 것이 아니며 궁극적으로 통일되는 것이라 할 수 있다.³⁵⁶ 이는 "可與"의 뜻이 무엇이냐 와의 상관관계로부터 좀 더 명확히 알 수 있다.

"可與"의 의미를 보면, 공자가 "未可與權"이라 말한 근저에는 마땅히 "可與權"해야 함을 천명한 점이 내재되어 있다. 다시 말해서 "未可與權"을 언급한 것은 더불어 權을 행해야 하는 것을 기대하는 주장을 우회적으로 드러낸 것이다. 그렇다면 더불어 한다는 것은 무엇인가? 朱熹는 이에 대해 "함께 일을 하는 것"³⁵⁷이라 해석한 바 있는데, 일견 순진한 이해라 아니할 수 없다. 함께 한다는 것은 곧 이 어지러운 세상을 正攻法으로만 해결할 수 있겠는가라는 출발점에서 得勢를 말한 것이다. 그런데 공자의 정치철학에서 이 得勢는 궁극의 목표가 아니다. 그것은 다만 과정이자 수단일 뿐이다. 政治結社體로서의 勢를 결집해 함께 權을 행한다는 것은 최종적으로 完善의 결과를 지향해야 한다. 그리고 그 결과의 完善이 完善일 수 있는 것은 得中으로부터 담보되는 것이다.

(3) "未可與權"說에 대한 漢儒와 宋儒의 견해

공자가 『論語·子罕』에서 "未可與權"을 말한 것은 儒學史上 최초의 經權觀에 관한 거론이다. 『論語』에서 權의 개념이 제기된 이래 行權의 의미 내지 그 실현방안에 대해 분분한 의견들이 쏟아졌는데, 그 주요한 分岐는 대체로 다음 두 가지 내용을 대별된다. 즉 行權의 문제를 도덕철학의 범주로 이해할 것이냐 아니면 정치철학의 방향으로 이해할 것이냐이다. 우선 가장 이른 시기 분기의 사례로는 『孟子』와 『公羊傳』의 기사에서 볼 수 있다.

> 淳于髡: "남녀 간에 주고받기를 친히 하지 않는 것이 禮입니까?"
> 孟子: "禮입니다."
> 순우곤; "弟嫂가 우물에 빠지면 손으로 구해야 합니까?"
> 맹자: "제수가 물에 빠졌는데도 구하지 않는다면 이는 豺狼입니다. 비록 남녀 간에 주고받기를 친히 하지 않음이 禮이나, 제수가 물에 빠졌다면 손으로 구해야 하는 것이니, 그것이 바로 權道입니다."[358]

九月에 宋나라 사람들이 祭仲을 체포하였다. 祭仲은 누구인가? 鄭나라의 宰相이다. 왜 이름을 쓰지 않는가? 현명하기 때문이다. 왜 祭仲이 현명하다 생각하는가? 그가 權道를 알고 있다고 본 것이다. 그가 權道를 알고 있다는 것은 무엇인가?
옛날에 鄭나라가 留라는 곳에 있었다. 일찍이 鄭나라 군주〈武公〉가 鄶나라 군주와 사이가 좋았으나 鄶公의 부인과 私通하여 鄶나라를 빼앗았다. 그런 다음 鄭나라를 그곳으로 옮기고 留의 땅을 궁벽한 변경으로 만들었다. 鄭나라 莊公이 죽은 후 장례를 치르고 나서 祭仲은 留로 가서 시찰하고자 했다. 宋나라를 지나던 중 宋나라 사람이 그를 붙잡고선, "우리를 위해 忽을 鄭나라에서 내쫓고 突을 鄭나라 군주로 세워라!"라고 위협했다. 祭仲이 당시 만약 그들의 명령을 따르지 않는다면 군주는 죽고 나라 또한 필시 망하는 것이며, 그들의 말을 따른다면 군주도 살고 나라도 망하지 않는 형국이었다. 조금만 멀리 보고 천천히 도모한다면, 突은 이러한 연고 때문에 결국 축출되고 忽은 또한 이러한 연고로 인해 돌아올 수 있는 것이다. 忽의 군주 지위가 보전될 수 없으면 祭仲이 곧 임금을 몰아낸 죄를 뒤집어쓰게 되는 것이나, 그가 이처럼 한 후에 비로소 鄭나라가 보존될 수 있었다. 옛사람들이 말하는 權이란 바로 祭仲의 이러한 權이다.

權이란 무엇인가? 權은 經에 반하나 궁극적으로 좋은 결과가 있는 것이다. 權의 시행은 죽음을 앞두지 않고서는 할 수 없다. 行權에는 또한 도덕적 원칙이 있다. 스스로가 손해를 보며 權을 행하지, 다른 사람을 해치면서 權을 행하지 않는다. 다른 사람을 죽임으로써 자기를 살게 하고 다른 사람의 죽음을 자기 생존의 방편으로 삼는 것을, 군자는 하지 않는다.[359]

孟子가 예를 들어 말한 權의 의미는 도덕철학의 관점에서 일종의 부득이한 윤리적 실천을 말한 것이므로, 크게 논란이 될 것은 없었다. 하지만 「公羊傳」에서 실제 역사적 사실을 들어 피력한 權의 성격 내지 범위의 문제는 역사적으로 적지 않은 논란을 야기했다. 왜냐하면 궁극적으로 좋은 결과라면 君臣 간의 道義가 어그러져도 그 權은 가치와 의미가 있다는 것이나, 애초 "君臣有義"는 유가에서 經으로서 매우 중요한 원칙이었기 때문이다. "行權有道"와 "反經"이 같은 맥락으로 연계되는 것은 실로 쉽지 않은 일임엔 분명하다.

그런데 원시유가의 입장에서는 도덕철학과 정치철학이 명확하게 구분된 것은 아니었다. 왜냐하면 도덕철학이든 정치철학이든 당시의 철학 자체는 개인의 입장보다는 天下의 입장이 더 主가 될 수밖에 없는 시국에서 형성된 것이기 때문이다. 당시의 實況이란 점에서 본다면, 정치철학의 논리가 도덕철학의 논리를 압도할 수밖에 없는 것이다. "可與立, 未可與權"의 언설은 공자가 도덕규범의 절대성을 무조건 견지한 것이 아님을 보여준다. 맹자를 포함하여 원시유가는 특수한 상황에서 '小德'을 위배하는 것에 대해 허용하였다. 왜냐하면 그것이 '大德'을 실현하는 길이기 때문이다.[360] 이처럼 도덕규범의 층위를 구분[361]하고 더 큰 大義를 위해 융통을 허용한 사유구조는 원시유가의 중요한 사상적 특징이며, 이러한 사유방식은 春秋戰國이란 亂世로부터 자연스럽게 형성되었다고 볼 수 있다.

漢儒는 이러한 맥락을 實査的으로 고려한 입장을 견지했다. 董仲舒(대략 B.C.170-B.C.120)[362]를 위시하여 漢代 이래는 "反經"으로써 權을 말하는 것이 대세가 되었다. "反經合道"라는 말 자체는 『周易注』[363]에서 처음 제기되었지만, 이후 何晏(?-249)[364]이나 皇侃(488-545) 같은 이들 역시 이러한 견해를 따랐다. 예컨대 皇侃의 견해를 보자.

> 權이라는 것이 經常은 아니지만 결국 道理에 합당한 것이다. 스스로 변화와 이치에 통달하지 않으면 이룰 수 없다. 그러므로 비록 함께 본연의 일을 할 수는 있어도 더불어 權을 행할 수는 없는 것이다. 그래서 王弼은 다음과 같이 말했다. "權은 道의 변화이고, 변화에는 항상됨이 없다. 神明하기에 行權은 그 權을 행하는 사람에게 달렸다. 예측할 수

없으니 가장 어려운 것이다."³⁶⁵

皇侃은 여기서 "通變達理"를 權의 전제조건으로 생각하는데, 이 때문에 行權이 善의 결과를 낳기 위한 필수요건이기도 한 것이다. 아무튼 그가 제기한 "反常合道"라는 명제 역시 公羊學에서 말하는 "反經合道"와 전혀 다를 것이 없는 동의어라 하겠다.

權에 대한 이해로 漢代 이래 줄곧 계승되던 "反經合道"의 說은 北宋시대에 이르러 程頤에 의해 전면적으로 재검토되었다. 앞서 살펴본 公羊學 계통의 "反經合道"에 대한 이해는 "合道"라는 결말에 방점이 있고 "反經"은 과정 내지는 수단의 의미를 갖는 것이었다. 즉 "有道"가 "反經"을 한정하는 구조였다. 하지만 程頤는 여기서 '反'에 대해 극심한 거부반응을 보였다. 결말 혹은 결과를 차치하고, 일단 行權의 과정 중에 윤리강상을 위배한 이상 그것은 원인론적 不義이기 때문에 그 權은 그저 權術일 수밖에 없다는 것이다. 『論語集註』에 인용된 程頤의 견해를 보자.

> 程頤가 말했다. …… "權은 저울과 錘이다. 물건을 달아서 輕重을 알기 위한 것이다. 더불어 權을 행한다는 것은 일의 輕重을 저울질하여 義理에 합하게 함을 말한다." …… 程頤가 말했다. "漢儒들은 經에 反해도 道에 부합하는 것을 權으로 생각했기 때문에 權變과 權術의 말이 있게 되었다. 이는 모두 잘못이다. 權은 다만 經일 뿐이다. 漢代 이래 權의 뜻을 아는 이가 아무도 없었다."³⁶⁶

程頤는 "權輕重, 使合義"가 공자가 말한 權의 참뜻이라 봤다. 여기선 애초부터 '義'라는 기준에 합치하느냐 자체가 출발점이고 핵심이다. 義에 맞지 않는다면 그건 의미가 없는 것이기에 反經에 의한 權은 權變이고 權術일 수밖에 없게 된다.[367] 따라서 義에 맞게 하는 과정 혹은 經을 찾는 방식이 權이기에, 權은 그저 經이라는 것이다. 이에 의하면 程頤는 "可與權"을 "같이 잘 살펴 經과 義에 합치되는 판단을 함께 할 수 있음"으로 해석하고 있다고 볼 수 있다. 程頤가 이해하는 漢儒의 견해는 "權變을 함께 할 수 있음"이 되니, 어긋나도 한참 어긋난 해석이라 본 것이다.

經權觀은 義理와 實效 사이의 도덕적 딜레마를 어떻게 해결할 것인가에 대한 논의이기도 하다.[368] 『公羊傳』을 위시한 漢代의 시각이 실효를 더 우선시했다면 程頤는 의리와 명분을 더 강조한 것이다. 실효의 입장에서는 應變(權)이 중요하고, 의리와 명분의 입장에서는 원칙(經)이 더 중요하다. 응변의 입장에서는 "反經"이 치명적이지 않으나, 원칙의 입장에서 '反'은 결코 용납될 수 없다. 그렇기 때문에 程頤는 權과 經을 동등시한 것이다.

다른 宋儒의 견해로 朱熹의 해석을 보자. 흔치 않은 일이지만, 朱熹는 '權'에 대한 이해에서 일단 程頤의 생각을 의심한다.

> 權이 다만 經일 뿐이라면 權과 經에는 어떠한 분별도 없게 된다. 孔子가 한 "함께 설 수는 있어도 더불어 權을 행할 수는 없다."는 말이나 孟子가 한 "弟嫂가 우물에 빠졌을 땐 손을 잡아 구해야 한다."는 말

을 볼 때, 權과 經에는 분명 다름이 있다. …… 程頤의 "權은 다만 經일 뿐"이란 말은 아마도 미진한 바가 있지 않나 싶다.[369]

朱熹는, 經은 經이고 權은 權일 뿐[370]이라는 전제 아래, 그 둘을 분리한다.

經은 道의 항상됨이고, 權은 道의 변용이다.[371]

그런 다음 聖人만이 行權할 수 있으며[372], 그러한 權은 道理에 합당하므로 결국엔 經과 다를 바 없다고 주장한다.

權은 궁극적으로 道理에 합당하게 행해지는 것이기에 비록 經과 다르더라도 사실상 역시 經이다.[373]

이 대목에선 일견 朱熹의 견해가 程頤의 "權只是經"설과 같은 맥락처럼 보이기도 한다. 하지만 朱熹는 여기서 權의 주체가 聖人이어야 할 것과 그 權의 내용이 道理에 합당해야 한다는 구체적인 단서를 제시했다는 점에서 차이를 보이고 있다.

그런데 朱熹의 논변에서 정작 중요한 것은 그가 權을 經보다 더 상위의 개념으로 이해했다는 점이다.

孔子는 함께 설 수는 있어도 더불어 權을 행할 수는 없다고 말했는데, 이때 立이 바로 經이다. 함께 설 수 있으니 곧 經을 지킬 수 있는 것이다. 그런데 확고하게 서서 지킬 수 있음에도 불구하고 더불어 權을 행할 수는 없다고 했다. 이로써 볼 때, 權은 곧 經의 핵심이자 관건이다. 道理의 정밀함과 투철함과 정통함을 알지 못하면 權을 말할 수 없는 것이다.[374]

이 견해는 그의 經權觀이 程頤의 그것과 근본적으로 다르다는 점을 보여준다. 程頤의 "權只是經"설은 權의 실질이 결국 經의 영역을 벗어나는 것이 아니라는 점을 말한 것이다. 한편 朱熹는 權이 經의 '要妙微密'에 해당한다고 말했는데, '經의 要妙微密'은 곧 經의 핵심이다. 따라서 朱熹의 말처럼 聖人만이 그 '要妙微密'을 감당할 수 있다는 것이 된다. 朱熹는 經을 '포괄적인 經'과 '經의 要妙微密'로 구분하고, 前者를 立과 後者를 權과 각각 연계하였다. "可與立, 未可與權"의 문장 구조상 '權'은 '立'보다 상위개념이라 할 수 있는데, 朱熹는 여기서 '立'이 바로 '經'이라 했으므로 결국 '權'이 '經'보다 상위개념이라는 논리적 결말이 나오게 되는 것이다.

한편 다른 대목에서 이 '立'에 대해 朱熹는 "조정에 서는 것", 즉 "벼슬을 하는 것"으로도 해석한 바 있다.[375] '立'이 벼슬을 하는 것이든 개인의 완성을 의미하는 것이든 이는 실제 한 인간의 로드맵에서의 궁극적 결말을 의미한다. 예컨대, 『大學』의 八條目은 군자의 완성을 "格物~修身"까지의 小成(개인의 완성)과 "齊家~平天下"까지의 大成(군자의 현실참여로 인한 세계의 완성)으로 구분하여 군자의 걸어갈 길을 제시한 바 있다. 이때 小成이든 大成이든, 어쨌든 그것은 완성 혹은 달성이기 때문에 모두 '立'의 해석영역에 해당한다고 볼 수 있다. 다시 말해서

小成은 小立이고 大成은 大立인 것이다. 하지만 權은 이러한 로드맵의 과정과는 궤를 달리 하는 영역이다. 여기엔 정해진 기준이나 규율 혹은 당연칙도 없다. 따라서 고도의 역량이 발휘되는 것이고 또한 그것의 실행 자체는 반드시 道와 義에 適宜해야 하므로, 朱熹의 말처럼 聖人만이 할 수 있는 것이 된다. 이런 면에서 확실히 權은, 규정과 기준 영역에서의 최고 가치인 經보다 더 상위의 개념이라 할 수 있다.

(4) 공자사유의 미학적 구조

이 글의 주제문인 "可與共學, 未可與適道. 可與適道, 未可與立. 可與立, 未可與權"에서의 "共學"·"適道"·"與立"·"與權"은 점층상향식 구조를 갖는다.[376] 다시 말해서 '學'으로부터 출발하여 '權'이라는 궁극의 경지로 이어지는 과정이자 계통의 맥락을 갖는 구조라는 것이다. 이러한 구조적 성격으로부터 최종적 상위개념인 權을 규명하기 위해, 유사한 맥락의 다른 구조를 원용해 보도록 하자. 필자는 동아시아미학에서의 四品格 체계로부터 의미 있는 시사를 얻고자 한다.

먼저 사품격 체계에 대해 알아보자. 고대 중국에서 사람의 자질과 人格을 품평하던 전통이 예술에도 적용되어 예술 분야에도 등급이 있게 되었다. 人品에 수준별 등급이 있다고 본 고대 사유는 그 인품이 그대로 반영되었다고 인식한 예술작품에도 등급을 매겼다. 인품과 예술 정신은 궤를 같이하며, 그러한 정신이 창작한 예술작품에도 결국 가치

수준에 따른 우열의 성격을 띤 등급이 있다고 본 것이다. 그러한 예술 작품의 경지에는 원래 神·妙·能의 세 品等만 있다가 唐·宋代 이래 逸·神·妙·能의 네 품등으로 확정되었다.[377] 能品 혹은 能格은 대상의 외형에 대한 정확한 재현이 이루어진 경지를 말하고, 妙品 혹은 妙格은 형체를 정교하게 묘사해내는 숙련된 기법 위에 남들과 다른 자신만의 개성이 충만한 경지이며, 神品 혹은 神格은 技藝의 측면에서 더 이상 올라갈 수 없는 최고의 수준을 말한다. 마지막으로 逸品 혹은 逸格의 형상적 특징은 常軌에서 벗어남과 拙朴 및 簡率로 정의할 수 있다. 逸格의 경지는 분명 모자라고 어눌하고 무언가 빈 듯한 면모를 보여주지만, 이는 어디까지나 能格·妙格·神格의 단계를 모두 거친 다음 나올 수 있는 경지이다.[378]

能·妙·神·逸의 四品格 체계를 처음 거론한 이는 北宋의 黃休復이다. 그는 逸格을 神·妙·能의 세 품격 위에 놓음으로써 四品 체계의 首位로 逸品을 자리매김했다. 黃休復의 逸格에 대한 정의를 보자.

> 〈그림의 逸格은〉 다른 무엇과 견주기 어렵다. 方과 圓을 그리는데 矩와 規를 사용하지 않은 듯 졸렬하게 하고, 채색은 정교하거나 화려하게 하지 않으니, 필치는 간략해도 형세가 온전히 갖추어져 자연스러움을 얻는다.[379]

이 정의에 나타난 逸의 의미는 다음 네 가지로 정리할 수 있다. 첫째, 최고의 경지이다. 둘째, '規-圓', '矩-方'이 의미하는 바의 예술표현 程式을 초월하여 심미창조의 자유로움을 구현한다. 셋째, 채색과 필선에 대한 정밀함을 무시함으로써 用筆의 簡率함을 지향한다. 넷째, 누구도 흉내 낼 수 없는 자연스러움의 경지를 표현한다.[380] 여기서 회화 고유의 성격을 말한다고 볼 수 있는 세 번째 사항을 뺀 나머지 세 가지 사항은 의미상 이 글의 논지와 연관성이 있는 내용을 보여준다.

그런데 정작 逸의 성격에서 가장 중요한 것은 기성의 기준이나 원칙으로부터 벗어난다는 점이다. '逸'이라는 字義 자체가 "벗어난다."라는 점으로부터 보면, 逸格의 경지는 기존의 고정된 궤도에서 이탈하는 것을 말한다. 여기서 기존의 고정된 궤도라는 것은 기준·규정·원칙을 말하는 매뉴얼을 뜻한다. 能格이 기본을 말하는 'ABC'이고, 妙格으로부터 神格까지는 전 과정을 의미하는 'A to Z'라면, 逸格은 알파벳의 체계 자체를 뛰어넘는 것을 말한다. 예술작품의 측면에서 보면, 逸格은 고정된 체계 자체를 부정하기 때문에 逸品의 예술적 표현은 일률적이지도 않고 일상적이지도 않다. 창작에서든 감상에서든 고정된 기준도 없다.[381] 그러나 逸格의 최초 동기이자 궁극적 목표는 神格과 같은 完美의 체계에서조차 구현할 수 없는 完善의 결과를 이루고자 함이다.[382]

이제 본격적으로 權의 미학적 해석을 시도해 보자. 앞서 보았듯이, 이 글의 주제문은 "共學 → 適道 → 與立 → 與權"의 점층적 상향의 구조를 내포하고 있다. 이러한 三句四言의 구성에서 공자 言說의 매우 독특한 논리구조 및 표현방식의 미학적인 특징을 읽을 수 있다. 즉, 앞의 三言은 규정과 구현이 가능한 현실적 내용이나 마지막은 규정이 불가능하고 구현의 과정이 불확정적인 逸格的 체계를 보여준다는 것이다.[383] 이 상향식의 구조에서, '學'은 출발이고, "可與適道"까지는 완성해 가는 과정이며, '立'은 완성 혹은 정립의 상태를 말하고, 마지막으로 '權'은 완성 후의 逸格의 경지를 말한다. 그렇다면 "共學 → 適道 → 與立 → 與權"의 과정은 곧 四品格 체계에서의 "能(學) → 妙(道) → 神(立) → 逸(權)"이 되는 것이다.

여기서 앞서 살핀 皇侃·王弼·朱熹의 견해를 다시 한 번 보자.

> 權이라는 것은 經常은 아니지만 결국 道理에 합당한 것이다. 스스로 변화와 이치에 통달하지 않으면 이룰 수 없다. 그러므로 비록 함께 본연의 일을 할 수는 있어도 더불어 權을 행할 수는 없는 것이다.[384]

> 權은 道의 변화이고, 변화에는 항상됨이 없다. 神明하기에 行權은 그 權을 행하는 사람에게 달렸다. 예측할 수 없으니 가장 어려운 것이다.[385]

> 立은 바로 經이다. 함께 설 수 있으니 곧 經을 지킬 수 있는 것이다. 그런데 확고하게 서서 지킬 수 있음에도 더불어 權을 행할 수는 없다고 했다.[386]

皇侃이나 王弼이나 朱熹의 말은 모두 權이 經보다 상위의 개념이란 점을 적시하고 있다. 다시 말해서, 權이 經보다 더 포괄적 개념이라는 것이다. "反經이지만 合道"라는 얘기는 經이라는 完全의 조건을 이미 다 충족한 상태에서 그 經이 도달 혹은 해결하지 못하는 경지, 즉 궁극적 完善에 權이 이르렀다는 것을 말한다.[387] 이는 곧 經(즉 神) 위에 權

(즉 逸)이 위치함을 말하는 것이다.[388] 다시 말해서 權이 經이라는 매뉴얼로부터 벗어나 더 궁극적인 차원에서 經의 의미와 가치를 실현함을 의미한다. '벗어나서' '실현'한다는 과정 혹은 구도로부터 다른 방식 내지 차원이 나오게, 혹은 필요하게 되는데, 그것이 바로 權인 것이다.

道를 추구한다는 면에서 神格과 逸格은 점층상향식 과정인데, 이때 神格은 '상태'를 말한 것이고 逸格은 '방식'에 주안점을 둔 것이다. 그렇다면 전체적인 맥락에서 反常과 反經은 진정한 常과 經에 이르기 위한 방법론적 초월을 말하는 것이 된다. 이러한 견지에서 程頤와 朱熹의 견해는 합일점을 찾을 수 있다. 程頤는 "權只是經"을 말했고, 朱熹는 "經은 道의 항상됨이고, 權은 道의 변용"[389] 내지 "經은 이미 규정된 權이고, 權은 아직 규정되지 않은 經"[390]임을 말했는데, 양자의 견해는 일견 어긋나는 것 같지만 결말에 가서는 하나의 지점을 향하고 있다는 말이다. 朱熹는 방식의 차이를 거론한 것이고, 程頤는 궁극적으로 종결점은 하나(經)라는 점을 지적한 것이다.

權을 權變보다는 權衡으로 이해하는 것이 타당하다는 견해가 조금 더 설득력이 있어 보이지만, 그러나 이것만으로는 공자의 의도를 정확히 짚었다 할 수 없다. "可與權"의 의미를 "權衡을 잘 하는 사람과 함께 하고자 함"이라는 것으로만 단정하는 것은 거두절미적 성격이 다분한 해석이 아닐 수 없다. '權'은 선택을 적절하게 잘 하는 것(衡)이라기 보다는 經(神: 完善의 기존 매뉴얼)으로써 해낼 수 없는 상황일 때 그것을 초월하는 방법을 도출한다는 逸의 성격으로 읽는 것이 선행되어야 한다. 權을 규정하는 핵심은 "잘 해내는 것(衡)"이라는 '행위'보다는 '초월성'을 보여주는 '양태'인 것이다. 따라서 "反經"도 목적이나 결과로 볼 게 아니라 기능적 과정으로 이해해야 한다. 이러한 전제 아래 다시금 "可與權"을 해석한다면, 이는 "逸格적인 방식으로써 行權을 해낼 수 있는 사람과 함께 함"이자 "그러한 行權으로써 完善에 이를 수 있는 사람과 함께 도덕적 판단을 하고 이에 기초하여 정치사회적 공공의 임무를 수행할 수 있음"을 의미하는 것이며, 최종적으로 이야말로 孔門이라는 政治結社體의 당시 실제 상황과 조건으로부터 출발하여 공자사유를 이해하려는 내재적 접근의 연구분석 방법에 합치하는 해석이라 할 수 있다.

7장

孔子의 權道와 出仕觀

7. 孔子의 權道와 出仕觀

(1) 춘추말기적 현상

周代 통치질서의 체계는 '王-諸侯-卿大夫-士'의 신분등급을 기본으로 세워졌다. 이 신분등급은 봉건제를 유지하는 틀이며, 또한 이 등급은 宗法制로부터 비롯되었고 종법질서를 받쳐주는 근간이기도 했다. 하지만 東周시대로 접어들면서 실질적인 권력관계는 '諸侯-卿大夫-家臣'의 연계선에서 이루어졌다. 더욱이 魯國이나 晉國에서는 家臣의 威力이 卿大夫를 능가할 지경도 있었는데, 이는 곧 권력의 중심이 아래 신분등급으로 이전되는 춘추말기의 현상을 잘 보여준다. 춘추시기에 이루어진 정치체제의 변천 양상은, 一次로 종법제 아래에서의 諸侯의 '國'와 卿大夫의 '家' 사이의 투쟁을 거쳐 二次로 卿大夫와 家臣 사이의 國權을 차지하기 위한 투쟁의 과정을 보인다. 一次의 과정은 제후의 國權을 경대부가 찬탈한 사실을 내용으로 하며, 二次의 과정은 '家' 내부에서 家臣이 國權을 장악하고 있던 경대부를 무력화시킨 후 유명무실해진 제후의 권력을 찬탈한 사실을 내용으로 한다.

춘추시대의 초기에는 '家' 내에서 家臣이 家主, 즉 경대부에게 전적으로 충성함으로써 양자 간의 관계가 안정적이었다. 이는 分封制 아래 '王-諸侯-卿大夫' 관계의 尊尊卑卑 관념과 祖宗을 숭상하는 종법질서가 비교적 잘 유지되었기 때문이다. 하지만 춘추시대 후반으로 가면서 상황은 달라졌다. 예컨대 魯國의 경우, 정치체제 변천의 一次 과정에서 볼 수 있듯이 季氏의 國權 찬탈은 매우 오랜 기간 동안 진행되었을 뿐 아니라, 一次의 과정만큼 장기적으로 이루어진 사태는 아니지만, 二次 과정에서는 季氏의 家臣이 季氏를 무력화시킨 후 魯國의 國權을 점유하는 사태도 벌어졌다. 이는 근본적으로 혈연관계를 기초로 하는 봉건 종법질서가 시간이 흐른 후 혈연의 구속력이 약화된 탓에다 무한 兼倂 전쟁의 無法 상황이 더해졌기 때문이다.

제후와 경대부가 國權을 차지하기 위해 벌인 '國-家' 간의 투쟁을 흔히 僭越이라 일컫는다. 이와 더불어 '家' 내에서 卿大夫와 家臣이 國權을 차지하기 위해 벌인 투쟁에서 노정된 '諸侯-卿大夫-家臣'이란 신분질서의 동요 및 家臣의 대두는 춘추말기적 특이 현상이라 정의할 수 있다. 제후의 國처럼 경대부의 家도 세습영토였기 때문에 경대부는 땅과 백성 및 군대를 私有한 小君主와 마찬가지였다. 天下를 두고 제후국들이 兼倂전쟁을 벌인 것처럼 國 내에서 경대부가 권력투쟁을 벌인 성격이기에, 제후를 능가한 경대부를 叛亂臣下라 부르지는 않는다. 하지만 독자적인 세습영지 없는 家臣은 家主로서의 경대부의 직계 신하이기에 家主를 능멸한 家臣의 행위는 叛亂으로 정의한다.

『論語』에는 叛亂家臣의 사례가 세 건 등장하며, 그 주요 내용은 반란 家臣들이 반란으로써 득세한 후 孔子에게 신하가 되어줄 것을 청하는 것이다. 그런데 매우 의아한 대목은, 공자가 그들의 招致에 응하는 데다 이를 말리는 제자와 쟁론까지 벌인 상황이다. 「陽貨」편에 기재된 반란 家臣과 공자 사이의 사안에 나타난 정황과 논점으로부터 공자의 權道와 出仕觀의 성격을 잘 살펴볼 수 있다.

(2) "子欲往"에 나타난 孔子의 입장과 지향

『論語』「陽貨」편에 나오는 叛亂家臣의 招致와 공자의 應對에 관한 대목을 먼저 보자.

陽貨가 孔子를 만나고자 했으나 공자가 응하지 않자, 〈공자로 하여금 자기에게 감사의 뜻을 전하러 오게 하여 만나려고〉 삶은 새끼돼지 한 마리를 보냈다. 공자는 〈陽貨를 보려 하지 않았기에〉 그가 집에 없는 때를 틈타 감사의 뜻을 표하러 가다가 길에서 마주쳤다.[391] 陽貨가 공자에게 말했다. "자, 내가 그대에게 할 말이 있소." 〈공자가 다가오자〉 "본인이 능력을 가졌는데도 나라가 혼란스러워지게 둔다면, 이를 仁이라고 할 수 있겠소?" 공자가 말했다. "아닙니다. 큰일을 하고 싶으면서도 기회를 잡지 못하는 것을 현명하다고 할 수 있겠습니까?" 陽貨가 말했다. "그렇지요. 시간이 하루하루 지나가고 세월은 사람을 기다리지 않는 법이오." 공자가 말했다. "좋습니다. 제가 벼슬을 하겠습니다."[392]

公山弗擾가 費를 점거하여 반란을 일으키곤 공자를 招致하자, 공자가 가고자 하였다. 子路가 불만스럽게 말했다. "갈 데가 없으면 그만이지, 왜 公山弗擾에게 가려 합니까?" 공자가 말했다. "나를 불렀는데 설마 빈말이겠는가? 만약 누군가 나를 쓰려 한다면 나는 또 하나의 훌륭한 나라를 만들 수도 있을 것이다."[393]

佛肸이 공자를 부르자 공자가 가고자 하였다. 子路가 말했다. "예전에, 나쁜 일을 한 사람에게는 군자가 가지 않는다고 선생님께서 하신 말씀을 들은 적이 있습니다. 佛肸은 中牟를 차지하고 반란을 일으켰는데도 선생님께서는 가시려고 합니다. 어찌 된 일입니까?" 공자가 말했다. "그래, 내가 그런 말을 한 적이 있다. 굳건한 것을 못 들어봤는가? 갈아도 닳지 않는다. 순백의 것을 못 들어봤는가? 물들이려 해도 검어지지 않는다. 내가 어찌 조롱박 같겠는가? 그냥 걸어만 놓고 아무도 먹지 말라는 것인가?"[394]

위 기사들을 제대로 파악하기 위해선 家臣인 陽貨·公山弗擾·佛肸과 당시의 역사적 정황 등에 대한 이해가 필요하다. 먼저 당시 家臣의 역할과 성격에 대해 알아보자.

西周시대에 家臣의 기능은 家主에 봉사하고 집안일을 보조, 관리하는 일이었다. 춘추시기에 이르러 家臣의 역할은 家事를 관리하는 것 외에 家主의 정치군사적 업무도 관여할 수 있었다.[395] 이 때문에 춘추중기 이후부터 家臣들의 기능과 권력은 이전보다 크게 확장되었다.[396] 家臣의 권력 확장은 근본적으로 卿大夫의 세력 증강에 기인한다. 分封制 아래 卿大夫는 諸侯로부터 封邑을 받아 家를 세우는데, 춘추시대에 이르러 卿大夫의 封邑이 증가하면서 권력의 축이 아래로 이동하게 되었다. 나아가 그 아래 家臣이 관장하는 영역 또한 확대됨으로써 자연스럽게

家臣의 권력도 커진 것이다.[397]

다음으로 「陽貨」편에 기재된 세 家臣의 정체를 정리해 보자. 陽貨는 『左傳』이나 『史記』「孔子世家」 등에는 陽虎로 되어 있으며, 춘추말기 魯國 季氏의 家臣이다. 당시 季氏는 대대로 魯國의 國權을 장악하고 있었는데, 魯 定公 5년(BC 505)에 季平子가 졸하자 陽貨는 그 아들 季桓子를 가두고 魯國의 정치를 專制하였다.[398] 公山弗擾는 公山不狃라고도 하며, 季氏의 家臣으로서 費宰였다. 나중에 季氏를 배반하고 陽貨를 지지하였다. BC 498년 공자와 定公이 거행한 "墮三都"의 전쟁에서 公山弗擾가 미리 알아채고 費邑의 병력으로 먼저 曲阜를 습격하였으나 실패한 후 齊國으로 달아났다.[399] 佛肸은 춘추말기 晉國 大夫인 范氏와 中行氏의 家臣으로 中牟宰였다. 晉國 大夫 趙簡子가 范氏를 공격하며 中牟를 포위하자 佛肸이 中牟를 근거지로 하여 趙簡子에 항거하였다.[400] 叛亂 家臣은 대부분 邑宰인데, 이는 그들이 邑宰로서 해당 관내의 財賦를 다스리고 일정한 군사력을 장악하였기 때문이다. 이는 邑宰가 새로운 정치 세력이었음을 보여준다.[401]

한편 孔子·子路·陽貨·公山弗擾 등이 얽힌 관계의 맥락을 파악하기 위해선 당시의 역사적 정황에 대한 이해가 필요하다. 그 역사적 정황은 『史記』「孔子世家」와 『左傳』에 자세히 묘사되어 있다.

定公 8년, 公山弗擾(公山不狃)는 季氏(季桓子)의 뜻을 얻지 못하자 陽虎(陽貨)에 의지해 함께 반란을 일으켜 三桓의 嫡長子를 없애고 평소 陽虎와 관계가 좋은 庶子를 옹립코자 하여 마침내 季桓子를 억류했다. 季桓子는 계략으로 그를 속여 벗어났다. 定公 9년, 陽虎는 반란이 실패하자 齊國으로 달아났다. 이때 孔子는 50세였다. 季氏의 家臣인 公山弗擾는 費城에서 季氏에게 반란을 일으키고, 사람을 보내 공자를 초치했다. 孔子는 治國의 道를 펼친 지 너무 오래되고 달리 시험해 볼 곳도 없어 답답했지만, 아무도 자신을 등용하려 하지 않았다. "周의 文王과 武王은 豊과 鎬에서 떨쳐 일어나 王道를 폈다. 지금 費城이 비록 작지만 그래도 治國의 道를 펼칠 수 있지 않겠는가!" 이런 말을 하고 公山弗擾의 초치에 응하고자 했다. 그러나 子路는 기뻐하지 않고 공자를 말렸다. 이에 공자가 말했다. "나를 불렀는데 설마 빈말이겠는가? 만약 누군가 나를 쓰려 한다면 나는 또 하나의 훌륭한 나라를 만들 수도 있을 것이다." 하지만 공자는 결국 가지 않았다.[402]

子路(仲由)가 季氏(季桓子)의 家宰가 되었다. 季孫氏·孟孫氏·叔孫氏 三家의 邑城을 허물고자 했는데, 叔孫氏가 미리 자신의 郈城을 허물었다. 季氏도 자신의 費城을 허물려고 할 때 公山弗擾와 叔孫輒이 費邑 사람들을 이끌고 魯國의 都邑을 습격하였다. 定公은 季孫氏(季桓子)·孟孫氏(孟懿子)·叔孫氏(叔孫州仇)와 함께 季氏의 저택으로 들어가 季武子가 지은 臺로 올라갔다. 이때 費邑의 사람들이 臺를 공격하는데 定公의 사람들이 이겨내지 못해 費邑의 사람들은 臺로 쳐들어가 定公의 근처까지 이르렀다. 이에 孔子가 申句須와 樂頎에게 명하여 내려가 싸우라 하였다. 결국 費邑의 사람들은 도망갔고 魯國의 사람들이 그들을 추격하여 姑蔑에서 섬멸하였다. 公山弗擾와 叔孫輒은 齊國으로 도망갔고, 마침내 費城을 허물었다.[403]

위 내용에서 알 수 있는 것은 "墮三都"의 사건 및 家臣의 반란은 결국 家主와 家臣 간 魯國의 정권을 쟁탈하기 위한 싸움의 산물이었다는 점이다. 그리고 이 싸움은 곧 諸侯와 卿大夫 사이 권력쟁탈의 재현에 다름 아니다.[404] 즉 季氏가 장기간 魯國을 섭정하면서 國君으로서의 제후는 實權을 잃은 지 오래였으며, 卿大夫가 자신의 세습영지를 근거 삼아 세력을 키운 후 제후의 권력을 찬탈한 것처럼 邑宰로서의 家臣 역시 邑地를 근거 삼아 세력을 키운 후 家主를 제치고 季氏의 魯國에 대한 攝政權을 쟁탈하거나 쟁탈하려 했다는 것이 叛亂 家臣 사태의 전말이다. "墮三都"의 배경 역시 季氏가 家臣의 커진 세력을 견제하거나 빼앗긴 권력을 회복하기 위해 부득불 명분뿐인 제후와 협력하기 위해 자신의 邑城을 허물었다는 사실이다.

孔子와 子路가 반란 家臣의 초치에 응할 것인가에 대한 문제로 벌인 駁論의 내용과 성격을 살피기 위해, 먼저 연대와 시기를 확인할 필요가 있다. 『史記』 「孔子世家」에 기재된 내용을 기준으로 정리하면 〈표 3〉과 같다.[405]

〈표3: 孔子·子路·叛亂 家臣 상관 年表〉

사건	시기	년도	공자
陽貨가 공자를 초치한 때	定公 5년	BC 505	46세
公山弗擾가 공자를 초치한 때	定公 9년	BC 501	50세
子路가 季氏宰가 된 때	定公 12년	BC 498	53세
佛肹이 공자를 초치한 때	哀公 5년	BC 490	61세

여기서 눈여겨 볼 것은 子路와 공자의 입장 내지 처신이다. 年表로 보면 세 반란 家臣이 공자를 초치할 당시 子路는 직접 당사자가 아니었다. 陽貨와 公山弗擾가 초치했을 때 子路는 아직 季氏의 家宰가 아니었기에 그들과 직접적인 이해관계 내지 원한관계가 없었고, 佛肸은 晉國의 家臣이므로 子路와는 더더욱 얽힐 관계가 없다. 이런 상황에서 子路가 공자의 응대를 반대한 것은 道義라는 원칙을 견지한 것이라 할 수 있다. 그런데 공자의 생각은 조금 복잡하다.『論語』의 전반에 걸쳐 공자는 대체로 季氏에 대해 부정적이고 비판적인 입장을 보였다.[406] 하지만 세 번 출현하는 반란 家臣들에 대해서는 모두 긍정적이고 협력적인 입장을 표명했다. 근본적으로 家主의 참월이나 家臣의 반란은 모두 魯國을 기준으로 보면 悖逆이다. 그럼에도 불구하고 家主와 家臣에 대해 상반된 반응을 보인 공자의 의중은 무엇일까?

사실 子路나 공자의 입장 및 처신은 모두 현실상황과 道義 원칙 사이의 괴리를 보여준다. 子路는 공자를 힐난하면서도 나중에 季氏의 이익을 위해 충실한 家臣의 모습을 보였다.[407] 공자도 세상의 有道·無道 상황에 따른 처신의 평소 지론[408]에 배치되는 "欲往"의 마음을 보였다. 그런데 공자의 반란 家臣에 대한 傾倒는 다른 시각으로 살펴보면 유의미한 동기를 읽을 수 있다. 반란 家臣 편에 선 것이 오히려 天下有道 상태를 회복하기 위한 선택적 대응이라 볼 수 있다는 것이다. 이 지점에서 유효한 것이 "張公室"의 논리이다. "張公室" 혹은 "强公室"은 公室 즉 魯國의 國君 및 朝廷의 권력 안정 내지 회복을 의미한다. 공자가 子路로 하여금 季氏의 家宰가 되어 "墮三都"를 하게 한 것[409]도 그 목적은

"張公室"이었다.

 分封制의 성격상 애초 卿大夫의 권세가 부단히 증가하면 동시에 그 家臣의 역량도 암암리에 발전하기 마련이었다. 일부 家臣은 스스로의 힘이 어느 정도 굳건해지면서 더 이상 경대부의 신하로만 머무는 것을 달가워하지 않았으며, 더 나아가 公臣으로 승격되기를 원했다.[410] 이러한 염원에 의해 반역 행위를 했을 때, 그들이 명분으로 내세운 것이 "張公室"이었다. 예컨대 陽貨가 季桓子를 압박하고 三桓을 제어한 것은 사실 그의 최종 목적이 아니다. 비록 실패했지만, 그가 얻고자 했던 것은 의심할 바 없이 권력과 지위이다.[411] 설령 명분상 기치로 내세운 것이라 할지라도 陽貨의 목적이 三桓을 제거함으로써 "張公室"하는 것이라면, 陽貨의 초치에 대해 공자가 응대한 것도 의미가 있다. 季氏와 陽貨를 魯國 정권의 攝政이라는 관점에서 본다면 각각에 차이란 없는 것이다. 그렇다면 공자에게 있어 궁극적인 지향과 목적은 魯國 公室의 입지를 강화 또는 유지하려는 것이었기 때문에, "張公室"의 기치를 잘 이용하여 정국을 전환시킬 수도 있다는 생각을 공자가 했을 수 있다.

 그렇기 때문에 公山弗擾와 佛肸이 마찬가지로 賊臣인 季氏와 趙簡子를 배반한 다음 사람을 보내 공자를 초치했을 때, 공자의 반응이 동조적일 수 있었으리라 추측할 수 있다.[412] 왜냐하면 공자는 公山弗擾와 佛肸이 각자 邑宰라는 신분 및 그 신분으로 갖춘 현실적 역량으로써 대개의 정의를 추구하는 이들이 하고 싶어도 할 수 없는 일을 했다고 여겼을 수 있기 때문이다. 그래서 그들의 행동에 대해 암묵적인 동조와 지지를 표시했을 수 있고, 가볼 만하다는 말을 했을 수도 있었던 것이다.[413] 다만 궁극적으로 가지 않았던 것은 道義 원칙에만 입각한 근본원리주의적 입장 때문이 아니라 그들의 사람됨이나 일처리, 지향 그리고 역량의 지속성 등에 대해 한계를 느꼈기 때문일 것이다.

邑宰의 반란과 그들이 내세운 "張公室"이란 기치에서 공자는 새로운 정치 역량의 대두를 발견하고, 이 세력을 통해 자신의 魯國 公室의 부흥이란 정치적 염원을 실현하고자 했다는 점[414]은 충분히 立說 가능하다. "누군가 나를 등용하면 나는 또 하나의 훌륭한 나라를 만들 수 있다."[415]라는 공자의 장담은 이러한 확신의 표현이기도 하다. '반란 家臣'이란 표현은 大夫(季氏)의 관점에서 성립되는 것이다. 공자에게서 그것은 반란에 대한 반란, 즉 善에 대한 惡이 아니라 惡에 대한 惡으로 이해될 수 있다. 그렇기에 공자의 응대는 自中之亂을 통해 魯國 公室의 재정립을 획책한 以夷制夷의 전략일 수 있는 것이다.[416] 이 전략의 결실이 "吾其爲東周"의 의미라 할 수 있다. '諸侯-大夫-家臣' 가운데 공자는 당연히 公室의 주체인 제후 편이었다. 이러한 근본 입장 아래, 그리고 오랜 기간 季氏라는 大夫 계층의 섭정 상황 아래, 魯國 公室의 부흥을 위해서 반란 家臣이 내세운 "張公室"의 의도를 믿었거나 아니면 이용하려 했다고 볼 수 있다.

한편, 공자가 晉國의 家臣인 佛肹에게 가려했던 것[417]은 "張公室"과는 또 다른 노선이다. 왜냐하면 "張公室"은 魯國의 안정이라는 국지적 문제이기 때문이다. 그렇다면 佛肹의 초치에 응하려 했던 점[418]은 소속 문제를 떠나 더 큰 그림, 말하자면 제후국과 관계하는 治國의 문제를 벗어나 平天下의 지향을 염두에 두었다고 볼 수 있다. 佛肹에게 가려는 공자를 子路가 반대했을 때 자신의 道를 펼치지 못하는 답답함을 매우 감정적으로 표출했던 점[419]은 현실 내 어디서든, 그리고 누구와 도모하든 궁극적으로 平天下로 귀결되리라는 공자의 집념을 역설적으로 보여준다.

(3) 孔子의 '時'에 대한 인식과 權道

孔子는 聖人 가운데 世上事의 때를 가장 잘 아는 이다.[420]

孟子가 한 이 말이 의미하는 바는, 孔子가 통용되는 상식과 기존의 규범에 얽매이지 않으며 기회를 보아 때에 따라 일을 처리한다는 것이다. 다음과 같은 공자 자신의 실행도 같은 맥락이다.

공자는 네 가지 병폐를 근절하였다. 주관적이지 않고, 단정적이지 않으며, 고집하지 않고, 유아독존적이지 않는다.[421]

공자의 이 발언을 좀 더 확장하여 이해하면 역시 고정불변의 가치나 법규에 얽매이지 않고 時勢에 순응할 수 있는 열린 자세를 가져야 한다는 점을 표명한 것이라 할 수 있다. 그런데 여기서 열 걸음 더 나아간 언사가 「微子」편에 나온다. 공자는 逸民인 伯夷·叔齊·虞仲·夷逸·朱張·柳下惠·少連 등을 열거한 뒤 각각의 隱士로서의 성격을 표명한

다음 마지막으로 다음과 같이 말한 바 있다.

> 나는 그들과 다르다. 〈世上事를 대함에〉 可한 것도 없고 不可한 것도 없다.[422]

여기서 "無可無不可"라는 말은 만사만물에 절대불변의 것은 없으며 다만 可와 不可는 선택적일 뿐이라는 것이다. 이는 곧 「中庸」에서 말하는 바, 君子의 덕목인 '時中'[423]을 의미한다.[424] '時中'은 時宜에 적합함을 말하는 것이고, 이는 때에 따라 變通해야 한다는 뜻을 내포한다.

時宜의 적합함 및 이를 위한 고정관념 초월과 隨時變通을 하나로 함축하는 개념이 바로 '權'이다. 전체 儒學史를 살펴보아도 공자만큼 權道를 제시하고 강조한 이는 없을 것이다. 그만큼 常規와 道義라는 經道만으로는 춘추말기라는 시대적 상황을 대처할 수 없었기 때문이다. 공자는 「子罕」편에서 직접 '權'의 의미와 가치를 설명한 바 있다.

> 孔子가 말했다. "더불어 배울 수 있지만 함께 道에 이를 수는 없고, 함께 道에 이를 수 있어도 함께 설 수는 없으며, 함께 설 수 있어도 함께 權을 행할 수는 없다."[425]

공자는 이 대목에서 '權'에 '學·道·立'보다 더 우위의 가치와 의미를 부여했다. 앞서 살펴본 대로, 여기서의 '權'의 의미 내지 "與權" 혹은 "行權"이 무슨 의미냐에 대해 주로 漢代와 宋代 유학자들을 중심으로 많은 논설이 있었다. 먼저 『公羊傳』은 역사적 사실을 들어, 權을 행사하여 결과가 좋다면 설령 國君과 신하 사이 道義가 어그러지더라도 그 權은 가치와 의미가 있다고 했다. "君臣有義"라는 덕목이 유가에서는 매우 중요한 經道였기에 이 견해는 큰 논란을 낳았다.

> 權이란 무엇인가? 權은 經에 반하나 궁극적으로 좋은 결과가 있는 것이다. [426]

이후 漢代부터 방법론적인 "反經"으로써 權을 정의하는 것이 보편적인 논설이 되었다. 이른바 "反經合道"[427]라는 말이 그것이다. 아래 皇侃이 말한 "反常合道" 역시 같은 표현이다.

> 權이라는 것이 經常은 아니지만 결국 道理에 합당한 것이다. 스스로 변화와 이치에 통달하지 않으면 이룰 수 없다. [428]

하지만 宋代 程頤는 애초 義에 맞지 않는 權은 의미가 없기에 反經을 통한 權은 權變이고 權術일 뿐이라고 비판하였다. 義에 맞게 하는 權이라야 의미가 있는 것이기에, 궁극적으로 權과 經은 같은 것이라 주장하였다.

> 程頤가 말했다. …… "더불어 權을 행한다는 것은 일의 輕重을 저울질하여 義理에 합하게 함을 말한다."[429]

朱熹는 이러한 程頤의 견해를 비판하였다. 그는 權道가 聖人만이 할 수 있는 것[430]이라 했는데, 이는 聖人이 최후 귀결에 대해 정당성과 합목적성을 가진다는 얘기이다.[431] 이는 방법론적인 實效의 관점에서 權이 經보다 우위일 수 있다는 말로, 權의 가치와 의미를 상향 평가한 것이다.

　　사실 經道와 權道의 선택적 관계는 도덕성과 정의구현 가운데 무엇이 더 우선인가의 문제인데, 「陽貨」편에서의 權은 이보다 더 나아가 "張公室"과 결부된 책략의 차원이 되어 있다. 더 큰 道義를 위해 變通을 용납할 수 있다는 인식이 공자를 지배한 셈인데, 이는 춘추말기라는 시대적 상황으로부터 어쩔 수 없이 형성된 것이다. 결과에 유념할 수밖에 없는 공자의 곤혹스런 선택은 그의 정치철학의 성격을 규정했다. 다시 말해서, 시대상황이 공리주의적 정치철학의 논리로 하여금 근본원리주의적 도덕철학의 논리를 압도케 하였다. 즉 權道가 經道보다 선택적 우위를 점하게 된 것이다. 이로써 道義와 實效 사이의 도덕적 딜레마는 해소되었으니, 공자가 서슴없이 "欲往"을 표출한 것은 바로 이에 기인한다.

　　馮友蘭은 공자가 말한 "五十而知天命"[432]에 대해 공자가 50세에 이르러 '도덕 이상의 가치'를 깨달았음을 말한 것이라 한 바 있다.[433] 도덕을 經이라 한다면 그 이상의 가치는 權을 의미한다. 따라서 "知天命"은 곧 權道를 깨달았다는 뜻이 된다. 공자는 經보다 權을 상위 개념으로 이해했으며, 차선이 아니라 "權은 그 자체로 經과 동등한 道의 실현 방식"[434]이라 여겼음을 의미한다. 이는 춘추말기의 상황 아래 공사의 필연적 결론이라 할 수 있다.

(4) 孔子의 出仕觀

陽貨는 季氏를 제거하여 公臣이 되고자 家主를 반역하였는데, 이는 '家-國' 체제에 대한 인식과 대처에서의 관념의 변화를 보여주는 하나의 사건이다. 이러한 관념 변화는 또한 西周 이래의 '家-國' 관계의 변화를 가져오게 하였다.[435] 공자는 애초 陽貨가 宗法制에 의한 조화로운 사회질서를 훼손했다고 보기 때문에 그에게 호감을 갖지 않았다. 하지만 趙簡子는 세상이 이미 "社稷을 받듦에 항상됨이 없고 君臣 간 지위 또한 고정된 것이 아님"[436]의 지경으로 접어들었음을 인지하고 陽貨를 등용하였다. 이는 종법혈연관계를 기준으로 하는 사회등급질서가 이미 유지될 수 없을 뿐 아니라 家臣 또한 家主에 대해 영속적인 충성을 하지 않게 된 현실을 이해하고 받아들였음을 의미한다. 이러한 관념의 변화는 종법제 아래의 禮에 대한 관념이 변했음과 '정치-도덕' 一體 관념을 다시 생각하게 되었다는 것을 반영한다.[437]

陽貨라는 인물을 두고 공자와 趙簡子를 대비하여 보면, 趙簡子는 종법질서 와해라는 새로운 국면을 인정하였기에 陽貨같은 실력자를 등용한 것이고, 반면 공자는 한 때 생각은 있었으나 여전히 종법질서를 옹호했기에 끝내 그에게 가지 않았던 것이다.

한편 陽貨·公山弗擾·佛肹을 대비하여 보면 그들에 대한 공자의 인식에는 차이가 있다. 公山弗擾와 佛肹은 다만 자기의 大夫에 반기를 들었을 뿐 國君에 대해서는 정권 쟁탈의 행위를 하지 않았기에, 공자가 그들로부터 "張公室"이란 이용 가치를 고려할 수 있었다. 하지만 陽貨

는 자기의 大夫에게 반란을 일으켰을 뿐 아니라 魯國의 國命까지 장악하였기에 공자는 陽貨의 행위를 완전한 참람이라 보고 처음 그가 초치했을 때 거부했다고 할 수 있다.

여기서 공자의 出仕觀이 어떠한 성격을 갖는지 가늠해볼 수 있다. 공자의 出仕觀 내지 進退觀은 『論語』의 여러 군데에서 볼 수 있는데, 사실 문자상으로는 매우 엄격한 기준을 제시하고 있다.

> 신망을 굳게 지키고 열심히 공부하며, 정의를 끝까지 사수한다. 위태로운 나라에는 들어가지 않고, 어지러운 나라에는 거처하지 않는다. 나라가 태평하면 나의 道를 펼치고, 나라가 어두우면 몸을 숨긴다. 治世 중에 빈천해도 치욕이고, 亂世 중에 부귀해도 치욕이다.[438]

> 蘧伯玉은 참으로 군자다. 나라의 정치가 옳을 때는 벼슬하고, 나라의 정치가 어그러졌을 때는 몸을 숨겨 은거한다.[439]

하지만 陽貨·公山弗擾·佛肹의 기사에서 확인할 수 있듯이, "欲往"이란 고려는 이러한 엄격한 기준과 괴리된다. 따라서 이 두 부류의 내용을 함께 종합해야만 공자의 出仕觀을 제대로 설명할 수 있다. 두 가지 사항이 공자 出仕觀의 성격을 규명하는데 적절한 재료가 될 수 있다.

하나는 공자의 權道觀이다. 앞에서 고찰했듯이, 공자는 말년에 이를수록 도덕철학적 인식보다는 정치철학적 인식에 더 경도되었다고 볼 수 있는데, 이는 공자가 "무엇이 중요한가?"보다는 "어느 것이 너 시급

한가?"에 방점을 두었다는 얘기다.⁴⁴⁰ 治世에는 經道가 중요하지만 亂世에는 權道를 더 우선할 수밖에 없다는 선택적 인식을 가졌을 것이다.

다른 하나는 좀 더 분석적인 이해이다. 『論語』의 다른 곳에서는 위 두 예문과는 좀 성격이 다른 공자의 進退觀이 보인다.

> 〈누군가가〉 나를 重用해 주면 곧 나의 道를 펼치고, 나를 중용해 주지 않으면 은거하며 때를 기다린다.⁴⁴¹

다 같은 進退觀이지만 앞서 두 예문과 이 예문에 나타난 진퇴는 성격이 다르다. 예문들은 모두 나서느냐 숨느냐에 대해 얘기하지만, 그 전제 혹은 조건에 대해 前者에서는 "有道·無道"를 거론했고 後者에서는 "用之·舍之"를 제시했다. 이 때 진퇴에 대한 선택 원칙을 두 가지 방면에서 생각해 볼 수 있다. 앞서 '見隱'에 대한 선택의 기준이 '세상의 상황'이라면, 후자의 '行藏'에 대한 선택의 기준은 '임명권자의 등용 의사'이다. 그리고 공자에게 있어 임명권자에 대한 인식에는 당연히 그의 적격성이 판단의 근거일 것이다. 陽貨·公山弗擾·佛肹이 공자를 초치한 것은 구체적으로 '누군가'라는 임명권자가 제시된 것이므로, 「陽貨」편의 이 세 반란 家臣 구절을 통해 공자의 出仕觀을 논한다면 그 준거는 "天下有道則見, 無道則隱."의 사례에서가 아니라 "用之則行, 舍之則藏."의 사례에서 찾아야 한다. 공자가 "欲往"이라는 의사를 밝혔기에 임명권자에는 家臣이 명백히 포함된다. 그리고 그 임명권자의 적격성은 公山弗擾와 佛肹의 경우 "張公室"에서 찾았다고 볼 수 있다. 궁극적으로 공자는 세상의 "有道·無道"라는 상황, 즉 도의적 기준이 아니라 누구와 함께 할 것인가라는 人的 요인, 즉 정치적 기준에 의해 出仕와 進退를 판단했던 것이라 하겠다.

궁극적으로 공자의 出仕와 進退, 그리고 權道의 동기이자 원칙은 '時中'이라 할 수 있다. 춘추시대 말기라는 시대상황에서 叛亂家臣에게 응대할 정도의 時中은 공자만이 發意하고 감당할 수 있는 役事라고 봐야 할 것이다. 이런 점이, 후대의 孟子나 朱熹가 묘사한 것처럼, 공자를 聖人이게 만든 한 조건이 되었을 것이다.

8장

공자가 "欲去告朔餼羊"에 대해 비판한 이유

8. 공자가 "欲去告朔餼羊"에 대해 비판한 이유

(1) 쟁점과 입장

西周는 典章儀禮가 매우 주밀하고 엄정한 국가시스템을 갖췄으나, 나라의 위세가 쇠하면서 그러한 예의규정은 점차 유명무실해졌다. 東周시기인 춘추전국시대의 가장 특징적인 양상이자 그 혼란의 직접적 표현양상은 바로 禮法의 붕괴였다. 『論語』에는 이러한 예법 붕괴가 孔子의 비판이나 한탄을 통해 두 가지 양상으로 나타나는데, 하나는 예법이 규정에 맞지 않게 비정상적으로 집행되는 문제이고 다른 하나는 예법 자체가 시행되지 않는 문제이다. 前者는 흔히 大夫인 季氏가 天子나 諸侯의 禮를 僭越하는 경우[442]인데, 이는 『論語』에서 제기되는 춘추시대 말기 혼돈상의 전형이다. 後者의 대표적 경우는 告朔禮의 집행 여부를 두고 孔子와 子貢이 부딪힌 사례를 들 수 있다.

여기서의 주제는 禮法의 폐지에 대한 공자의 비판이 어떤 철학적 의미를 나타내는지 구체적 사례를 통해 알아보려는 것이다. 이에 대한 하나의 예시는 告朔禮와 관련된 논란이다. 공자와 子貢의 사이에 告朔禮를 두고 견해차가 드러난 것의 본질은, 궁극적으로 현실주의와 원칙주의의 대립이라 할 수 있다. 子貢은 공자의 제자 가운데 상업적인 자질이 매우 뛰어난 이로 알려진 만큼, 당시 告朔의 行禮를 이미 실질이 없는 虛禮로 규정하고 節省이라는 현실적인 조치를 취했다. 반면 공자는 명분의 차원에서 行禮의 상징성을 중시했다. 이 둘의 인식차가 표면적으로 드러난 것이 바로 告朔의 禮에 관한 일인 것이다.

(2) 告朔禮의 실질과 정황

告[443]朔禮에 대해 공자와 子貢(端木賜: 字는 子貢)의 입장차가 묘사된 『論語』의 구절은 다음과 같다.

> 子貢이 告朔禮에 희생으로 羊이 쓰이는 일을 폐지하려 하자, 孔子가 말했다. "賜야, 너는 그 羊이 아까우냐. 나는 그 잊힐 禮가 애석하다."[444]

먼저 告朔禮에 대해 朱熹는 『集註』에서 다음과 같은 기본적 설명을 하고 있다.

> 告朔의 禮는 옛날에 天子가 항상 섣달에 다음해 12개월의 月朔, 즉 曆을 諸侯들에게 반포하면, 제후들은 이것을 받아서 조상의 사당에 보관하였다가 매월 초하룻날이 되면 羊 한 마리의 희생을 가지고 사당에 告由하고 請하여 시행하는 것이다.[445]

告朔禮는 先秦시기에 매우 중요한 禮였다. 周代는 농업국가였기 때문에 순조로운 농업생산을 위해 曆法이 매우 중요했다. 따라서 周나라는 曆法의 제정을 중시했다. 太史라는 전문직을 두면서까지 天象을 관찰했고, 그 관측결과에 근거해 曆法을 만들었다.[446] 위에서 살펴본 내용과 연결 지어 보면, 天子는 이 曆을 諸侯들에게 반포하였고 제후들은 이를 祖廟에 보관하였다.[447] 여기서 曆法은 단순한 달력이 아니라 농업과 관련된 政令과 時令을 월별로 규정 및 기록한 것이다. 제후는 天子로부터 받은 1년 12개월의 政令을 자신의 祖廟에 보관하였는데, 매달 초하루 祖廟에 나아가 天子가 반포한 政令을 조상의 神靈에게 잘 이루어질 수 있도록 청해 올리고 한 마리의 羊을 희생으로 바쳤다. 그런 다음 밖으로 나와 이번 달의 政令, 즉 月令을 선포하고 마지막으로 관리들이 보고하는 政事를 들었다. 이러한 일련의 儀禮를 告朔이라 한다.[448]

공자와 子貢 사이의 논란이 어떤 의미를 갖느냐를 규명하기 위해 먼저 告朔禮의 실질이 어떠했는지를 살필 필요가 있다. 먼저 위 『論語』 구절의 전말에 대해 何晏과 邢昺이 어떠한 注疏를 달았는지 보자.

> 鄭玄이 이르기를, … 禮에 임금이 달마다 宗廟에 告朔하고서 제사를 지내니, 이를 朝享이라 한다. 魯나라는 文公 때부터 비로소 視朔하지 않았다. 子貢은 그 禮가 폐지된 것을 보았기 때문에 그 羊을 없애고자 한 것이다.[449]

魯나라는 文公 때부터 政事와 禮에 태만하여 비로소 視朔하지 않고

朝享의 제사를 폐지하였으나, 有司가 여전히 그 羊을 준비해 바쳤다.
子貢은 그 禮가 폐기된 것을 보았기 때문에 그 羊까지 아울러 없애고
자 한 것이다.[450]

요약컨대, 子貢은 告朔禮가 이미 행해지지 않기에 그 儀禮의 한 과
정인 餼羊[451]이 의미가 없다고 보고 節省의 차원에서 집행을 금하고자
하였고, 공자는 이에 대해 질책을 담은 이의를 제기한 것이「八佾」에 기
재된 양자 갈등의 전말이다.

그런데 告朔禮가 이미 집행되지 않고 있다고 본 子貢의 현실인식
은, 魯나라 文公이 告朔禮를 집행하지 않게 된 것을 시작으로 점차 폐
지되어 당시엔 이미 시행치 않았던 데에 기인한다. 魯나라 文公이 告朔
禮를 집행하지 않은 정황은 다음과 같은 『春秋』의 기록에 나온다.

文公이 閏月에 告朔禮를 행하지 않았다.[452]

文公이 五月까지 넉 달간 告朔禮를 행하지 않았다.[453]

여기서 告朔禮의 정황을 이해하기 위해 閏月과 視朔에 대해 좀 더
자세히 알아볼 필요가 있다. 먼저 "閏月, 不告月"의 經文에 대해『左傳』
의 기록을 보자.

윤달 초하루에 告朔禮를 행하지 않는 것은 禮에 어긋난다. 윤달을 두
어 때가 맞지 않음을 바로잡고, 이렇게 제대로 된 때에 따라 농사를 하

며, 그리하여 잘 된 농사로써 백성의 삶을 풍요롭게 하는 것이다. 백성을 잘 살게 하는 道가 때를 제대로 맞추는 데 있는데, 윤달에 告朔禮를 집행하지 않는 것은 때에 맞추는 정치를 버리는 것이다. 그리고서 어찌 백성을 위할 수 있단 말인가?[454]

그러나 다른 한편 윤달에 告朔禮를 하는 것이 禮法에 맞는 것인가도 살펴볼 필요가 있다. 告朔은 月令을 조상에 고하고 받들어 집행하는 禮인데, 月令은 정상적인 月曆 12개월을 기준으로 반포되는 것이란 점을 고려할 필요가 있다.[455] 우선 『春秋』經文의 기록을 보자. 여기에는 文公이 閏月에 告朔禮는 행하지 않고 宗廟에만 제사를 지냈다는 기록이 있다.[456] 그렇다면 文公은 왜 그랬을까? 이는 두 禮儀의 규모의 차이 때문이었다고 보는 견해가 있다. 告朔禮는 祭禮이고 朝廟禮는 薦禮라는 것이다.[457] 何休는 희생 없이 지내는 제사를 薦禮라 했고[458], 金鶚 역시 祭禮에는 희생과 樂이 있고 薦禮에는 희생과 樂이 없다고 말한다.[459] 이러한 정황에 비추어보면, 애초 天子가 반포하는 月令은 12개월을 기준으로 만들어진 것이기에 文公이 정상적인 曆이 아닌 閏月엔 月令을 받들 告朔의 필요성이 없어 간소한 禮를 집행했다고 볼 수 있는 것이다.

다음으로 文公이 五月에 4개월째 告朔禮를 지내지 않았다는 데 대해 살펴보자. 『左傳』에서는 그 이유가 文公의 병 때문이었다고 말한다.[460] 『左傳』에는 이 기사에 앞서 春正月에 文公이 병이 났다는 기록이 있다.[461] 이로부터 4개월째 병 때문에 告朔禮를 행하지 않았다는 것이다. 그러나 文公이 告朔禮를 행하지 않은 것은 병 때문이 아니라 政事

를 게을리 한 탓이라는 해석도 있다. 예컨대, 『穀梁傳』[462]이나 『胡氏春秋傳』[463]의 해당 내용에 그러한 지적이 있다.

閏月에 告朔의 禮를 집행할 필요나 의미가 있었는지, 또 넉 달째 告朔禮를 집행하지 않은 것이 병이었든 아니면 게으름이었든, 告朔禮가 시행되지 않은 데 대한 역사 기록은 모두 文公과 연결되어 있다. 아무튼 결과적으로 何晏[464]·邢昺[465]이나 范甯[466] 등은 모두 文公 이후로 告朔禮가 폐지되었다고 말한다.[467]

다음으로 視朔에 대해 살펴보자. 孔穎達은 이에 대해 다음과 같이 설명한다.

> 視朔이라 함은 군주가 宗廟에 청해 月令을 받은 다음 그 달의 정치 상황을 보고받고 처리하는 것이다.[468]

> 天子가 제후에게 月令을 반포하면 제후는 이를 받아 祖廟에 둔 다음, 매월 초하루에 餼羊으로써 사당에 祭禮를 올리고 그 달의 月令을 살펴 시행한다. 그 달의 政令에 대한 현안을 듣고 처리하는 것을 視朔이라 한다.[469]

이러한 내용에 비춰보면, 告朔은 제후가 天子로부터 받은 朔, 즉 月令을 사당에 보관하고 매월 초하루에 조상에게 청해 받는 禮이고, 視朔 혹은 聽朔[470]은 그 月令을 집행하는 정치적 행위로서의 禮라 할 수 있다. 그러나 집행의 방점이 어디에 있느냐의 차이일 뿐 告朔·視朔·聽朔 등은 모두 하나로 연결된 일련의 儀禮라 할 수 있다.[471]

(3) 한 마리 羊: 正名의 상징작용

　文公이 閏月에 告朔禮를 행하지 않은 때가 在位 6년인 BC 621년이고, 넉 달간 告朔禮를 행하지 않은 때가 재위 16년인 BC 611년이다.[472] 子貢은 공자보다 31살이 어렸다 하므로[473], 대략 BC 520년생이다. 공자가 魯나라에서 뜻을 얻지 못해 衛나라로 가면서 周遊列國을 시작한 때가 55세 때인 BC 497년이고 최종적으로 魯나라에 다시 돌아온 때가 68세 때인 BC 484년이다.[474] 그런데 공자가 子貢을 질책한 때의 정황을 보면, 장소는 魯나라였고 시기는 둘 다 魯나라에 거처할 때였음을 알 수 있다. 공자가 魯나라를 떠나기 직전에 子貢이 불과 23세였기 때문에 餼羊의 폐지를 명할 정도의 지위에 있었다고 보기 어렵다. 따라서 사건은 공자가 魯나라로 되돌아온 이후(BC 484)부터 공자가 세상을 뜨기 전(BC 479)의 5년 사이에 벌어졌다고 볼 수 있다. 이 BC 480년 전후 당시 子貢의 나이는 40세 안팎이다. 한편 文公 이후로 告朔禮가 행해지지 않았다 하는데, 文公은 BC 609년까지 18년간 재위했으니 그로부터 공자와 子貢 사이 논란이 일어난 때까지의 시간차가 대략 130년 정도이다. 이 오랜 기간 동안 이른바 視朔이나 聽朔과 같은 정치적 행사, 즉 告朔의 본령은 없어졌지만 餼羊을 올리는 소소한 제사의식만은 지속되어 왔던 것이다.

　이러한 정황 아래 子貢은 더 이상의 무의미한 자원낭비를 중지시키려 했던 것이다. 대체로 같은 견해를 피력한 邢昺과 朱熹는 다음과 같이 子貢의 입장을 설명하고 있다.

그 禮가 이미 폐지되었는데도 그 羊을 바치는 것을 헛되이 낭비하는 것으로 여기기 때문에 그 羊을 없애고자 한 것이다.[475]

子貢은 그 실상이 없이 부질없이 낭비하는 것을 아까워한 것이다.[476]

그럼에도 불구하고 공자가 이 餼羊의 儀式을 유지시키려 한 뜻은 무엇일까? 공자의 입장을 알아보기 전에 먼저 月朔에 반드시 이러한 告朔禮를 시행하는 근거와 동기 혹은 이유가 무엇인지 살펴볼 필요가 있다. 杜預의 다음 견해에서 그 내용을 알 수 있다.

임금은 官府를 설치하고 職務를 분담시켜 백성의 준칙이 되게 하고, 세세한 일들을 멀리하여 그 책임을 맡은 자에게 모두 위임하고, 모든 신하에게 위임하여 지혜와 힘을 다 쓰게 하고, 成敗를 따져 능력을 바치게 하고, 八柄을 가지고 賞罰을 밝힌다. 그러므로 국가의 중대한 일이 아닌 것을 모두 위임한다. 〈이렇게 하면〉 진실한 믿음이 〈신하들을〉 감동시키기에 충분하여 일이 다 거행되어 막힘이 없다. 그러므로 爵位를 받아 관직이 있는 자들은 충성과 善策을 바치기를 생각하여 밤낮으로 자진해서 〈재능을 바치고〉 망설이거나 꺼리는 바가 없다. 천하에는 세세한 일들이 수없이 많아 하루 이틀 사이에 만 가지 일이 발생하니, 임금의 총명이 비추지 못하는 바가 있고 임금의 힘이 감당할 수 없는 바가 있다. 그렇기에 近臣에게 물어 때때로 그들의 말을 채용하지 않을 수 없다. 이와 같이 하면 六鄕과 六遂의 장관이 비록 몸소 이 일을 행하고 몸소 이 관직을 맡았다 하더라도 모두 內官의 말에 귀를 기울이고 좌우의 말에 마음이 바뀌게 될 것이니, 정치가 잘못되고 어지러워지는 것이 항상 여기에서 연유한다. 聖人이 그래서는 안 됨을 알았기 때문에 그 절차를 간소화하고 그 일을 신중히 규정하여, 月朔으로 인해 朝廟하고서 正位로 옮겨가 앉아 群吏들을 모아놓고 大政을 듣고서 그들이 행한 일을 상고하여 번잡하고 의심스러운 일을 처결하였으니, 이는 단지 앞으로 발생할 일만을 의논하는 것이 아니라 이미 지난 일도 상고한 것이다. 또 〈신하들의 罪過를〉 심리할 때 당사자의 진술만을 듣고 판결하면 공정성을 잃을 우려가 있기 때문에 공개적으로 衆臣에게 물어 판결한다. 그러므로 상하가 서로 소통하여 官人은 직무를 잘 처리하고, 만민은 〈선악을 밝게〉 살펴 천하가 태평해진다. 매달 朔日에 반드시 朝廟하고서 이어 政事를 듣는다면 일이 신중히 처리되고 禮가 이루어진다. 그러므로 한 마리의 羊을 바쳐 宗廟에 고하는 것이다.[477]

杜預의 설명에서 알 수 있듯이, 애초 告朔禮의 시행은 매우 정치적이고 현실적인 이유와 목적에서 비롯된 것이었다. 그런데 왜 공자는 이러한 직접적이면서 현실적인 문제는 거론하지 않고 禮의 집행 여부, 혹은 더 구체적으로 그 집행의 현시적인 관건인 餼羊의 존폐를 논점으로 삼은 것일까? 대체로 대동소이한 내용을 보이는 다음의 何晏·邢昺·朱熹의 견해에서 공자의 입장을 확인할 수 있다.

包咸이 말하기를, 〈禮가 비록 폐지되었더라도〉 羊이 남아있으면 그래도 그 禮를 기억할 수 있지만, 羊마저 없애면 禮가 마침내 없어질 것이다.[478]

羊이 남아 있으면 그래도 그 禮를 기억할 수 있지만, 羊마저 없애면 禮가 마침내 없어질 것이다. 그래서 그 羊을 없애지 않음으로써 후세 사람들로 하여금 이 告朔의 羊을 보고서 告朔의 禮가 있었음을 알게 하여 혹 다시 거행되기를 바란 것이다.[479]

禮가 비록 폐지되었더라도 羊이라도 남아있으면 오히려 기억할 수 있어서 복구될 수 있거니와 만약 그 羊마저 함께 없애버린다면 이 禮가 마침내 없어질 것이다. 孔子가 이 때문에 애석하게 여긴 것이다. 楊氏가 말했다. "告朔은 諸侯가 天子와 조상에게 命을 아뢰는 것이니, 禮의 큰 것이다. 이때 魯나라는 군주가 초하루에 告由하는 禮를 살펴보지 않았으나, 羊이라도 남아있으면 告朔이란 명칭이 없어지지 않아 그 실상을 이로 인하여 거행할 수 있으니, 이것이 孔子가 아깝게 여긴 까닭이다."[480]

孔子는 羊이 있어야 정치가 계속 이어서 행해질 수 있다고 생각했다. 장차 〈禮를 복원하기 위해〉 고증하려 할 때 그 근거가 되어줌이, 마치 땔나무로 불을 이어가는 것과 같다고 본 것이다. 그래서 夏나라의 정치가 쇠했어도 禹王의 禮가 남아 있었기에 湯王이 이을 수 있었고, 商나라의 정치가 쇠했어도 湯王의 禮가 없어지지 않았기에 文王·武王이 이을 수 있었던 것이다.[481]

이상의 내용을 통해 공자가 왜 儀禮를 그렇게 중시했는지를 짐작할 수 있다. 하지만 공자의 의도는 단지 후대에 전범을 전달하겠다는 정도에 그치지 않는다. 공자의 인식은 매우 직접적으로 '한 마리 羊'이라는 형식에 집중하고 있다. 여기서 우리는 공자가 子貢에게 제시한 지침 내지 가르침의 요체가 正名임을 읽을 수 있다. 羊이라는 형식의 상징작용이 바로 正名의 핵심이다.

正名의 원리를 파악하는데 기호학적 이해가 유용할 수 있다. 기호학자 뒤랑(G. Durand)은 "記表(signifiant)가 記意(signifié)를 완전히 설명할 수 없을 때 상징은 생긴다."482고 지적한 바 있다.483 이 말은 곧 言意 관계에서 말[言]이 그 의미[意]를 다 드러내지 못할 경우, 형상[상징]이 개입됨으로써 그 言意 관계를 소통시킨다는 점을 보여준다. 그런데 중국의 전통적인 사유범식인 意象484 역시 이러한 기호학적 구조를 지니고 있다. 이러한 意象 개념은 '言—象—意'의 관계 속에서 규정된다. 예컨대 言과 意 사이에서의 象의 기능은 『易傳』의 다음과 같은 말에 잘 나타나 있다.

> 孔子: "본디 글은 하고잔 말을 다 드러내지 못하고, 말은 드러내려한 뜻을 다 밝히지 못하는 법이다."
> 或者: "그러면 聖人의 道는 정녕 알 수가 없는 것인가요?"
> 孔子: "그래서 성인은 상징을 통해 그 道를 드러내고, 괘를 만들어 사람의 본성과 행할 바를 나타내고자 한 것이다. ……"485

이 내용을 공자의 의도와 연결하여 보자면, 세월이 지나도 상징(餼羊)이 남아있게 되면 道를 드러낼 수 있다는 것이 된다. 여기서 고대중국의 '言—象—意' 관계는 기호학에서의 '記表—象徵—記意' 관계와 동일구조임을 알 수 있다. 이렇게 볼 때 이제 '告朔이라는 명칭·그것의 형상적 특징인 餼羊·告朔禮의 궁극적이고 실질적인 의미'라는 이 삼자의 관계는, 意象사유에서의 '言―象―意' 관계이자 기호학에서의 '記表―象徵―記意' 관계라고 말할 수 있다. 우리의 지각 속에 告朔이란 儀禮의 과정이 포착되고, 또 우리의 인식 속에 祭禮의 역할과 기능이 상기되며, 더 나아가 禮法의 준수가 그것에 의해 묵시적으로 추구되는 모종의 결과에 연상될 때, 비로소 告朔禮는 의미가 있는 것이다. 그렇다면 이러한 지각과 인식과 연상을 생산해내는 것은 무엇인가? 그것은 바로 상징, 즉 餼羊이라는 형상이다. 다음 도표에서처럼, "告朔―餼羊―禮·道〈즉 祭禮의 궁극적 의미〉"의 관계는 바로 "記表(이름)―상징(형식)―記意(의미)"라는 기호학적 관계인 것이다.

그렇다면, 상징으로서의 '餼羊'이라는 형상은 告朔이라는 祭禮의 궁극적 의미를 뇌리에 지속적으로, 즉 전통적으로 각인시켜 주는 관건적인 고리인 것이다.

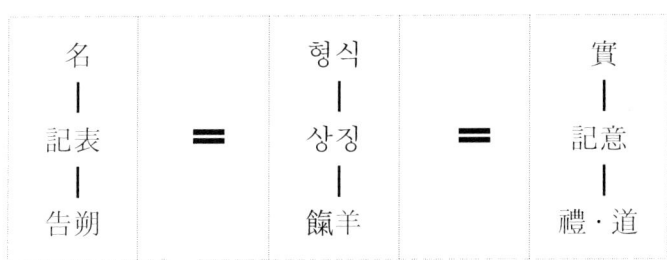

이를 執禮者 혹은 儀禮 참여자의 심리와 연결하여 말해보자. 禮法을 충실히 준수하는 이는 餼羊이 있는 告朔禮에 대해 도덕적 자기동일성을 갖게 된다. 그가 이 餼羊을 갖춘 告朔禮를 행하는 동안 그 餼羊은 도덕적이고 예의적으로 충실한 자신을 반영하는 피사체가 된다. 이는 말하자면 실물로서의 餼羊은 소멸되고 자신의 내면세계를 나타내주는 餼羊이 탄생한 것이다. 즉 告朔禮가 告朔禮임을 결정지어주는 餼羊이라는 상징과 하나가 된 것이다. 그는 餼羊을 갖춘 告朔禮를 행하는 데서 더할 수 없는 도덕적 충실감을 체험하게 된다. 이제 餼羊이 있는 告朔禮는, 더욱 직접적으로 말해서 餼羊 자체는 전통예법의 상징이자 내 덕성의 대체물인 것이다. 따라서 이로부터 나는 餼羊과만 관계하게 된다. 나는 어쨌든 도덕적이어야만 하며, 그것을 확인하고 실현할 수 있는 진정 유효한 直覺的 통로는 餼羊이기 때문이다. 이것이 공자가 子貢을 비판한 이유이다.

어떠한 이유에서인지는 알 수 없다 해도 어쨌든 하나의 표지로서 형상은 정해졌고, 이 표지는 도덕적 이성사유라는 목적을 위해 설정되었다. 이로부터 단 하나의 조합으로 연결된 이러한 표지로서의 형상과 도덕적 이성의 결합은 시간의 흐름과 상황의 변화에 따라 주요소와 보조요소에 대한 인식에 전도가 일어나게 된다. 형식에 더 매달리게 된다는 것이다. 형식이라는 상징은 보는 이로 하여금 그의 인식을 지칭되는 대상으로 귀결시키고 그것에 국한시키는 것이 아니라, 그 대상을 '사물'(記表)과 '그 사물이 내포하고 있는 의미'(記意)로 이원화시킨다. 즉 이름(대상)이 상징에 의해 해체돼가는 것이다. 총합적인 면에서의 告

朔禮 자체와 그것의 궁극적 의미 간 연결 관계는 서서히 餼羊이라는 형식(상징)과 告朔禮의 궁극적 의미 사이의 관계로 변질되는 것이다. 다시 말해서 사람들은 총합적인 告朔禮 자체를 보고 그것과 연관된 禮法이나 기능 및 효과를 생각하는 것이 아니라, 餼羊을 보고 더욱 직각적으로 告朔과 연관된 예법이나 기능 및 효과를 생각하게 된다. 예컨대 사람들은 餼羊을 보고 직각적으로 告朔의 본질적 의미를 생각하게 된다는 것이다. 이러한 비유적 사유에서의 독특한 역할로 인해, 상징으로서의 형식은 독립적인 주체가 되는 것이다. 이처럼 더없이 중요하게 생각하고, 그것의 준수를 명예와 자부심으로 여기며, 국운을 걸고 보존하는 '형식'이 바로 전통[486]이다. 공자가 羊을 그토록 유념했던 이유가 바로 여기에 있다.

告朔이라는 '名'은 그 자체로 餼羊을 내포하는 것이다. 따라서 餼羊을 갖춘 告朔禮가 正名이다. 위에서 살펴본 바대로, 이 正名의 본질은 '告朔―餼羊', 즉 '名―형상' 패러다임이다. 여기서 '告朔―餼羊' 패러다임이 중요한 이유는 그것이 '告朔―종법제에 기반 한 봉건질서' 패러다임의 전단계로서의 근거 혹은 토대이기 때문이다. 그런데 사실 이 '名―형상' 도식이 관계하는 것은 감각이고, 이 도식과 감각과의 관계는 시각적 관계이다. 왜냐하면 우리가 餼羊을 대할 때 그것의 여러 속성 중 우리가 최초로 그리고 직각적으로 접하게 되는 것은 청각적인 소리도 미각적인 맛도 촉각적인 느낌도 아닌 결국 시각적인 형상이기 때문이다. 이 때문에 시각적 형상은 우리의 인식과 사고의 가장 기본적인 그리고 일차적인 근거가 된다. 그런데 餼羊의 경우에서처럼 단순한 사물이 아니라 의미와 가치가 축적된 사물일 경우, 그 사물의 형상은 '시각적 이데올로기'[487]를 창출한다. 이제 餼羊을 보면 '名―형상'으로서의 1차적 正名을 환기하고 告朔禮의 의미와 가치라는 2차적 正名을 자동적으로 인식하게 된다. 告朔禮의 구성요소 중 다른 무엇보다도 시각적 이데올로기를 창출해 낼 수 있는 餼羊만이 正名, 즉 名의 正을 환기할 수 있는 가장 효과적인 장치인 것이다. 이로써 禮의 형식적 준수 과정 중에 그 禮가 담고 있는 의도와 목적을 무의식중에 체인, 체득하게 된다. 다시 말해서 祭禮라고 하는 집단적 준수의 과정 중 그 祭禮의 궁극적인 의도와 목적을 구성원 전체가 共認하게 되고 의사일치를 형성하는 것은, 餼羊에 의해서라는 것이다. 이러한 형식은 권위와 명운 유지의 최후 보루이다. 따라서 禮라는 형식의 붕궤는 국가와 전통과, 그리고 안정 붕궤의 치명적인 전조이다. 그래서 공자는 형식의 미준수 혹은 불법적 시행을 극력 비판했던 것이다.

　子貢은 文公 이후로 視朔하지 않았기에 禮가 폐지된 줄 알고 羊을 아꼈지만, 孔子는 羊마저 없애면 禮의 존립기반 자체가 없어질 것을 우려한 것이다. 다시 말해서 공자 당시 춘추시대 말기는 周室의 약화 및 魯나라 군주의 미약함으로 告朔이라는 봉건질서가 발휘되지 못해 '名(告朔)―역할(봉건질서 구현)' 패러다임이 이루어지고 있시 않지만, 餼羊이 갖춰져 '名―형상' 패러다임이라도 유지된다면 언젠가 復禮의 여지가 있지 않겠느냐는 것이 공자의 생각이자 염원이었던 것이다. 子貢은 餼羊이 단지 형식일 뿐이라 생각하였지만, 공자는 외려 그 형식 자체를 중요하게 생각했다. 여기서 '형식'의 의미와 가치에 대한 양자의

分岐를 볼 수 있다. 이러한 공자의 인식의 근거는, 원칙이 유지되고 그 원칙을 준수할 수 있는 것은 原形을 받쳐주는 상징형식이 존재하기 때문이라는 점이다. 禮는 궁극적으로 상징으로 소통하는 것이다. 따라서 그 상징을 소멸하거나 훼손하면 원칙(禮) 자체가 존재할 수 없다는 것이 공자의 생각이다. 공자에게 있어 告朔禮라는 儀禮의 요점은 正名이며, 이는 餼羊이라는 형식의 준수에 다름 아니다.

(4) 형식의 준수

先秦시기는 농업이 가장 중요한 경제 근간이었기 때문에 曆法의 제정과 시행은 국가경영의 핵심사항이었다. 그런데 다른 한편, 이러한 曆法의 반포는 天子의 권위와 권력 장악의 표징이기도 했다. 따라서 告朔禮는 농업·曆法·봉건질서 등이 함께 맞물린 매우 중요한 儀式이라 할 수 있다. 공자는 종법제와 봉건제가 결합된 西周시기의 典章禮儀制度를 강력히 옹호하였기 때문에 告朔禮의 전통과 양식이 부활되기를 소망했던 것이다.

告朔禮를 둘러싸고 벌어진 공자와 子貢의 쟁론은 궁극적으로 다음 세 가지의 의미 내지 시사를 보여준다. 첫째, 告朔禮는 天子의 月令 제정 및 반포로부터 제후의 수용에 이르는 수직적 儀式이고 나아가 구체적인 行禮 역시 天子와 제후 간 명백한 차별을 보여준다는 점에서, 그 본령은 天子와 제후 사이 종법적 등급실서를 현시적으로 보여주는 표상이라는 점이다.[488] 둘째, 天子는 曆法을 통해 제후를 지배한다는 점이다. 朔은 구체적인 매 달의 政令이므로 告朔禮는 天子의 명령을 받들어 시행한다는 의미를 갖는다. 모든 일정표가 周室에 장악되어 있다는 점에서, 이는 곧 시간의 지배를 의미한다. 告朔은 宗廟(宗法)와 曆法(시간-일체성)의 결합을 통한 봉건제 유지의 통치방식이었다. 따라서 봉건제가 종결된 漢代 이후로는 사실상 告朔禮가 필요 없게 되었고, 그러한 시간의 지배는 年號를 통해 구현되는 것으로 바뀌었다. 셋째, 문화사 내지 정치사의 관점에서 告朔禮는 口頭정치에서 公文정치로의 변화를 의미한다. 西周시기의 典章제도는 이른바 시스템에 의한 통치방식을 의미하는 것이다. 매년 12개월의 月令의 제정과 봉행을 의미하는 告朔禮는 그 자체가 公文통치의 방식이기에, 典章제도정치, 즉 律令정치의 공고화에 아주 중요한 장치였던 것이다.[489]

공자가 그토록 소중하게 생각했던 禮는 결국 儀式이다. 이는 西周 典章禮樂의 핵심이다. 그리고 공자는 儀式을 유지·공고·강화하는데 상징을 중요하게 여겼다. 공자에게 禮라는 것은, 단지 순서와 절차 같은 儀式만을 뜻하는 것이 아니라 그것이 의도하고 있는 가치와 목표를 효과적으로 발휘하고 달성케 만드는 상징작용까지 포괄하는 총체적인 체계이다. 이때 상징작용은 형식이라는 상징에 의해 실현되는 것이다. 따라서 禮에서는 형식의 준수가 관건이다. 이것이 공자가 그렇게 餼羊에 유념했던 연유이다.

9장

"八佾舞於庭"章의 實狀

9. "八佾舞於庭"章의 實狀

(1) 字義 분석 및 정의

"八佾舞於庭"章은 '季氏'와 '八佾舞' 및 '공자의 비판'이 관건어이다. 매우 이질적인 인물과 사건이 얽혀있기 때문에 다면적이면서도 입체적인 고찰을 통해야만 이 章의 정확한 의미를 유추할 수 있다. 이는 원시 유가철학의 입장을 견지한 공자의 지향을 정리하고, 나아가 實狀과 實情에 대한 분석을 더해야만 가능할 것이다.

孔子謂季氏, 八佾舞於庭, 是可忍也, 孰不可忍也.

위 문장의 정확한 의미를 고찰하기 위해선 우선 개별 단어들의 字義를 살펴볼 필요가 있다. 분석해야 할 내용은 謂, 季氏, 八佾舞, 庭, 是, 忍, 孰 등이다.

먼저 '謂'에 대해 보자. 고전에 흔히 등장하는 "말하다."의 뜻의 글자로는 曰·謂·云·說·道 등이 있는데, 이 가운데 謂는 曰처럼 일반적인 "말하다."의 뜻이 아니라 "누군가에 대해서 말하다."의 뜻이다. 여기엔 특정한 대상이 있다. 예컨대「公冶長」에 나오는 "子謂子貢曰"은 공자가 子貢이라는 특정인에게 曰 이하 내용의 말을 한 것이다. 한편 謂의 또 하나 성격은 인물에 대한 평가 혹은 평론의 의미를 나타낸다. 예컨대 「公冶長」에 나오는 "子謂子産, 有君子之道四焉."은 공자가 子産이라는 특정인을 두고 그가 네 가지의 君子之道를 갖추고 있음을 평가한 것이다.[490] 여기서 謂의 두 가지 성격을 구조적으로 다시 분별해보면, 前者의 "謂A曰B"의 구조는 "A에게 B의 내용을 말하다."가 되고, 後者의 "謂AB"의 구조는 "A를 두고 B라고 평가하다."가 된다. 문맥상으로 보면 전자의 경우는 A라는 특정인을 대면하여 B를 말한 것이고, 후자의 경우는 A라는 특정인에 대해 그가 없는 자리에서 제3자에게 그를 B라고 평가하는 것이 된다. 그렇다면 "孔子謂季氏"는 공자가 季氏를 직접 대면하지 않은 채[491] 아마도 제자일 누군가에게 이하 내용으로 季氏를 평가한 것이 된다.

다음으로 '季氏'가 누구를 지칭하는지 규명해 보자. 앞서 나온 내용이지만 다시 한 번 살펴보도록 한다. 魯桓公(?~BC 694)의 후손이기에 三桓氏라 칭했던 仲孫氏(나중의 孟孫氏)·叔孫氏·季孫氏는 魯나라의 實權을 접수하여 分權정치를 실시했다. 季氏는 그 가운데 위세가 가장 컸던 季孫氏를 말한다. 季氏는 魯 桓公의 셋째 아들 季友(?~BC 644)의 후예, 즉 '季' 혹은 '季孫'의 世系를 일컫는 통칭이다. 季友는 형인 莊公(BC 693~662)이 죽은 후 諸侯의 자리를 노리던 庶兄 慶父를 추방시킴으로써 난리를 진정시킨 공로를 인정받아, 莊公의 아들로 즉위한 僖公(?~BC 627)으로부터 費邑을 하사받았으며 이로부터 季孫氏의 開祖가 되었다.[492] 季氏는 季友 이래로 季文子(?~BC 568)·季武子(?~BC 535)·季平子(?~BC 505)·季桓子(?~BC 492)와 季康子

(?~BC 468)로 이어지는데, 이 가운데 季平子·季桓子·季康子의 재임 기간이 孔子(BC 551~479)의 주요 활동시기와 겹친다. 따라서 『論語』에 출현하는 季氏는 구체적으로 이 세 사람 가운데 하나라고 볼 수 있다. 그렇다면 "八佾舞於庭"의 당사자 季氏는 누구인가? 이에 대한 답을 찾기 위해서는 우선 昭公(B.C. 541~510 재위)의 국외 추방사태를 참조할 필요가 있다. 당시 관련인들의 연표를 대조하여 정리하면 아래와 같다.

〈표4: 魯君·季氏·孔子 연표〉[538]

년도(BC)	517	516	515	514	513	512	511	510	509	508	507	506	505	504	503	502	500	497
魯君	昭公 25 (추방)	魯君 空位시기 (季平子의 魯君 代行시기)						昭公 32 (사망)	定公 원년							定公 8		
季氏	季平子 (?~BC 505)													季桓子 (?~BC 492)				
														陽虎 專制시기 (BC 505-502)				
孔子	34세	35세						46세									51세	54세

BC 517년, 昭公이 전횡을 하는 季平子를 토벌하려다 오히려 三家의 반격을 받아 추방되자 齊나라로 망명했다.[493] 이때 공자도 昭公을 따라 齊나라로 건너갔다가 다음해 다시 魯나라로 돌아왔고[494], 이때부터 공자에게 제자들이 모여들어 교육을 실시했다. 季平子는 魯나라의 실권자로서 BC 517년부터 昭公이 사망한 BC 510년까지 대략 8년간의 魯君 空位시기에 魯君을 代行해 攝政하였다. 이후 季平子에서 季桓子로 넘어가던 BC 505년에 季氏의 家宰인 陽虎가 季桓子를 감금한 채 자기에게 충성을 맹세시킨 후 풀어준 이후 BC 502년까지 專制하였다.[495] 공자는 陽虎의 專制시기 이후 BC 500년에 魯나라의 司寇 벼슬을 하였고, 얼마 후 BC 497년엔 국내 정세 변화에 따라 衛나라로 떠나면서 周遊하게 되었다. 이후 14년 동안 衛·陳·曹·宋·鄭·蔡 여섯 제후국을 돌아다니다 67세인 BC 484년에 衛나라를 떠나 다시 魯나라로 돌아왔다.[496] 우선 季康子의 집권 기간이 BC 491~BC 468년인 점으로 보면, 공자는 季康子가 집권하기 전부터 魯나라를 떠난 데다 다시 魯나라로 왔을 때의 나이가 67세인 점을 감안했을 때 그가 구체적으로 참견하여 비판한 "八佾舞於庭"의 당사자가 季康子일 가능성은 거의 없다. 다음으로 季桓子는 BC 504~BC 492년까지 집권하였는데, 집권할 때부터 BC 502년까지 陽虎의 專制에 의해 힘이 없었고 공자 역시 BC 500년부터 司寇 벼슬[497]을 한데다 바로 BC 497년부터 魯나라를 떠났기 때문에 季桓子를 비난할 계제가 없었다고 볼 수 있다. 그렇다면 공자가 비난한 "八佾舞於庭"의 당사자는 季平子로 볼 수 있다.[498] 昭公을 축출한 BC 517년부터 BC 510년까지의 8년간 魯君 空位시기에 季平子

가 그러한 참월을 했을 개연성이 가장 높고, 宗法과 典章의 질서가 魯君 空位시기에 가장 심각하게 훼손되었으리란 점을 감안하면 공자가 季平子의 그러한 행위를 비난한 때도 역시 이 시기였을 가능성이 가장 크다.[499]

다음으로 '八佾舞'에 대해 보자. 『說文解字』에 "佾은 춤의 행렬"[500]이라 했으니 舞佾은 춤의 한 列이 된다.[501] 춤의 행렬로서의 佾의 한 列은 8명이다. 이는 불변의 수량단위이다. 한편 舞佾의 列數는 변할 수 있다. 즉, 天子는 八佾舞, 諸侯는 六佾舞, 大夫는 四佾舞, 士는 二佾舞를 써야 하는 것이다.[502] 周代의 典章儀禮는 이처럼 天子부터 士까지 계급에 따라 舞佾의 숫자로 그 등급을 나타냈다. "八佾舞於庭"에 대한 비판의 요점은, 季氏는 天子가 아닌 大夫이기에 마땅히 四佾舞를 거행해야 하는데 두 단계나 뛰어넘어 감히 八佾舞를 거행했다는 점을 문제 삼은 것이다.

다음으로 '庭'을 보자. 『說文解字』에 의하면, 신하들이 君主를 朝見하는 곳을 廷이라 하고, 宮門 이내의 곳을 庭이라 한다.[503] 그런데 이는 漢代의 일이고, 그 전에는 이 두 글자가 통용되었다. 堂 앞문 안의 공터로서의 일반적인 庭院과 군주가 朝拜를 받고 政事를 처리하는 庭院은 분명 다르기에 이 둘의 구별을 위하여 前者는 庭이라 하고 後者는 廷이라 했지만, 이것도 漢代 이후에야 엄격하게 구분되었다.[504] 이 점에 비춰보면 공자시대의 庭은 廷과 구분되지 않는, 다시 말해서 季氏 家宅의 사사로운 뜰이 아니라 宮室 내의 뜰, 혹은 季氏 가택 내에 조성한 公廟의 뜰이라 볼 수 있다. 한편 八佾舞가 행해진 구체적인 공간 위치로 보

면 庭은 堂下를 가리킨다.[505]

다음으로 '忍'을 먼저 보자. 『說文解字』에 "忍은 할 수 있는 것"[506]이라 했고, 『廣雅』에 "忍은 참는 것"[507]이라 했다.[508] 忍耐라는 말이 지금은 하나의 단어이지만, 忍과 耐는 미묘한 차이가 있다. 耐가 외부의 압박에 저항하여 자기가 무너지지 않도록 하는 것이라면, 忍은 마음속에 생기는 감정을 이겨내어 밖으로 표현하지 않는 것을 말한다.[509] 따라서 "八佾舞於庭"章에서의 忍의 의미는 季氏의 행위와 연관된 것이 아니라 그 행위를 보는 사람의 평가와 연관된 것이라 할 수 있다. 즉, "可忍"과 "不可忍"의 뜻은 각각 "표출하지 않을 수 있음"과 "표출하지 않을 수 없음"이란 것이다. 이때 드러내지 않음은 곧 용인과 용납의 의미를 함축하고 있다고 볼 수 있으므로, "八佾舞於庭"章에서의 忍은 용납의 의미로 이해해도 무방할 것이다.

다음으로 '孰'을 보자. 孰과 誰는 同源에서 分化된 글자다. 孰이란 글자는 『詩經』이나 『書經』에는 보이지 않는데, 이는 孰이 誰로부터 분화되어 나온 글자임을 의미한다.[510] 誰가 사람을 묻는데 사용되는 반면, 孰은 대부분 사람을 묻는 것이긴 해도 事物을 묻을 때 사용하기도 한다. 또한 孰은 대체로 선택을 수반한다. 즉, '누구'라는 의미보다는 '누가'의 뜻이 강하다.[511]

마지막으로 '是'를 보자. 是는 '이것' 혹은 '이 사람'의 의미 가운데 하나이다. 그렇다면 是는 "八佾舞於庭"의 사건이거나 그 행위의 당사자인 季平子, 둘 중 하나이다. 그런데 "是可忍也, 孰不可忍也."는 단일 구조 아래의 對句이므로, 앞서 孰이 '누구'를 의미한다고 할 때 이 是 역시 '이 사람', 즉 季平子를 가리키는 것이라 할 수 있다.

(2) 正名論에 입각한 공자의 비판과 지향

『左傳』昭公25年의 기록을 보면, "昭公이 襄公의 사당에 禘祭를 지내려는데 萬舞를 추는 인원은 겨우 두 사람뿐이고, 나머지는 모두 季氏에게 가서 萬舞를 추었다."[512]는 대목이 나온다. 여기서 季氏가 거행한 佾舞는 萬舞임을 알 수 있고, 『左傳』隱公5年의 다른 기록[513]에 의하면 萬舞는 羽舞 즉 文舞임을 알 수 있다. 衆仲이 적시한 대로 羽舞는 舞佾의 數가 등급별로 규정되어 있으므로 "八佾舞於庭"章에서 거론된 공자의 비난 내용은 佾數의 참월에 대한 것임이 분명하다. 다시 말해서 四佾舞를 사용해야 할 季氏가 天子 전용인 八佾舞를 사용했다는 점을 공자는 지적한 것인데, 여기서 궁극적으로 공자가 문제 삼은 것은 '규모의 형식'에 대한 위반이다. 그렇다면 공자는 왜 형식을 그렇게 중요하게 생각한 걸까? 이는 '儀禮의 본질' 및 공자의 '正名觀'과 직결되는 문제이다.

먼저 儀禮의 본질 부분을 보자. 여기서의 儀禮는 근본적으로 西周 시기에 설정된 典章제도를 말한다. 西周의 典章제도는 宗法制와 맞물려 형성되었다. 종법제는 혈연관계를 기준으로 삼은 질서체계이다. 따라서 典章제도는 궁극적으로 혈연관계의 有無 및 親疏를 기준으로 설정된 등급을 儀式이라는 절차의 多少 및 외형상의 고급성·복잡성이 보여주는 차별적 顯現으로 드러낸 체계이다. 이러한 典章제도 혹은 典章 의례는 봉건국가가 운용될 수 있는 근간일 뿐 아니라 "王權意識의 物化 형태"[514]로서 권위와 기강을 표현하고 의도하는 상징체계라고 할 수 있다. 여기서 의미 있는 것은 공자가 이러한 西周의 典章질서를 옹호하고 다시 회복, 구현해야 할 목표로 삼고 있다는 점이다. 西周 典章질서가 붕괴국면에 처한 춘추시대 末의 공자가 "季氏, 八佾舞於庭"에 대해 비난한 근본적 이유는 바로 그의 이러한 사상적 지향에서 찾을 수 있다.

한편 공자는 자신의 이러한 추구를 위해 매우 精緻한 원칙론 내지 방법론을 마련하였는데, 그것이 바로 正名論이다. "天子用八, 諸侯用六, 大夫用四, 士用二"는 儀禮의 규정인데, 여기서 '八·六·四·二'는 형식이다. 이때 이 숫자의 형식은 '天子·諸侯·大夫·士'의 등급 간 위계질서를 보여주는 상징이다. '규정·형식·상징'은 공자의 正名觀을 받쳐주는 세 요소이다. 유가 禮書에 보이는 세세한 구분은 西周 典章제도가 숫자·방위·색채·장소 등의 형식을 차별적으로 규정했음을 보여준다.[515] 이제 사람들은 거꾸로 그러한 차별적인 형식들을 시각적으로 경험하는 순간 자동적으로 그 형식들이 의미론적으로 내포하고 있는 등급질서를 인지하게 된다. 그래서 그 형식이 상징이 되는 것이다. 따라서 유가의 儀禮 내지 典章제도는 다분히 '의미 있는 형식', 즉 상징을 매개로 질서가 확인되고 유지되는 구조를 갖고 있다고 볼 수 있다. 의미 있는 형식을 누구나 인지하고 동의하는 것, 다시 말해서 '공동의 감각'은 공자가 봉건시대의 典章질서를 유지하는데 가장 중요한 관건으로 여기는 것이다. 典章제도의 유지는 봉건질서에 대한 복종에 기인하고, 이 복종은 공동의 감각을 준수하는 데서 나온다. 따라서 이 '共認의 체계'가 무너지면 모든 것이 무너진다. 東周시기의 무질서와 혼돈은 모두 이 共認의 체계가 더 이상 지속되지 못했기 때문에 발생한 결과이다.

공자가 역설한 "克己復禮"[516]에서의 '禮'는 西周 典章제도이고 '克己'는 바로 잃어버린 혹은 무시된 공동의 감각을 다시 찾자는 것이다. 그래서 "克己復禮"는 곧 共認된 체계의 회복을 의미한다.

이러한 맥락에 기초하여 보면, 공자의 正名論은 기호학적인 구조를 내재하고 있음을 알 수 있다. '佾數를 어긴 非禮'를 記表라 한다면, '天子의 권위와 周代〈봉건, 종법〉질서를 부정한 참월'은 記意에 해당한다. 記表에 대한 褒貶을 통해 記意에 대한 입장을 표명하는 것이 공자의 正名 방식이다. 이러한 구조에 입각해 공자의 "季氏, 八佾舞於庭"에 대한 비난을 이해하면, 이는 일차적으로 형식에 대한 미준수를 힐난한 것이며, 궁극적으로는 그것이 야기하는 共認 체계의 붕괴를 한탄한 것이라 할 수 있다.

(3) 季氏를 위한 변명

공자는 『論語』에서 상대적으로 높은 빈도로 여러 번 季氏의 참월을 지적[517]하였다. 공자 중심적 시각으로 보면 季氏는 응당 부도덕하고 탐욕스런 悖臣으로 정의된다. 하지만 앞서 살펴본 대로, 다른 시각과 기준으로 보면 季氏는 전혀 다르게 이해되고 있다. 예컨대, 『左傳』은 매우 판이하게 季氏를 평가한다. 『左傳』의 기록에 의하면, 季氏는 대략 襄公과 昭公 초기에 걸쳐 '三分公室'[518] 혹은 '四分公室'[519]에 의해 권력을 장악하였고, 魯君이 대대로 위신을 잃은 반면 季友 이래 대대로 공덕을 닦은 季氏는 특히 季平子 때 昭公이 축출된 시기에 민심을 확고하게 얻었다.[520] 한편 『公羊傳』도 역시 같은 맥락의 평가를 보여준다.

> 昭公이 장차 季氏〈季平子〉를 죽이고자 子家駒에게 말했다. '季平子는 無道하고 公室을 참월한 지 오래이다. 내가 그를 제거하려 하는데 어떠한가?' 子家駒가 말했다. "諸侯가 天子를 참월하고, 大夫가 諸侯를 참월한 지 이미 오래입니다." 昭公이 말했다. "내가 무슨 참월을 했다는 건가?" 子家駒가 말했다. "궁 밖에 兩觀을 세우고, 大路의 수레를 타며, 붉은 칠이 된 방패와 옥으로 장식된 도끼로 大夏를 추며 大武는 八佾舞로써 했습니다. 이는 모두 天子 전용의 禮입니다. 하물며 소나 말도 먹이를 주는 이에게 복종하는 법인데, 季平子가 민심을 얻은 지가 오래 되었습니다. 임금께서는 괜히 큰 치욕을 당하지 마십시오." 昭公은 子家駒의 말을 듣지 않고 일을 벌였으나 결국 패하였다.[521]

이 기사에서 알 수 있는 내용은 두 가지이다. 하나는 大夫 뿐 아니라 魯君도 참월을 했다는 것이고, 다른 하나는 민심을 장악한 이가 昭公이 아니라 季氏〈季平子〉라는 점이다. 그런데 子家駒의 "諸侯 또한 天子의 禮를 참월"했다는 지적에 대해 昭公이 "내가 무슨 참월을 했다는 것"이냐고 발끈한 데는 나름의 이유와 근거가 있다.

> 옛날에 周公 旦이 천하에 큰 공로가 있었다. 周公이 죽자 成王과 康王이 周公의 공로를 추념하여 魯나라를 존중하고자 했다. 이에 중대한 제사를 하사하여, …… 붉은 칠을 한 방패와 옥으로 장식한 도끼를

들고서 大武를 추게 하고, 八佾로써 大夏를 추게 하였는데, 이것은 天子의 禮樂이다. 周公을 기리기 위해 〈天子의 禮樂을〉 魯나라에 하사한 것이다. 자손들이 이어받아 지금까지 없어지지 않았다.[522]

成王은 周公이 천하에 공로가 있었기에 曲阜〈魯〉에 봉하였다. ……魯君에 명하여 대대로 周公을 天子의 禮樂으로 제사하도록 하였다.[523]

이 두 記事에서 알 수 있는 것은 다음 세 가지이다. 하나는 周公을 開祖로 하는 魯나라에서 天子가 아닌 周公을 天子의 禮로 제사했다는 점이다. 또 하나는, 따라서 魯나라에서는 八佾舞가 참월이 아닌 정상적인 儀禮로 시행되었다는 점이다. 마지막은 八佾舞를 포함하여 거행된 天子의 禮가 유효기간 없이 대대로 이어졌다는 점이다.[524] 즉 "八佾舞於庭"의 시기인 昭公 말년 내지 季平子의 집권 시기에 八佾舞는 그 자체로 무조건 참월이라 할 수는 없다는 것이다.

이제 문제는 季平子의 "八佾舞於庭"이 어떤 성격을 갖느냐이다. 일단 위의 두 記事에서 확인한 대로, 八佾舞를 쓰는 것은 周公에 대한 제사에 한정되는 것이며, 이의 執典者는 天子로부터 위임받은 魯君이다. 그렇다면 당시 昭公이 아닌 季平子가 八佾舞를 썼다면 참일임이 분명하지 않은가? 하지만 반드시 그렇지 않을 수도 있다. 두 가지 점에서 季平子에게 변명의 여지가 있다. 하나는 魯君의 부재 상황에서 國君의 攝政官으로서의 季平子가 魯君을 대신해 국가행사를 집전했을 가능성이다. 다른 하나는 앞서 子家駒의 지적처럼 昭公이 周室로부터 위임받은 대로 天子의 禮를 周公의 제사에만 쓰지 않고 사적으로 남용해 참월을 한 상황[525]에서 季平子는 다만 魯君의 참월 형태를 답습했다는 점이다.[526] 일단 후자의 경우 季平子의 참월에 대한 비난은 어느 정도 무마될 수 있다. 왜냐하면 季平子가 독단으로 강고한 질서를 깬 것이 아니라 國君으로부터 아래에 이르기까지 나라 전체의 禮가 무너진 상황에서 하나의 참월 사례만 추가되었을 뿐이라는 정상참작의 여지가 있는 것이다.

여기서 당시의 實狀을 다시 한 번 거론할 필요가 있다. 魯나라는 宣公·成公·襄公·昭公의 四代를 거치는 동안 季友·季文子·季武子·季平子로 이어지는 季氏가 실권을 장악하였으며 魯君은 이미 虛君에 불과한 상황이었다.[527] 魯나라뿐 아니라도 춘추시대는 이미 세습의 지위로 확고하게 세력을 갖춘 大夫의 시대였고, 大夫는 춘추시대의 가장 중심적인 계급이었다.[528] 이러한 맥락으로 보면, 『左傳』에서 季平子가 민심을 얻었다고 기술한 것은 史官으로서의 左氏가 季平子를 혼돈의 춘추시기를 구제할 새로운 출로로 여겼다는 점으로 이해할 수 있다. 昭公과 季平子의 대립을 구세력과 신세력 혹은 구관념과 신질서의 대립으로 본다면, 『左傳』의 역사인식은 新時代를 좀 더 기대했다고 볼 수 있다.[529] 그렇다면 季平子의 "八佾舞於庭"은 최소한 大夫로서의 참월이 아닌 攝政官으로서 혹은 실권자로서의 非禮 정도의 의미로 이해할 수 있는 것이다.

마시막으로 거론할 수 있는 것은, 실제 "八佾舞於庭"章에는 이 '庭'이 朝廷 안인지 私家 안인지 구체적인 기술이 없기 때문에[530] 季平子가 자기의 私廟, 즉 桓公廟에서 八佾舞를 거행했는지 魯君을 대행해 조정의 사당, 예컨대 周公廟에서 八佾舞를 거행했는지 알 수가 없다는 점이다. 만약 季平子가 魯君을 대행해 조정에서 禮를 거행했다면 이는 攝政官으로서의 정상적인 직무수행에 해당되는 것이다.

(4) 實狀과 實情의 사이

사실 "季氏, 八佾舞於庭"의 전모는 『禮記』의 아래 글에서 그 대강을 파악할 수 있다.

> 諸侯는 天子의 사당을 세울 수 없고, 大夫는 諸侯의 사당을 세울 수 없다. 公廟를 私家에 세우는 것은 非禮인데, 三桓에서 시작되었다.[531]

사당, 즉 廟는 정기적으로 제사를 올리는 곳이다. 諸侯가 天子의 사당을, 大夫가 諸侯의 사당을 세울 수 없는 근거는 "支子不祭"[532], 즉 嫡長子가 아닌 이는 사당을 세울 수 없다는 원칙 때문이다. 天子 계열의 嫡長子가 周室에서 선조인 天子들에게 제사를 지내기 때문에 애초 天子와 同姓이긴 하나 支子인 諸侯는 자신의 나라에서 선조 天子에게 제사지낼 수 없다는 것이다. 같은 맥락으로, 諸侯의 후손 계열이긴 하나 嫡長子가 아닌 支子로서의 大夫 역시 선조로서의 諸侯에게 제사지낼 수 없는 것이다. 魯君이 周公에 대한 天子의 禮를 받은 관계로 文王의

廟를 세웠다는 점[533]에 빗대 三家가 자신의 조상인 桓公의 廟를 私家에 세웠는데, 이는 三家가 桓公의 長子가 아닌 支子들이기에 非禮라는 것이다.[534] 魯나라는 周公을 大祖로 하기에 그 父王인 文王의 廟를 세운 것이다. 魯가 文王의 廟를 세운 것은 곧 諸侯가 天子의 사당을 세운 것이다. 이는 특수한 경우로 非禮가 아닐 수 있다. 하지만 三家가 桓公廟를 세운 것은 大夫가 諸侯의 사당을 세운 경우에 해당하며, 이는 魯나라가 文王의 廟를 세운 것을 가지고 支子인 大夫가 桓公廟를 세운 것이라 참월이라는 것이다.[535]

공자는 典章질서의 기반이 되는 儀禮규정을 위반했다는 점과 상징적 형식규정의 위반이 共認의 체계를 와해시킬 것이라는 점을 들어 季平子의 "八佾舞於庭"을 비판하였다. 季平子가 조정의 사당에서 魯君을 대행한 것이 아니라 "支子不祭"라는 周禮 원칙을 거스르고 자신의 家廟인 桓公廟에서 八佾舞를 사용했다면 명백히 非禮이다. 공자가 비록 周公이나 文王廟가 아닌 자신의 祖上廟에 사적으로 天子의 禮인 八佾舞를 사용한 魯君〈昭公〉의 非禮를 지적하지 않았지만, 季平子의 非禮를 파악한 이상 昭公의 非禮도 분명 알고 있었을 것이다. 昭公의 非禮와 季平子의 非禮는 모두 實狀이다. 하지만 공자가 昭公의 非禮는 거론 내지 비판하지 않고 季平子의 非禮만 비판한 것은 實情이다. 實狀은 객관적 사실이고, 實情은 의도하는 목적과 결부된 내적 근거이다. 實狀은 史書의 영역을 채우는 객관 사실에 머물지만, 實情은 『論語』와 같은 정치철학서의 기준이자 방향으로서의 역할이라는 것과 연결된다. 공자가 "八佾舞於庭"章을 거론한 것은 역사적 기술이 아니라 정치철학적

선언이다. 그리고 정치라는 것이 참과 거짓, 옳음과 그름을 가르는 것보다는 효용과 결과를 중시한다는 점에서, 특히 혼란했던 춘추시대 末의 그때 그 상황에서 어떻게든 "克己復禮"하려 했던 공자는 季平子의 "八佾舞於庭"을 비난할 수밖에 없었으며 궁극적으로 季平子의 "八佾舞於庭"은 非禮일 수밖에 없었던 것이다.

이상의 字義와 實狀·實情에 대한 분석을 통해 보자면, "八佾舞於庭"章은 다음과 같이 해석할 수 있겠다.

> 공자가 季平子를 두고 말했다. "그가 〈桓公廟의〉 뜰에서 八佾舞를 거행하니, 그가 〈거리낌 없이 참월의 행위를〉 용납할 수 있다면 누군들 용납하지 못할 바가 있겠는가!"[536]

참고문헌

『穀梁傳』

『公羊傳』

『孔子家語』

『管子』

『廣雅』

『國語』

『論語』

『大學』

『呂氏春秋』

『禮記』

『孟子』

『墨子』

『本草綱目』

『史記正義』

『史記』

『書經』

『釋名』

『說文解字』

『孫子』

『宋書』

『荀子』

『詩經』

『易傳』

『爾雅翼』

『爾雅』

『莊子』

『左傳』

『周禮』

『周易』

『中庸』

『春秋穀梁傳注疏』

『風俗通』

『漢書』

『胡氏春秋傳』

『後漢書』

江永,『周禮疑義舉要』

丘濬,『大學衍義補』

紀昀 등,『御纂春秋直解』

金鶚,『求古錄禮說』

董仲舒,『春秋繁露』

杜預,『春秋經傳集解』

杜預,『春秋釋例』

杜預,『春秋釋例』

呂本中,『呂氏春秋集解』

劉寶楠,『論語正義』

陸德明,『經典釋文』

陸淳,『春秋集傳纂例』

李明復,『春秋集義』

毛奇齡,『四書賸言』

司馬遷,『史記』

孫詒讓,『周禮正義』

宋翔鳳,『論語發微』

吳浩,『十三經疑義』

汪克寬,『春秋胡傳附錄纂疏』

王安石,『周官新義』

王志長,『周禮註疏刪翼』

魏了翁,『春秋左傳要義』

劉逢祿,『論語述何』

俞樾,『群經平議』

鄭玄・孔穎達,『禮記正義』

朱熹,『論語精義』

朱熹,『論語集注』

朱熹,『論語集註』

朱熹,『朱子語類』

陳祥道,『禮書』

陳耀文,『經典稽疑』

卓爾康,『春秋辯義』

何晏,『論語集解』

韓伯,『周易注疏』

邢昺,『論語注疏』

邢昺,『論語注疏』

胡渭,『禹貢錐指』

皇侃,『論語集解義疏』

가이즈카 시게키 등 저, 배진영 등 역,『중국의 역사: 선진시대』, 혜안, 2011

顧德融·朱順龍,『春秋史』, 上海: 上海人民出版社, 2001

高專誠,『孔子和他的弟子們』, 新華出版社, 1993

孔祥林 主編,『孔子聖蹟圖』, 山東友誼出版社, 1997

匡亞明,『孔子評傳』, 南京大學出版社, 1990

丘光明,『中國古代度量衡』, 商務印書館, 1996

瞿同祖,『中國封建社會』上海: 上海人民出版社, 2006

段啓明 主編,『中國古代文化知識辭典』, 江西教育出版社, 2001

杜正勝,『周代城邦』臺北: 聯經出版事業公司, 1979

藍永蔚,『春秋時期的步兵』, 中華書局, 1979

李澤厚,『論語今讀』, 三聯書店, 2005

林泰勝,『논어의 형식미학』, B2, 2017

文璇奎 역,『春秋左氏傳 上』, 명문당, 1987

謝維揚,『中國早期國家』, 浙江人民出版社, 1996

上海古籍出版社 編輯部 編,『中國文化史三百題』, 上海古籍出版社, 1998

西嶋定生,『中國古代の社會と經濟』, 東京, 東京大學出版會, 1981; 변인석 역,『중국고대사회경제사』, 서울, 도서출판 한울, 1994.

蕭公權, A History of Chinese Political Thought, Trans. Frederick W. Mote, Princeton, Princeton University Press, 1979

孫希旦,『禮記集解』, 北京, 中華書局, 1995

修海林,『古樂的降浮 — 中國古代音樂文化的歷史考察』, 山東文藝出版社, 1989

신지영 등 역,『國語』, 홍익출판사, 1998

安作璋 主編,『論語辭典』, 上海: 上海古籍出版社, 2004

余也非,『中國古代經濟史』, 重慶出版社, 1991

王鳳陽,『古辭辨』, 吉林文史出版社, 1993.

王肅 撰, 임동석 역주,『孔子家語(1/3)』, 동서문화사, 2014

饒龍隼,「孔聖小疵釋例」,『朱子學刊』2000年 1期

云告,『宋人畵評』, 湖南美術出版社, 2004.

柳肅,『禮的精神 — 禮樂文化與中國政治』, 長春, 吉林敎育出版社, 1990

尹建東,「三代國家結構形式初探」,『四川師範學院學報(哲學社會科學版)』第1期, 1993

이춘식,『중국고대의 역사와 문화』, 신서원, 2007

임태승,『아름다움보다 더 아름다운 추함』, B2, 2017.

임태승,『아이콘과 코드』, 미술문화, 2006.

任曉鋒,『周代祖先祭祀硏究』, 중국 西北大學 박사학위논문, 2015

張岱年·成中英 등,『中國思維偏向』, 北京, 中國社會科學出版社, 1991

張錫勤,『中國傳統道德擧要』, 黑龍江大學出版社, 2009.

荻生徂徠, 임옥균 등 역,『論語徵』, 소명출판, 2010

程樹德,『論語集釋』, 中華書局, 2006

丁若鏞 저, 이지형 역주,『譯註 論語古今註』, 사암, 2010

中國軍事史編寫組,『中國歷代戰爭年表』, 解放軍出版社, 2007

중국사학회 편, 강영매 역,『중국통사 1』, 범우, 2008

陳恩林,『先秦軍事制度硏究』, 吉林文史出版社, 1991

焦循,『群經宮室圖』,『皇淸經解續編』卷359, 1888

馮友蘭, 趙復三 譯,『中國哲學簡史』, 天津: 天津社會科學院出版社, 2005

何玆全,『中國古代社會』, 河南人民出版社, 1991

許嘉璐 主編,『中國古代禮俗辭典』, 中國友誼出版公司, 1991

許倬雲,『西周史』北京: 三聯書店, 1995

許倬雲,『歷史的分光鏡』, 上海: 上海文藝出版社 , 1998

Georges Nataf, Symboles Signes et Marques (Paris: Berg International, 1981); 金正蘭 역,『상징·기호·표지』, 서울, 1995

Lothar von Falkenhausen, Chinese Society in the Age of Confucius (1000-250 BC): The Archaeological Evidence, 심재훈 역,『고고학 증거로 본 공자시대 중국사회』, 세창출판사, 2011

Wu Hung, Monumentality in Early Chinese Art and Architecture,

김병준 역, 『순간과 영원: 중국고대의 미술과 건축』, 아카넷, 2003

葛榮晉, 「中國古代經權說的曆史演變」, 『孔子研究』, 1987年 2期.

顧頡剛, 「春秋時代的孔子和漢代的孔子」, 『顧頡剛古史論文集』(第二冊), 中華書局, 1993.

谷文國, 「僭越與非禮 — 論季氏八佾舞於庭」, 『玉溪師範學院學報』, 第34卷, 2018年 第9期.

谷壽光, 「有關軍事的若幹古文字釋例(二)」, 『江西大學學報』, 1989年 第2期.

吉家友, 「國人與野人界限的消失」, 『信陽師範學院學報(哲學社會科學版)』第35卷 第5期, 2015

唐明亮, 「論〈左傳〉關於季平子的記述」, 『求是學刊』, 第37卷 第3期, 2010.

董德志, 「《左傳》"乘馬"解一兼說騎馬之起源」, 『許昌師專學報(社會科學版)』1987年 第4期.

鈴木敏弘, 「中日"告朔"禮比較」, 『日本研究』, 2009년 第3期

劉思宇·林瑋, 「從《論語·陽貨》看孔子人格沖突背後的文化邏輯」, 『安徽文學』, 2008年 10期

劉盛擧 등, 「說"乘"」, 『大理學院學報』, 第2卷 第6期, 2003.

劉增光, 「漢宋經權觀比較析論 — 兼談朱陳之辯」, 『孔子研究』, 2011年 第3期.

劉桓, 「"先進"·"後進"解」, 『孔子研究』, 1993年 2期.

李開周, 「孔孟收了誰的贊助」, 『芳草(經典閱讀)』, 2013年 5期.

李開周, 「孔子周游列國的經費從何而來」, 『文史博覽』, 2011年 1期.

李啟謙, 「孔子居衛之謎」, 『孔子研究』, 1989年 4期.

李啟謙, 「孔子周遊列國論綱」, 『學術月刊』 1994年 3期.

李嚴冬, 「"卒伍"與"什伍"——論《周禮》所見兩種軍隊編制法」, 『哈爾濱師範大學社會科學學報』, 2012年 第4期.

李嚴冬, 「論春秋時期魯國的"列國"本位」, 『遼寧大學學報(哲學社會科學版)』 第42卷 第4期, 2014.

李嚴冬, 「『周禮』軍制專題研究」, 吉林大學 博士學位論文, 2010.

林泰勝, 「오래된 학교의 깊은 비밀: '成均'의 신화철학적 의미 분석」, 성균관대 대동문화연구원, 『대동문화연구』 제75집, 2011.

史念海, 「春秋時代的交通道路」, 『人文雜志』, 1960年 3期.

尚志發, 「春秋後期人口新證」, 『求是學刊』 第2期, 1984.

孫機, 「中國古代車戰沒落的原因」, 『古代史與文物研究』 2014年 第11期.

孫麗旻, 「〈論語〉"先進於禮樂"篇"野人"再討論」, 『勵耘學刊(文學卷)』 第2期, 2016.

孫紹振·孫彥君, 「中國古代思維方法和語言模式的源頭」, 『語文建設』, 2012年 11月.

申小龍, 「蒙山文化研究」, 中國 山東師範大學 碩士學位論文, 2013.

嶽天雷, 「經權思想的邏輯進路 — 以漢儒, 宋儒和明儒爲中心的考察」, 『商丘師範學院學報』, 第29卷 第4期, 2013.

艾蔭範, 「《論語》詮釋的語文學層面再研究」, 『沈陽師範大學學報(社會科學版)』, 2016年 第3期.

楊寶忠·陳劍, 「釋"加之以師旅"」, 『孔子研究』1997年 第2期.

楊小召, 「簡論春秋時期家臣"張公室"問題」, 『文史雜志』2006年 1期.

楊英傑, 「先秦戰車制度考述」, 『社會科學戰線』, 1983年 2期.

葉雪竹, 「論語中的季氏事跡考述」, 『甘肅廣播電視大學學報』, 第24卷 第2期 2014年 4月.

吳建萍, 「"經權"之辯的邏輯發展」, 『蘭州交通大學學報(社會科學版)』, 第23卷 第5期, 2004.

吳龍輝, 「《論語》"先進"章正解」, 『湖南大學學報(社會科學版)』, 第19卷 第4期, 2005.

吳震, 「從儒家經權觀的演變看孔子"未可與權"說的意義」, 『學術月刊』, 第48卷, 2016.

王劍, 「論先秦儒家解決道德兩難問題的經權智慧 — 中西比較的視域」, 『孔子研究』, 2013年 第3期.

王星光, 「對孔子思想中"時"的認識」, 『意林文彙』2017年 22期.

袁媛, 「《论语》"先进"章新解」, 『荆楚学刊』, 第16卷 第5期, 2015.

日知, 「周禮中的邦國和國家」, 『社會科學輯刊』總第61·62期, 1989.

임태승, 「儒家의 審美機制: 참여의지와 초월의지의 共有」, 『철학』, 세72집, 한국철학회, 2002.

임태승, 「逸: 禪宗의 미학적 유산」, 『유교사상문화연구』, 61집, 한국유교학회, 2015.

章麗瓊, 「春秋時期家臣職權擴展與宗法制嬗變」, 『北京社會科學』

2016年 10期.

張盛林,「周朝"國人"和"野人"的社會地位與作用」,『傳承』, 2010年 第2期.

張衛東,「略論孔子的軍事思想」,『安徽教育學院學報』, 2005年 第23卷 第2期.

張詒三,「〈論語〉"先進於禮樂"章索解」,『齊魯學刊』總第271期, 2019.

田家溧,「告朔禮考」,『華北水利水電學院學報(社科版)』, 第27卷 第2期, 2011.

田豐,「從"春秋決獄"到"四書升格" ― 從"反經合道"爲"權"透視漢宋學分野」,『山西師大學報(社會科學版)』, 第39卷 第3期, 2012.

陳玉屏,「略論中國古代的"天下"·"國家"和"中國"觀」,『民族研究』第1期, 2005.

陳婕,「孔子如季氏交往探析」,『中山大學學報(社會科學版)』, 2011年 第1期, 第51卷(總229期).

車昕,「論"乘": 先秦時期兩輪戰車研究」, 南京藝術學院 碩士學位論文, 2008.

焦自軍,「孔子的進退之間 ― 從《陽貨》的三則故事看孔子出仕的思想史內涵」,『孔子研究』2011年 5期.

崔海東,「《論語》"吾從周","吾從先進"兩章舊詁辨誤」,『江南大學學報(人文社會科學版)』, 第14卷 第4期, 2015.

彭林,「〈周禮〉畿服所見中央與地方的關係」,『史學月刊』第5期, 1990.

馮浩菲,「孔子欲應叛者之召辨疑」,『孔子研究』2006年 2期.

何懷宏,「春秋世族述略」,『中國文化』, 1995, 第12期.

韓中誼,「政治生態中的君子 — 從孔子與冉有爲政思想的分歧看孔子之惑」,『理論月刊』, 2011年 第4期.

項群勝,「周代禮樂"舞佾說"評析」,『科教文汇』2007年 第2期.

邢成才,「商代後期中原地區的戰車研究」,鄭州大學碩士學位論文, 2012.

蒿連升,「中國古代的車戰」,『中州今古』, 1998年 2期.

http://terms.naver.com/entry.nhn?docId=795033&cid=46639&categoryId=46639 (2017. 8. 30)

https://baike.baidu.com/item/%E6%B3%B0%E5%AE%89%E6%B3%B0%E5%B1%B1/15767131 (2018. 7. 30)

https://baike.baidu.com/item/%E8%92%99%E5%B1%B1/24739?fr=aladdin (2018. 7. 30)

https://baike.baidu.com/item/%E9%A2%9B%E8%87%BE/7333472 (2018. 7. 26)

https://terms.naver.com/entry.nhn?docId=1846782&cid=42990&categoryId=42990 (2020. 7. 12)

https://terms.naver.com/entry.nhn?docId=1846821&cid=42990&categoryId=42990 (2018. 7. 26)

https://terms.naver.com/entry.nhn?docId=1846821&cid=42990&categoryId=42990 (2020. 7. 12)

미주

001 비록 여러 방면에서 파괴가 일어나고 있지만, 춘추시기는 周代의 기본적 제도가 비교적 완전하게 존재하고 있었다. 이러한 의미에서 춘추시기는 다만 周代의 典型期가 변동하기 시작하는 단계라고 할 수 있다.(謝維揚,『中國早期國家』杭州：浙江人民出版社, 1996, 460쪽 참조)

002 瞿同祖,『中國封建社會』上海：上海人民出版社, 2006, 206쪽 참조.

003 邦國의 실체는 周代에 새로이 나온 것이 아니다. 일찍이 夏王朝도 夏國을 중심으로 하는 邦國연합체였고, 商王朝도 殷邦을 중심으로 하는 邦國연합체였다.(尹建東,「三代國家結構形式初探」,『四川師範學院學報(哲學社會科學版)』第1期, 1993, 142쪽 참조) 周邦은 이전 왕조와 달리 宗法制라는 특이한 체제를 기준으로 하는 새로운 邦國연합체였던 것이다.

004 王鳳陽,『古辭辨』吉林文史出版社, 1993, 413쪽 참조.

005 授土할 때 동시에 授物과 授民도 했다.『左傳』定公4年："分魯公以大路,大旂, 夏后氏之璜, 封父之繁弱, 殷民六族, 條氏, 徐氏, 蕭氏, 索氏, 長勺氏, 尾勺氏, 使帥其宗氏, 輯其分族, 將其類醜, 以法則周公. 用卽命于周. 是使之職事于魯, 以昭周公之明德. 分之土田陪敦,祝,宗,卜,史, 備物, 典策, 官司, 彝器, 因商奄之民, 命以伯禽而封於少皞之虛. 分康叔以大路, 少帛, 綪茷, 旃旌, 大呂, 殷民七族, 陶氏, 施氏, 繁氏, 錡氏, 樊氏, 饑氏, 終葵氏. …… 聃季授土, 陶叔授民." 분봉 받은 제후가 관할하는 屬民은 적게는 周人과 殷人의 둘이거나 심지어 周人·殷人·土着民의 셋인 경우도 있었다. 杜正勝은 이러한 형태의 제후국을 "武裝植民"의 邦國이라 말한다. 초기 봉건제는 周가 殷을 무력으로 점령한 식민지 형태라는 것이다.(杜正勝,『周代城邦』臺北：聯經出版事業公司, 1979, 22-31쪽 참조)

006 『周禮』의 설계에 의하면 方千里의 王畿는 天下의 중심이다. 王畿는 方九里의 王城을 중심으로 하고 百里를 구획으로 하여 소위 九畿가 正方形의 輻射형태로 퍼져나가는 구조였다.(彭林,「〈周禮〉畿服所見中央與地方的關係」,『史學月刊』第5期, 1990, 1쪽 참조)

007 瞿同祖, 앞의 책, 28쪽 참조.

008 瞿同祖, 앞의 책, 45쪽 참조.

009 『荀子』「儒效」: "兼制天下, 立七十一國, 姬姓獨居五十三人."

010 異姓 제후는 첫째로 前代 제왕의 후손, 둘째로 功臣, 셋째로 본래의 토착 부락의 長 등 세 부류이다.(瞿同祖, 앞의 책, 34쪽 참조)

011 許倬雲, 『西周史』, 北京: 三聯書店, 1995, 305쪽 참조.

012 『後漢書』의 기재에 의하면, 西周 초기의 邦國은 1,700여 國이고 春秋시기에는 1,200國이었다가 全國시기엔 10여 國으로 줄어든다.(『後漢書』「郡國志」: "周克商, 制五等之封, 凡千七百七十三國, ……, 春秋時尙有千二百國. …… 至於戰國, 存者十餘.") 숫자의 정확성에 대한 고려를 차치하고 보면, 春秋시기에 邦國은 크게 줄었으며 봉건제가 와해의 길로 들어서는 戰國시기에는 邦國이 전격적으로 소멸되었다.(陳玉屛, 「略論中國古代的"天下"·"國家"和"中國"觀」, 『民族硏究』 第1期, 2005, 67쪽 참조) 단순하게 보면, 이는 전적으로 兼倂전쟁의 결과이다.

013 이러한 의무는 구체적으로 규정되어 있었다. 예컨대, 『周禮』에는 각 제후들이 바칠 貢物의 내용과 시기가 명시되어 있다. 『周禮』「秋官司寇」: "邦畿方千里. 其外方五百里謂之侯服, 歲壹見, 其貢祀物. 又其外方五百里謂之甸服, 二歲壹見, 其貢嬪物. 又其外方五百里謂之男服, 三歲壹見, 其貢器物. 又其外方五百里謂之采服, 四歲壹見, 其貢服物. 又其外方五百里謂之衛服, 五歲壹見, 其貢材物. 又其外方五百里謂之要服, 六歲壹見, 其貢貨物. 九州之外謂之蕃國, 世壹見, 各以其所貴寶爲摯."

014 天子는 5년에 한 번 巡狩한다. 巡狩의 내용과 규정은 『禮記』「王制」에 상세히 적시되어 있다.

015 제후가 직접 왕의 조정에 나가는 것을 '朝'라 하고, 제후가 卿大夫로 하여금 왕의 조정에 나가게 하는 것을 '聘'이라 한다.

016 『禮記』「王制」: "大國三卿, 皆命於天子, …… 次國三卿, 二卿命於天子, 一卿命於其君, …… 小國二卿, 皆命於其君."

017 瞿同祖, 앞의 책, 14쪽 참조.

018 瞿同祖, 앞의 책, 23-24쪽 참조.

019 瞿同祖, 앞의 책, 90쪽 참조.

020 『禮記』「曲禮上」: "禮不下庶人." 여기서의 禮는 宗法을 기본으로 하는 祭祀 婚喪 등의 제도를 말한다.

021 『說文解字』, 卷七, 口部: "國, 邦也."; 『說文解字』, 卷七, 邑部: "邦, 國也."

022 『孟子』「萬章下」: "在國曰市井之臣, 在野曰草莽之臣"; 趙岐注, "國謂都邑也."

023 『孟子』「萬章下」: "大國地方百里, …… 次國地方七十里, …… 小國地方五十里"

024 王鳳陽, 앞의 책, 409쪽 참조.

025 謝維揚, 앞의 책, 452-453쪽 참조.

026 『說文解字』卷七, 邑部: "有先君之舊宗廟曰都"

027 『釋名』「釋州國」: "國城曰都. 都者國君所居."

028 王鳳陽, 앞의 책, 411쪽 참조.

029 다음 구절에서의 野人이 바로 이러한 노예 혹은 농노의 신분이다. 『孟子』「文公上」: "無君子莫治野人, 無野人莫養君子. 請野九一而助, 國中什一使自賦. 卿以下必有圭田, 圭田五十畝. 餘夫二十五畝. 死徙無出鄉, 鄉田同井. 出入相友, 守望相助, 疾病相扶持, 則百姓親睦. 方里而井, 井九百畝, 其中為公田. 八家皆私百畝, 同養公田. 公事畢, 然後敢治私事, 所以別野人也. 此其大略也. 若夫潤澤之, 則在君與子矣."

030 『論語』「公冶長」: "十室之邑, 必有忠信如丘者焉, 不如丘之好學也."

031 『論語』「公冶長」: "求也, 千室之邑, 百乘之家, 可使為之宰也, 不知其仁也."

032 『左傳』襄公二十七年: "公與免餘邑六十. 辭曰, 唯卿備百邑, 臣六十矣, 下有上祿, 亂也, 臣弗敢聞."

033 王鳳陽, 앞의 책, 412쪽 참조.

034 『左傳』莊公二十八年: "凡邑, 有宗廟先君之主曰

035 王鳳陽, 앞의 책, 413쪽 참조.

036. 王鳳陽, 앞의 책, 415쪽 참조

037 焦循, 『群經宮室圖』, 『皇淸經解續編』卷359, 1888, 13-14쪽 참조.

038 許倬雲, 앞의 책, 296쪽 참조.

039 謝維揚, 앞의 책, 454쪽 참조.

040 謝維揚, 앞의 책, 457~458쪽 참조.

041 張詒三, 「〈論語〉"先進於禮樂"章索解」, 『齊魯學刊』總第271期, 2019, 10쪽 참조.

042 吉家友, 「國人與野人界限的消失」, 『信陽師範學院學報(哲學社會科學版)』 第35卷 第5期, 2015, 125쪽 참조.

043 『爾雅』「釋言」: "里, 邑也."

044 『風俗通』: "里者, 止也, 五十家共居止也."; 『管子』「度地」: "百家爲里."; 『公羊傳』宣公十五年의 注: "一里八十戶."

045 『穀梁傳』宣公15年: "古者三百步爲里"

046 『管子』「事語」: "彼天子之制, 壤方千里, 齊諸侯方百里, 負海子七十里, 男五十里."

047 『孟子』「萬章下」: "天子之制, 地方千里, 公侯皆方百里, 伯七十里, 子男五十里, 凡四等."; "大國地方百里, …… 次國地方七十里, …… 小國地方五十里."

048 瞿同祖, 앞의 책, 64쪽 참조.

049 『書經』「周書·武成」: "列爵惟五, 分土惟三."

050 예컨대, 『國語』의 기제에 의하면 田邑이 卒乘을 내는 수량의 표준임을 알 수 있

다.(『國語』「晉語八」: "大國之卿, 一旅之田, 上大夫, 一卒之田.") 옛날에 田邑을 계산할 때 혹은 里의 수나 畝의 수로써 하였고 혹은 卒乘으로써 하였는데 모두 같은 것이다.(瞿同祖, 앞의 책, 80쪽) 이는 평시와 전시의 구분이 애초 같은 토지·농민의 근거 위에 운용되었음을 보여준다.

051 예컨대, 魯나라의 경우 三桓氏의 근거지, 즉 季孫氏의 費邑·叔孫氏의 郈邑·孟孫氏의 成邑이 그것이다.

052 許倬雲, 앞의 책, 297쪽 참조.

053 『公羊傳』桓公元年: "田多邑少稱田, 邑多田少稱邑."; 『左傳』莊公二十八年: "凡邑, 有宗廟先君之主曰都, 無曰邑."

054 『國語』「晉語四」: "大夫食邑, 士食田."

055 예컨대, 『左傳』哀公二年: "上大夫受縣, 下大夫受郡, 士田十萬."

056 『孟子』「萬章下」: "天子之卿受地視侯, 大夫受地視伯, 元士受地視子男. 大國地方百里, 君十卿祿, 卿祿四大夫, 大夫倍上士, 上士倍中士, 中士倍下士, 下士與庶人在官者同祿, 祿足以代其耕也. 次國地方七十里, 君十卿祿, 卿祿三大夫, 大夫倍上士, 上士倍中士, 中士倍下士, 下士與庶人在官者同祿, 祿足以代其耕也. 小國地方五十里, 君十卿祿, 卿祿二大夫, 大夫倍上士, 上士倍中士, 中士倍下士, 下士與庶人在官者同祿, 祿足以代其耕也." 『禮記』「王制」에도 같은 내용이 있다.

057 『荀子』「大略」: "故家五畝宅, 百畝田."; 『孟子』「滕文公上」: "周人百畝而徹. …… 方里而井, 井九百畝, 其中為公田. 八家皆私百畝, 同養公田. 公事畢, 然後敢治私事."; 『孟子』「萬章下」: "耕者之所獲, 一夫百畝."; 『孟子』「盡心上」: "百畝之田, 匹夫耕之, 八口之家足以無飢矣."

058 『國語』「晉語四」: "公食貢, 大夫食邑, 士食田, 庶人食力, 工商食官, 皂隸食職."

059 瞿同祖, 앞의 책, 173~174쪽 참조.

060 『管子』「乘馬」: "方六里, 爲一乘之地也. 一乘者, 四馬也. 一馬其甲七, 其蔽五. 四乘, 其甲二十有八, 其蔽二十." 周代의 전쟁은 車戰이 핵심이었으며, 그 編制는 戰車를 중심으로 甲士·步兵·雜役 등이 배합된 체계로 이루어졌다. 그리고 이 편제의 단위가 바로 乘이었다. (車昕, 「論"乘": 先秦時期兩輪戰車研究」, 南京藝術學院 碩士學位論文, 2008, 1쪽 참조)

061 『周禮』「地官·大司徒」: "五家爲比, … 五比爲閭, … 四閭爲族, … 五族爲黨, … 五黨爲州, … 五州爲鄕; 『周禮』「地官·小司徒」: "五人爲伍, 五伍爲兩, 四兩爲卒, 五卒爲旅, 五旅爲師, 五師爲軍; 『周禮』「夏官·大司馬」: 凡制軍, 萬有二千五百人爲軍, … 二千有五百人爲師, … 五百人爲旅, … 百人爲卒, … 二十五人爲兩, … 五人爲伍."

062 『周禮』에서의 六鄕이 六軍을 편성하는 것인데, 六鄕의 각급 행정책임자인 鄕大夫·州長·黨正·族師·閭胥·比長이 각각 군대에서의 軍將·師帥·旅帥·卒長·兩司馬·伍長을 맡았다. 六鄕에 거주하는 백성은 "평시엔 농사를 짓고, 戰時엔 군인이 되는"("居則爲農, 出則爲兵") 신분이었다. 戰時가 되면 매 1家에서 1人이 군대에 편입되고, 평시의 행정조직은 전시의 군대조직으로 전환되었다. (李嚴冬, 『周禮』軍制專題硏究」, 吉林大學 博士學位論文, 2010, 15쪽 참조)

063 『周禮』「夏官司馬」: "王六軍, 大國三軍, 次國二軍, 小國一軍."; 『左傳』襄公十四年: "成國不過半天子之軍, 周爲六軍, 諸侯之大者, 三軍可也."

064 瞿同祖, 앞의 책, 177쪽 참조.

065 『周禮』「夏官·序官」: "王六軍, 大國三軍, 次國二軍, 小國一軍."

066 『左傳』昭公八年: "大蒐於紅, 自根牟至於商衛, 革車千乘."

067 『墨子』「非攻下」: "四分天下."

068 尙志發, 「春秋後期人口新證」, 『求是學刊』第2期, 1984, 91-92쪽 참조.

069 하지만 周室이 엄연히 존재하는 상황에서 晉·楚·齊·秦의 네 나라는 관례상 大國으로 칭해졌을 것이다.

070 『孟子』「萬章下」: "大國地方百里, …… 次國地方七十里, …… 小國地方五十里"

071 劉寶楠, 『論語正義』 卷十四: 君子者, 卿大夫之稱也. 한편 君子가 國人을 말한다고 보는 견해도 있다.(孫麗旻, 「〈論語〉"先進於禮樂"篇"野人"再討論」, 『勵耘學刊(文學卷)』 第2期, 2016, 255쪽 참조.) 君子가 통치계층이든 國人이든 모두 國都 안에서의 경우이다.

072 邦, 즉 제후국은 정치단위이지만 邦의 연합체인 周는 정치단위가 아니었다. 일반 인민은 邦에 속할 뿐 邦의 연맹으로서의 왕조 혹은 천하에 속한 것이 아니었다. 周天子 혹은 周王은 周邦의 邦君으로서 周邦의 인민, 즉 周人만을 관할하였다. 周王은 邦國연맹의 盟主로서 각 제후국의 邦君을 관할했을 뿐 邦君이 관할하는 각 邦國의 인민들을 관할할 수는 없었다.(日知, 「周禮中的邦國和國家」, 『社會科學輯刊』 總第61·62期, 1989, 139쪽 참조)

073 周代의 제후는 公·侯의 國(列國)과 伯·子·男의 國(小國)의 두 종류였는데, 애초 魯나라는 그중 列國이었다. 하지만 계속 지위가 하강하다가 춘추시대 말에 이르러 小國의 지위로 고착되었다.(李嚴冬, 「論春秋時期魯國的"列國"本位」, 『遼寧大學學報(哲學社會科學版)』 第42卷 第4期, 2014, 162-165쪽 참조)

074 春秋시기부터 戰國시대에 이르기까지 각국이 각축한 中原에는 戰亂이 끊이지 않았다. 통계에 의하면 춘추시기엔 395차, 전국시기엔 230차의 전쟁이 있었다.(『中國軍事史』編寫組, 『中國歷代戰爭年表』, 解放軍出版社, 2007, 65쪽 참조)

075 『左傳』成公13年: "國之大事, 在祀與戎." 전쟁과 더불어 제사가 중요한 이유 역시 전쟁과 관련된 국가의 명운을 하늘과 조상에게 희구함에 있었다.

076 『論語』의 유가사상은 대개 정치사상 및 당시 정치상황과 결부된 윤리사상이 주를 이룬다. 공자시대 千乘之國의 實狀을 이해하는 것은 공자 및 원시유가의 기본 관점을 파악하는데 매우 중요한 출발점이다.

077 중국의 戰車가 다른 나라의 경우와 비교할 때 역사적으로 특별한 의미를 지니

는 것은, 첫째, 중국이 車戰을 주요 전쟁방식으로 삼았던 기간이 천 년 이상이었다는 점, 둘째, 상대적으로 낙후된 생산력의 조건 아래 각 제후국들이 엄청난 수량의 戰車를 만들었다는 점이다. 그러한 車戰은 '乘'을 기본 단위로 하여 이루어졌다. (車昕, 「論"乘": 先秦時期兩輪戰車硏究」, 南京藝術學院 碩士學位論文, 2008, 1쪽 참조)

078 劉盛擧 등, 「說"乘"」, 『大理學院學報』, 第2卷 第6期, 2003, 57쪽 참조.

079 첫째, '登(車)' 혹은 '駕(車)'의 의미로 모두 72번 나온다. 이 때 발음은 'cheng'이다. 예컨대 "夏四月丙子, 享公, 使公子彭生乘公. 公亮於車"(「桓公18年」)·"齊侯與蔡姬乘舟於囿"(「嘻公3年」) 등에서 이런 뜻으로 쓰였다. 둘째, '兵車(一輛)'의 의미로 모두 72번 나온다. 이 때 발음은 'sheng'이다. 예컨대 "命子封率車二百乘以伐京"(「隱公元年」)에서 이런 뜻으로 쓰였다. 셋째, '馬(四匹)'의 의미로 모두 13번 나온다. 이 때 발음은 'sheng'이다. 예컨대 "〈重耳〉及齊, 齊桓公妻之° 有馬二十乘, 公子安之"(「僖公23年」)에서 이런 뜻으로 쓰였다. 넷째, '甲士'의 의미로 모두 6번 나온다. 이 때 발음은 'sheng'이다. 예컨대 "晉帥乘和師必有大功."(「成公13年」)·"籍偃爲之司馬, 使訓卒乘, 親以聽命"(「成公18年」) 등에서 이런 뜻으로 쓰였다. (董德志, 「《左傳》"乘馬"解一兼說騎馬之起源」, 『許昌師專學報(社會科學版)』 1987年 第4期, 63쪽 참조)

080 車昕, 앞의 논문, 1쪽 참조.

081 『周禮』「地官·小司徒」의 鄭玄 注: "革車一乘, 士十人, 徒二十人."

082 『左傳』成公元年의 服虔 注: "甲士三人, 步卒七十二人."

083 『周禮』「地官·小司徒」의 賈公彦 疏: "革車一乘, 士十人, 徒二十人, 此謂天子畿內采地法 및 畿外邦國法, 革車一乘, 甲士三人, 步卒七十二人, 甲士少, 步卒多, 此比畿外甲士多步卒少, 外內有異故也."

084 江永, 『周禮疑義擧要』「地官下」: "七十五人者, 丘乘之本法. 三十人者, 調發之通制."

085 이에 대해선, 楊英傑, 「先秦戰車制度考述」, 『社會科學戰線』, 1983年 2期,

150-151쪽 참조. 한편 藍永蔚은 30인제는 西周시대의 제도이고, 75인제는 춘추시대 初期 이후의 제도라고 말한다.(藍永蔚,『春秋時期的步兵』, 中華書局, 1979, 88, 90-91, 106-107쪽 참조)

086 西周시대에 비해 步兵의 인원이 늘어난 것은 춘추시대에 전쟁이 빈번한 탓이다. 전쟁력을 극대화하기 위해 인원을 늘린 것이다. 周制에 군인은 '國人'만이 될 수 있었는데, 춘추시대에 이르러 전쟁이 늘어나자 병력이 부족하게 되어 '野人'까지 동원하였다. 그들은 전문적으로 훈련되지 않았기에 보병으로 편입될 수밖에 없었다.(楊英傑, 앞의 논문, p. 152 참조) 西周시대의 「禹鼎銘」에 새겨진 "戎車百乘, 斯馭二百, 徒千"의 기록으로 추산하면, 이 때는 100輛의 戰車를 동원함에 매 전차마다 2인의 車士와 10인의 보병이 따랐다. 나중에 전투병력은 25인제로 늘었으며, 춘추시대에 이르러선 갑사 3인과 보졸 72인으로 대폭 확대되었다. 이는 보병의 중요성이 커졌음을 의미한다.(孫機,「中國古代車戰沒落的原因」,『古代史與文物研究』2014年 第11期, 41쪽 참조)

087 춘추시대 이전 車의 용도와 명칭은 運輸(田車)·탑승(乘車)·전투(兵車)로 분류할 수 있다. 兵車는 또한 馳車·輕車·革車로 불렸으며, 운수화물을 담당하는 田車는 重車·大車·牛車로 불렸다.(王鳳陽,『古辭辨』, 吉林文史出版社, 1993, 400쪽 참조)

088 藍永蔚, 앞의 책, 88, 90-91, 106-107쪽 참조.

089 王志長,『周禮註疏刪翼』卷16의 杜牧 注: "一車甲士三人, 步卒七十二人, 炊家子十人, 固守衣裝五人, 廏養五人, 樵汲五人. 輕車七十五人, 重車二十五人."

090 『周禮』「夏官·大司馬」: "五人爲伍, 五伍爲兩."

091 孫詒讓,『周禮正義』卷54: "五伍爲兩, 兩之言輛也. 二十五人而車一輛."

092 『左傳』成公2年: "彭名禦戎, 蔡景公爲左, 許靈公爲右."

093 楊英傑, 앞의 논문, 150쪽 참조. 한편 邢成才는 鄭玄·賈公彦의 견해를 따른다. 그에 의하면, 北京의 房山琉璃河一號車馬坑에서 출토된 西周의 戰車는 넓이가 150cm이고 깊이가 90cm이며, 山東省의 膠縣西庵車馬坑에서 발견된 戰車의

넓이는 164cm이고 깊이는 97cm에 달한다. 따라서 사병 한 사람 몸체의 너비를 40~50cm로 계산하면, 西周시기 이후의 戰車는 세 사람이 일렬로 탈 수 있다는 얘기가 된다는 것이다.(邢成才,「商代後期中原地區的戰車硏究」, 鄭州大學碩士學位論文, 2012, 49쪽 참조) 하지만, 楊英傑은 한 사람 몸체의 너비를 최소 60cm로 보고 세 사람이면 180cm이니,『周禮 · 考工記』의 典據(127cm)나 실제 출토 유물의 크기를 고려하면 3人이 一字로 배열할 수는 없다고 말한다.(楊英傑, 위의 논문, 같은 곳)

094 蕭連升,「中國古代的車戰」,『中州今古』, 1998年 2期, 53쪽 참조.

095 『左傳』襄公25年: "車馳卒奔."

096 冶金 기술의 보급과 농업의 발달은 큰 경제발전과 私有制를 낳았고, 이로부터 더 많은 점유를 기도하고 약탈을 도모하기 위해 대규모의 전쟁을 치렀던 것이다.(車昕, 앞의 논문, 2008, 9쪽 참조)

097 商의 湯王이 夏를 멸할 때 병력이 "良車七十乘"(『呂氏春秋』「中秋紀 · 簡選」)이었고, 周武王이 商을 멸할 때 병력이 "戎車三百乘"(『史記』「周本紀」)이었으며, 春秋시기 城濮之戰에서 晉軍의 병력이 "軍七百乘"(『左傳』僖公28年)이었고, 魯公 伯禽은 "公車千乘"(『詩經』「魯頌 · 閟宮」)의 위엄을 떨쳤으며, 晉軍은 후에 마침내 "甲車四千乘"(『左傳』昭公13年)의 大軍을 거느렸다.

098 『周禮』「地官 · 大司徒」: "五家爲比, … 五比爲閭, … 四閭爲族, … 五族爲黨, … 五黨爲州, … 五州爲鄕."

099 『周禮』「地官 · 小司徒」: "五人爲伍, 五伍爲兩, 四兩爲卒, 五卒爲旅, 五旅爲師, 五師爲軍."

100 『周禮』「夏官 · 大司馬」: "凡制軍, 萬有二千五百人爲軍, … 二千有五百人爲師, … 五百人爲旅, … 百人爲卒, … 二十五人爲兩, … 五人爲伍."

101 卒과 士를 대비하여 말하면, 士는 갑옷을 입고 전차에 탑승하는 전투원이며, 卒은 옷에 표식만 부착한 채 갑옷을 입지 않고 도보로 전차를 따르는 전투원이다.(谷霽光,「有關軍事的若幹古文字釋例(二)」,『江西大學學報』, 1989年 第2期, 28쪽

참조)

102 『周禮』에서는 '兩'으로 1乘의 戰車를 나타낸다.("車有兩輪, 故稱爲兩", 『尙書正義』「牧誓·書序」의 孔穎達 疏) 兩이 전차를 지칭하는 예는 다른 문헌에서도 자주 보인다. 예컨대, "晉平公卒 … 鄭子皮將以幣行, 子産曰, 喪焉用幣. 用幣必百兩, 百兩必千人."(『左傳』昭公 10年)에 대한 杜預 注: 載幣用車百乘.

103 기원전 6세기에 이미 천하는 晉·楚·齊·秦 등 春秋四覇(『墨子』「非攻下」: "四分天下")의 위세가 등등하였는데, 여러 전적에 기재된 바를 종합하면 이 4國의 병력은 총합 16,000乘에 달했다.(尙志發, 「春秋後期人口新證」, 『求是學刊』, 1984年 2期, 91-92쪽 참조) 대략 평균적으로 한 나라가 4,000乘인 셈이니, 晉·楚·齊·秦은 이미 周王室 王六軍의 규모를 넘어선 것이다. 예컨대, 당시 晉의 戰車는 최소한 4,900乘에 달했다.(『左傳』昭公5年: "韓賦七邑, 皆成縣也. 羊舌四族, 皆強家也. 晉人若喪韓起楊肸, 五卿八大夫輔韓須楊石, 因其十家九縣, 長轂九百, 其餘四十縣, 遺守四千.")

104 『周禮』「夏官·序官」: "王六軍, 大國三軍, 次國二軍, 小國一軍, 軍將皆命卿." 왕이 임명한 軍將의 명칭이 命卿이다.

105 예컨대, "且魯賦八百乘, 君之貳也. 邾賦六百乘, 君之私也"(『左傳』哀公7年), "今吾城三國, 賦千乘."(『國語』「楚語上」)

106 尙志發, 앞의 논문, 92쪽.

107 陳祥道, 『禮書』卷31: "乘者甸之賦, 甸者乘之地."

108 『國語』「吳語」: "車馬兵甲卒伍旣具."

109 『左傳』成公元年에 孔疏가 인용한 司馬法: "甸六十四井, 出長轂一乘, 馬四匹, 牛十二頭, 甲士三人, 步卒七十二人, 戈楯具, 謂之乘馬."

110 『孟子』「滕文公上」: "方里而井, 井九百畝, 其中爲公田. 八家皆私百畝, 同養公田, 公事畢, 然後敢治私事, 所以別野人也."

111 『周禮』「地官·小司徒」: "三十家, 士一人, 徒二人."

112 王安石,『周官新義』卷13: "東南日揚州 … 其民二男五女. 正南日荊州 … 其民一男二女. 河南日豫州 … 其民二男三女. 正東日青州 … 其民二男二女. 河東日兗州 … 其民二男三女. 正 西日雍州 … 其民三男二女. 東北日幽州 … 其民一男三女. 河內日冀州 … 其民五男三女. 正北 日并州 … 其民二男三女."이 기록으로 보면, 대체로 춘추전국시기 1家의 평균 人數는 대략 5명으로 볼 수 있겠다.

113 『管子』「乘馬」: "方六里爲一乘之地也."

114 『左傳』成公元年에서 孔疏가 인용한 司馬法: "甸六十四井, 出長轂一乘."

115 鄭玄은 『周禮와 『禮記』의 注에서 千乘之國의 면적을 유추할 수 있는 단서를 제시한 바 있다. "百畝爲夫, 夫三爲井, 井十爲通. 通爲匹馬, 三十家, 士一人, 徒二人. 通十爲成, 成百井, 三百家, 革車一乘, 士十人, 徒二十人. 十成爲終, 終千井, 三千家, 革車十乘, 士百人, 徒二百人. 十終爲同, 同方百里, 萬井, 三萬家, 革車百乘, 士千人, 徒二千人."(『周禮』「地官·小司徒」의 注에서 鄭玄이 인용한 司馬法)"方五百里者謂之大國, 方四百里方三百里者謂之次國, 方二百里及百里者謂之小國."(『禮記』「王制」의 鄭玄 注) 앞의 전거에 의하면, 사방 100리가 100乘을 내니, 1,000乘을 내는 면적은 대략 사방 300리인 셈이다. 또 아래 전거에 의하면, 千乘之國은 次國에 해당하니 사방 300~400리의 면적을 갖는 셈이다. 軍賦를 기준으로 계산한 면적이 최대 250里이니 대략 엇비슷한 규모라 할 수 있다.

116 예컨대, 한국의 수원시가 면적 약 120Km2, 인구 약 120만 명 규모이다. 여기서 제시한 千乘之國의 규모는 수원시와 비교할 때 지나친 과밀을 보여준다. 따라서 고대의 기록이 과장되었거나, 아니면 그 크기가 國人 거주지대의 면적과 野人 인구수의 규모가 부정합적으로 합산된 것일 수 있다.

117 오규 소라이는 "道千乘之國"을 "千乘의 나라에 길을 낸다."로 해석하였다. '道'의 뜻을 사변직으로 각색한 宋學을, 오규 소라이는 다음과 같이 꾸짖은 바 있다. "敬事而信, 節用而愛人, 使民以時, 皆道千乘之國之事也. 使民以時, 蓋謂使治

道路也. 不然, 治國愛民爲先, 何置諸後也. 宋儒以理言之, 莫不可言者, 粲然可觀, 苟不求諸辭, 亦鑿矣耳."(荻生徂徠, 임옥균 등 역, 『論語徵 1』, 소명출판, 2010, 85-86쪽) '道'를 어떻게 해석하느냐는 단순한 한자해석의 차원을 뛰어넘는다. 이는 당시의 상황과 연결된 매우 복잡한 문제이다. 후속연구를 기약하겠다.

118 '事'는 일단 '祭'의 뜻으로 봄이 타당하다. 이러한 예는 『論語』에 두 번 더 나온다. 하나는 "子入太廟每事問"(『八佾』)이고 다른 하나는 "宗廟之事如會同"(『先進』)인데, 여기 '事'는 모두 祭祀를 의미한다. 다른 전적에서도 같은 예를 많이 볼 수 있다. 예컨대, 『禮記』『禮器』의 "作大事必順天時"에 대한 鄭玄의 注 "大事, 祭祀也"; 『左傳』昭公16年의 "有事於桑山"에 대한 杜預의 注 "有事, 祭也" 등이다.(艾蔭範, 「《論語》詮釋的語文學層面再研究」, 『沈陽師範大學學報(社會科學版)』, 2016年 第3期, 59쪽 참조)

119 『論語』『學而』: "子曰, 道千乘之國, 敬事而信, 節用而愛人, 使民以時."

120 『論語』『公冶長』: "子曰, 由也, 千乘之國, 可使治其賦也, 不知其仁也."

121 『論語』『先進』: "子路率爾而對曰, 千乘之國, 攝乎大國之間, 加之以師旅, 因之以飢饉, 由也爲之, 比及三年, 可使有勇, 且知方也."

122 토지는 국가가 兵役을 징발하는 근거였다. 周代는 "井田을 기준으로 軍賦를 제정"(『漢書』『刑法志』: 因井田而制軍賦)하였는데, 이는 토지와 그 수입을 계산하여 군인과 군사물자의 수량을 결정하였음을 의미한다.(李嚴冬, 「"卒伍"與"什伍"——論《周禮》所見兩種軍隊編制法」, 『哈爾濱師範大學社會科學學報』, 2012年 第4期, 112쪽) 周代의 軍制와 井田制의 관계는 곧 향촌조직과 군사조직의 통일을 뜻하니, 이러한 관계의 특징은 '兵農合一'로 요약할 수 있다.(陳恩林, 『先秦軍事制度研究』, 吉林文史出版社, 1991, 2쪽 참조)

123 『周禮』『夏官·序官』: "王六軍, 大國三軍, 次國二軍, 小國一軍."

124 『左傳』昭公8年: "大蒐於紅, 自根牟至於商衛, 革車千乘."

125 劉寶楠은 『論語正義』에서 이 대목에 대해 "加之以師旅者, 謂己國有征討及他國來侵犯者也."라고 말하는데, 여기 "己國有征討及他國來侵犯"은 곧 戰爭을

말하는 것이다. '師旅'가 전쟁을 가리키는 예는 古書에 많이 보인다. 예컨대, 『荀子』「王制」의 "故喪祭朝聘師旅一也, 貴賤殺生與奪一也."에서 '師旅', '喪祭', '朝聘'을 함께 말한 것으로 보아 '師旅'는 마땅히 전쟁을 의미한다. (楊寶忠·陳劍, 「釋"加之以師旅"」, 『孔子硏究』1997年 第2期, 116쪽 참조)

126 『左傳』成公13年: "國之大事, 在祀與戎."

127 『論語注疏』「先進」, 孔安國의 注: "先進後進, 謂仕先後輩也"; 『論語注疏』「先進」, 何晏의 注: "先進, 謂先輩仕進之人. … 後進, 謂後輩仕進之人也."

128 朱熹, 『論語集注』「先進」: "先進後進, 猶言前輩後輩."

129 『論語注疏』「先進」, 邢昺의 疏: "此章孔子評其弟子之中仕進先後之輩也."

130 劉寶楠, 『論語正義』「先進」: "先進後進卽指弟子."

131 劉逢祿, 『論語述何』「先進」: "先進謂先及門, 如子路諸人, 志於撥亂世者. 後進謂子游公西華諸人, 志於致太平者."

132 宋翔鳳, 『論語發微』「先進」: "先進爲士民有德者登進爲卿大夫, 自野升朝之人, 後進謂諸侯卿大夫皆世爵祿."

133 孫奕, 『示兒編』; 程樹德, 『論語集釋』所收: "先進, 指三代而上. 後進, 指三代而下."

134 宦懋庸, 『論語稽』; 程樹德, 『論語集釋』所收: "皇疏以五帝以上爲先進, 三王以還爲後進. 江永姚鼐謂殷以前爲先進, 三王以還爲後進. … 邢昺以襄昭爲先進, 定哀爲後進. … 按先進謂武王周公之時, 後進謂春秋之世."

135 陸德明, 『經典釋文』卷二十四: "先進, … 鄭云謂學也."

136 『禮記』「文王世子」: "凡學世子及學士, 必時. 春夏學干戈, 秋冬學羽籥, 皆於東序. … 禮在瞽宗, 書在上庠. … 凡語於郊者, 必取賢斂才焉. 或以德進, 或以事擧, 或以言揚. … 凡三王敎世子必以禮樂. 樂, 所以修內也. 禮, 所以修外也." 몇 군데 한글 의역의 근거에 대해서는 다음 주석 참조. 『禮記正義』卷二十「文王世子第八」, 鄭玄 注: "語謂論說於郊學"; 『禮記正義』卷二十「文王世子第八」,

孔穎達 疏: 郊, 西郊也. 周以虞庠爲小學, 在西郊. 今天子親視學於其西郊, 考課論說於西郊之學."

137 『禮記正義』卷二十「文王世子第八」, 孔穎達 疏.

138 張詒三,「《論語》"先進於禮樂"章索解」,『齊魯學刊』, 2019年 第4期, 總 第271期, 5-9쪽 참조.

139 『說文解字』辵部: "進, 登也."

140 楊伯峻,『春秋左傳詞典』; 張詒三, 앞의 논문, 7쪽에서 재인용.

141 王力,『古代漢語』; 張詒三, 앞의 논문, 7쪽에서 재인용.

142 『爾雅』「釋地」: "邑外謂之郊, 郊外謂之牧, 牧外謂之野, 野外謂之林, 林外謂之坰";『說文解字』「冂部」: "邑外謂之郊, 郊外謂之野, 野外謂之林, 林外謂之冂." 郊는 國都와 野의 사이의 地帶이자 都城 둘레의 구역이다. 郊는 또한 제후와 왕이 祭天祭地 등 제사를 지내는 곳이다. 郊 밖의 곳을 野라 하는데, 野는 큰 규모의 농업 생산과 생활의 주요 장소이다. (王鳳陽,『古辭辨』, 吉林文史出版社, 1993, 411쪽 참조)

143 謝維揚,『中國早期國家』, 浙江人民出版社, 1996, 452쪽 참조.

144 袁媛,「《論語》"先進"章新解」,『荊楚學刊』, 第16卷 第5期, 2015, 74쪽 참조.

145 魯나라와 마찬가지로 衛나라 또한 殷의 舊地이다. 安陽에서 河南省 汲縣 일대에 걸친 殷의 옛 영지가 바로 衛나라의 영토였다. (가이즈카 시게키 등 저, 배진영 등 역,『중국의 역사: 선진시대』, 서울, 혜안, 2011, 199-200쪽 참조) 魯나라와 衛나라는 모두 商나라 때 도읍이 세워진 곳이기에 殷民이 아주 많았고, 두 나라는 모두 商族의 풍속을 따랐으며, 또한 "同姓不婚"이라는 혼인풍속을 공유했다. (李啟謙,「孔子居衛之謎」,『孔子研究』, 1989年 4期, 36-37쪽 참조)

146 張詒三, 앞의 논문, 10쪽 참조.

147 『論語』「八佾」: "周監於二代."

148 傅斯年이 野人으로서의 殷 遺民을 먼저 개화했다 하고 통치계층인 周人들이

나중에 개화했다고 말하는 것도 같은 맥락이다. "彼時所謂野人, 非如後人用之以 對斯文而言. … 先開化的鄕下人自然是殷遺, 後開化的上等人自然是周宗婚姻 了."(傅斯年, 『民族與古代中國史』, 石家莊, 河北教育出版社, 2002, 76쪽; 孫麗旻, 《論語》"先進於禮樂"篇"野人"再討論」, 『勵耘學刊(文學卷)』, 2016年 02期, 251쪽에서 재인용)

149 모든 野人이 다 殷의 遺民은 아니다. 野에 거주하는 사람들의 성분은 세 가지로 분류할 수 있다. 첫째, 亡國民의 후예, 즉 殷의 후예 내지 遺民이다. 둘째, 蠻夷戎狄, 즉 야만족으로 여긴 〈周의 입장에선〉 또 다른 異族이다. 셋째, 떠돌다가 유입한 사람들이다.(趙世超, 『瓦缶集』, 北京, 人民出版社, 2003, 161-171쪽; 張詒三, 앞의 논문, 10쪽에서 재인용) 이 글에서 둘째와 셋째 성분의 野人은 다룰 의미가 없으므로, 殷의 遺民만 野人과 연계하여 거론하기로 한다.

150 『論語』「雍也」

151 張盛林, 「周朝"國人"和"野人"的社會地位與作用」, 『傳承』, 2010年 第2期, 72쪽 참조.

152 吉家友, 「國人與野人界限的消失」, 『信陽師範學院學報(哲學社會科學版)』, 第35卷 第5期 2015, 125쪽 참조.

153 『左傳』成公十三年: "国之大事, 在祀与戎."

154 野人이 國人의 권리를 얻은 것이 아니라 國人이 자신의 차별적 권리를 잃음으로써 野人과 동등하게 되었다고 보는 견해도 있다. 周의 인구는 늘어나고 국력이 강해지면서 통치자가 상비군을 둘 수 있게 되자, 평시에는 농민이면서 전시에만 군인이었던 公民兵으로서의 國人은 더 이상 주요병력이 되지 못했으며, 이에 통치자의 國人에 대한 의존도가 점점 약해지면서 國人의 지위가 떨어졌다는 것이다.(張盛林, 앞의 논문, 73쪽 참조)

155 『論語』의 "長沮桀溺耦而耕", "丈人以杖荷蓧"(이상 「微子」) 등 구절에 출현하는 隱逸之士가 野에 거처하는 文化人이라 보고, 이들을 "先進於禮樂"章에서 말하는 野人으로 여기는 주장도 있다.(劉桓, 「"先進"·"後進"解」, 『孔子研究』, 1993年 2期, 126쪽 참조) 하지만 禮樂은 국가의 기반이 되는 현실적 문제이고, 隱逸之士

는 현실을 초탈한 사람들이다. 따라서 兩者는 접점이 없기 때문에 이 주장은 설득력이 없다.

156 『禮記』「文王世子」: "凡三王教世子必以禮樂. 樂, 所以修內也. 禮, 所以修外也."

157 野人의 지위상승은 궁극적으로 國人과의 구분이 없어졌음을 의미한다. 혼란한 춘추전국시기에 國人과 野人의 구분은 계속해서 사라졌다. 조금 후의 일이긴 하지만 예컨대, 기원전 375년 秦獻公이 즉위 후 10년 된 해에 전국 인구를 五家를 一伍로 하는 이른바 "爲戶籍相伍"제도를 시행(『史記』「秦始皇本紀」: 獻公立七年, 初行爲市. 十年, 爲戶籍相伍)했는데, 이 조치의 의미는 國과 野의 구분을 없앴다는 것이다. 국가 전체의 인구가 일률적으로 伍로 편입되면서 법률상 이왕의 野人과 國人은 같은 지위로 승인되었다.(吉家友, 앞의 논문, 127쪽 참조)

158 吳龍輝, 「《論語》"先進"章正解」, 『湖南大學學報(社會科學版)』, 第19卷 第4期, 2005, 5쪽 참조.

159 孫麗旻, 앞의 논문, 255쪽 참조.

160 王美鳳·周蘇平·田旭東, 『春秋史與春秋文明』, 上海科學技術文獻出版社, 2007, 104쪽; 吉家友, 앞의 논문, 125쪽에서 재인용.

161 君子의 이미지는 유가 사유체계의 핵심 가치이다. 顧頡剛에 의하면 공자가 거론한 군자의 특징은 네 가지로 요약된다. 즉, 군자는 禮儀(恭·敬)가 있으며 感情(仁·惠)이 있고 理智(知·學)를 갖추었으며 인간됨의 宗旨(義·勇)가 있는 인격체이다.(顧頡剛, 「春秋時代的孔子和漢代的孔子」, 『顧頡剛古史論文集』(第二冊), 中華書局, 1993, 489쪽 참조)

162 劉寶楠, 『論語正義』卷十四: "野人者, 凡民未有爵祿之稱也. 春秋時, 選擧之法廢, 卿大夫皆世爵祿, 皆未嘗學問, 及服官之後, 其賢者則思爲禮樂之事, 故其時後進於禮樂爲君子. 君子者, 卿大夫之稱也."

163 이상 『論語』「子張」. 여기서 "優"자는 대체로 여유·여력으로 해석된다. 대표적으로 朱熹가 『論語集註』에서 "有餘力也"로 해석했고, 오규 소라이도 "朱熹의 주석

이 제일 낫다."("朱註盡之矣")고 했다. (荻生徂徠, 임옥균 외 역, 『論語徵 3』, 소명출판, 2010, 377쪽) 하지만 「先進」편 首章과 연계하여 이해하면, 이 "優"는 "卿大夫 등 통치계층이 세습직이라 저절로 벼슬을 하게 되었음에도 현명하여 공부를 하게 됨"으로 해석할 수 있는 "仕而優則學" 경우의 "현명함"을 의미하고, "野人이 열심히 공부하여 뛰어남을 인정받음으로써 천거되어 벼슬길에 나아감"으로 해석할 수 있는 "學而優則仕" 경우의 "뛰어남"을 의미하는 것으로 봐야 한다.

164 孔門私學에서 禮樂을 익히고 수학한 제자들은 그 우수함의 정도와 관계없이 公職으로 나아가지는 못했다. 대개가 野人이라는 신분적 한계를 지녔기 때문이다. "仲弓爲季氏宰"(「子路」)나 "子夏爲莒父宰"(「子路」)의 예에서 볼 수 있듯이, 제자들은 대부분 家臣이나 私宰가 됐을 뿐이다. (崔海東, 《論語》"吾從周", "吾從先進"兩章舊詁辨誤」, 『江南大學學報(人文社會科學版)』, 第14卷 第4期, 2015, 13쪽 참조)

165 『論語』「先進」: "吾與點也."

166 『論語』「子路」: "葉公問政. 子曰, 近者說, 遠者來."

167 여기서의 民은 "四方之民, 襁負其子而至矣", "善人敎民七年, 亦可以卽戎矣"(이상 『論語』「子路」) 등에서 출현하는 民과는 구별된다.

168 『論語』「衛靈公」: "子曰, 有敎, 無類."

169 공자는 親子에게도 수시로 확인하고 강조했을 정도로 詩와 禮의 학습을 중시했다. 『論語』「季氏」: "嘗獨立, 鯉, 趨而過庭, 曰, 學詩乎. 對曰, 未也. 不學詩, 無以言. 鯉, 退而學詩. 他日, 又獨立, 鯉, 趨而過庭, 曰, 學禮乎. 對曰, 未也. 不學禮, 無以立. 鯉, 退而學禮."

170 『論語』「陽貨」: "子曰, 小子何莫學夫詩. 詩可以興, 可以觀, 可以群, 可以怨. 邇之事父, 遠之事君, 多識於鳥獸草木之名."

171 『周禮』「春官宗伯」: "大師, …… 敎六詩. 曰風, 曰賦, 曰比, 曰興, 曰雅, 曰頌. 以六德爲之本, 以六律爲之音."

172 『周禮』「春官宗伯」: "大司樂, …… 以樂語敎國子興道諷誦言語, 以樂舞敎國子舞雲門大卷大咸大韶大夏大濩大武."

173 詩歌舞와 禮樂의 관계에 대한 자세한 내용은, 林泰勝의 「오래된 학교의 깊은 비밀: '成均'의 신화철학적 의미 분석」(성균관대 대동문화연구원, 『대동문화연구』 제75집, 2011) 및 『논어의 형식미학』(B2, 2017) 제1장 3절 "'學習'의 신화철학적 이해" 참조.

174 『論語』, 「泰伯」: "興於詩, 立於禮, 成於樂."

175 『論語』, 「季氏」: "季氏, 將伐顓臾. 冉有季路見於孔子曰, 季氏將有事於顓臾. 孔子曰, 求, 無乃爾是過與. 夫顓臾, 昔者先王以爲東蒙主, 且在邦域之中矣. 是社稷之臣也, 何以伐爲. 冉有曰, 夫子欲之, 吾二臣者, 皆不欲也. 孔子曰, 求, 周任有言曰陳力就列, 不能者止. 危而不持, 顚而不扶, 則將焉用彼相矣. 且爾言過矣, 虎兕出於柙, 龜玉毀於櫝中, 是誰之過與. 冉有曰, 今夫顓臾固而近於費, 今不取, 後世必爲子孫憂. 孔子曰, 求, 君子疾夫舍曰欲之, 而必爲之辭. 丘也, 聞有國有家者, 不患寡而患不均, 不患貧而患不安. 蓋均無貧, 和無寡, 安無傾. 夫如是故, 遠人不服, 則修文德以來之, 旣來之, 則安之. 今由與求也, 相夫子, 遠人不服而不能來也, 邦分崩離析而不能守也, 而謀動干戈於邦內, 吾恐季孫之憂, 不在顓臾而在蕭墻之內也."

176 『열국지사전』(https://terms.naver.com/entry.nhn?docId=1846821&cid=42990&categoryId=42990, 2018. 7. 26)

177 "鄭謂伐顓臾在陽虎未執桓子以前, 則由求未嘗與陽虎共仕季氏, 而經文明言由求, 考求之得志於季氏, 在哀公十一年清之役勝齊以後, 是季孫當指康子而非桓子矣"(程樹德, 『論語集釋』, 北京, 中華書局, 2006, 1140쪽); 이는 다른 여러 注釋도 대부분 단정하고 있다. "季氏, 謂康子"(淸·劉寶楠, 『論語正義·季氏』), "蘇氏考究, 定公十年, 子路為季氏宰, 哀公十一年, 冉求為季氏宰, 則伐顓臾在季康子之世."(明·陳耀文, 『經典稽疑』卷上)

178 https://baike.baidu.com/item/%E9%A2%9B%E8%87%BE/7333472 (2018. 7. 26)

179 申小龍, 「蒙山文化硏究」, 中國 山東師範大學 碩士學位論文, 2013, 16쪽

참조.

180 杜預, 『春秋釋例』卷七: "泰山南武陽縣東北有顓臾城."

181 申小龍, 앞의 논문, 16쪽.

182 『左傳』僖公21年: "任宿須句顓臾, 風姓也. 實司大皞與有濟之祀, 以服事諸夏."

183 陸淳, 『春秋集傳纂例』卷十: "春秋時國大數總一百二十四國. 正國一百一十五, 附庸國九. 姓爵具者四十六國, 魯姬姓侯爵, … 宿風姓男爵. … 有姓無爵者一十八國. … 有爵無姓者一十七國. … 姓爵俱無者三十三國. … 附庸國九. 一國姓爵具, 須句風姓子爵. 三國有姓無爵, 顓臾風姓, 任風姓."

184 魏了翁, 『春秋左傳要義』卷九: "附庸之君, 雖無爵命而分地建國, 南面之主得立宗廟守祭祀."

185 授祀란 "周王室의 조상신을 分祀받고 이것을 봉건된 지역에서 제사 지내는 일"을 말한다. (西嶋定生, 『中國古代の社會と經濟』, 東京, 東京大學出版會, 1981; 변인석 역, 『중국고대사회경제사』, 서울, 도서출판 한울, 1994, 46쪽)

186 西嶋定生, 앞의 책, 46쪽.

187 邢昺, 『論語注疏』: "蒙山在東, 故曰東蒙"

188 胡渭, 『禹貢錐指』卷五: "蒙山高峰數處, 俗以在東者爲東蒙, 中央者爲雲蒙, 在西者爲龜蒙, 其實一山."

189 https://baike.baidu.com/item/%E8%92%99%E5%B1%B1/24739?fr=aladdin (2018. 7. 30)

190 https://baike.baidu.com/item/%E6%B3%B0%E5%AE%89%E6%B3%B0%E5%B1%B1/15767131 (2018. 7. 30)

191 『禮記』「王制」: "名山大澤, 不以封."

192 『禮記』「王制」: "天子祭天下名山大川, … 諸侯祭名山大川之在其地者";

『史記』「封禪書」:"天子祭天下名山大川, … 諸侯祭其疆內名山大川."

193 한편『蒙山志』의 기록에 의하면, 西周 이후 顓臾는 蒙山에 대해 매년 네 차례 제사를 지냈다.("每年四舉, 春東夏南秋西冬北."(臨沂市地方史志辦公室編,『蒙山志』, 濟南, 齊魯書社, 1999, 11쪽: 申小龍, 앞의 논문, 20쪽에서 재인용)

194 『論語』「季氏」:"禮樂征伐自諸侯出."

195 『左傳』襄公11年:"三分公室, 而各有其一."

196 『左傳』昭公5年:"四分公室, 季氏擇其二, 二子各一."

197 『論語』「八佾」:"季氏, 八佾, 舞於庭";"三家者, 以雍徹";"季氏, 旅於泰山."

198 『左傳』昭公32年:"既而有大功於魯, 受費, 以為上卿, 至於文子武子, 世增其業, 不廢舊績."

199 『左傳』昭公25年:"政在季氏三世矣, 魯君喪政四公矣. 無民而能逞其志者, 未之有也. 國君是以鎮撫其民. … 魯君失民焉, 焉得逞其志."

200 『左傳』昭公32年:"政在季氏, 於此君也四公矣. 民不知君, 何以得國."

201 『左傳』昭公32年:"趙簡子問於史墨曰, 季氏出其君, 而民服焉, 諸侯與之. 君死於外, 而莫之或罪, 何也. 對曰, … 天生季氏, 以貳魯侯, 爲日久矣. 民之服焉, 不亦宜乎. 魯君世縱其失, 季氏世脩其勤, 民忘君矣. 雖死於外, 其誰矜之. 社稷無常奉, 君臣無常位, 自古以然."

202 『左傳』莊公29年:"凡師有鍾鼓曰伐, 無曰侵, 輕曰襲." 卓爾康,『春秋辯義』卷五:"左氏曰, 有鐘皷曰伐, 無曰侵. 公羊曰, 觕者曰侵, 精者曰伐. 穀梁曰, 苞人民毆牛馬曰侵, 斬樹木壞宮室曰伐. 胡氏曰, 聲罪致討曰伐, 潛師掠境曰侵. 趙氏曰, 稱罪致討曰伐, 無名行師曰侵."

203 王鳳陽,『古辭辨』, 吉林文史出版社, 1993, 651쪽.

204 呂本中,『呂氏春秋集解』卷六:"聲罪致討曰伐, 潛師掠境曰侵. 聲罪者, 鳴鐘擊鼓整衆而行兵法, 所謂正也."

205 王鳳陽, 앞의 책, 652쪽.

206 呂本中,『呂氏春秋集解』卷六:"賊賢害民則伐之."

207 李明復,『春秋集義』卷二:"以義罪不義者, 治國之伐也."

208 『論語』「先進」:"政事, 冉有季路."

209 '宰'는 卿大夫의 家務를 총괄하는 家臣을 말한다.(許嘉璐 主編, 主編,『中國古代禮俗辭典』, 中國友誼出版公司, 1991, 553-554쪽 참조).

210 『史記』「仲尼弟子列傳」:"冉求字子有, 少孔子二十九歲. 爲季氏宰."

211 韓中誼,「政治生態中的君子 — 從孔子與冉有爲政思想的分歧看孔子之惑」,『理論月刊』, 2011年 第4期, 50쪽 참조.

212 李明復,『春秋集義』卷二:"胡安國曰, … 凡兵, 聲罪致討曰伐, 潛師入境曰侵, 兩兵相接曰戰, 環其城邑曰圍, 造其國都曰入, 徙其朝市曰遷, 毀其宗廟社稷曰滅, 詭道而勝之曰敗, 悉虜而俘之曰取, 輕行而掩之曰襲, 已去而躡之曰追, 聚兵而守之曰戍, 以弱假强而能左右之曰以"

213 李明復,『春秋集義』卷二:"悉虜而俘之曰取"

214 汪克寬,『春秋胡傳附錄纂疏』卷一:"悉俘之曰取某師";『左傳』莊公11年:"覆而敗之曰取某師."

215 李明復,『春秋集義』卷二:"毀其宗廟社稷曰滅."

216 李明復,『春秋集義』卷二:"書滅曰取, 特婉其詞爲君隱也."

217 汪克寬,『春秋胡傳附錄纂疏』卷一:"成公滅郯, 襄公滅邾, 昭公滅鄶, 皆諱滅而書取. 惟僖公滅項, 乃公在會而季孫滅之. 故直書不諱."

218 『論語』「八佾」:"季氏旅於泰山. 子謂冉有曰, 女弗能救與. 對曰, 不能. 子曰, 嗚呼. 曾謂泰山, 不如林放乎."

219 『禮記』「王制」:"天子祭天下名山大川, … 諸侯祭名山大川之在其地者."

220 許謙,『讀四書叢說』:"大夫行諸侯之禮故是僭, 但當時已四分魯國, 魯君

無民亦無賦, 雖欲祭不可得。季氏既專魯, 則凡魯當行典禮皆自爲之, 旅泰山若代魯君行禮耳, 亦不自知其僭。冉有誠不能救也, 欲正之, 則必使季氏複其大夫之舊, 魯之政一歸於公然後可, 此豈冉有之力所能? 故以實告孔子, 孔子亦不再責冉有而自歎也."(程樹德, 앞의 책, 152쪽 所收)

221 孫紹振·孫彦君, 「中國古代思維方法和語言模式的源頭」, 『語文建設』, 2012年 11月, 51쪽 참조.

222 『論語』「先進」: "小子鳴鼓而攻之, 可也."

223 紀昀 등, 『御纂春秋直解』卷一: "聲罪致討曰伐. 征伐, 天子之大權. 自諸侯出, 非禮也"; 丘濬, 『大學衍義補』卷一百十五: "征伐, 天子之大權, 非王命而自行是亂也."

224 『大學』傳10章: "德者, 本也. 財者, 末也. 外本內末, 爭民施奪."

225 葉雪竹, 「論語中的季氏事跡考述」, 『甘肅廣播電視大學學報』, 第24卷 第2期 2014年 4月, 6쪽 참조.

226 『論語』「八佾」: "季氏, 八佾, 舞於庭." 여기에 朱熹는 다음과 같은 설명을 했다. "季氏, 魯大夫季孫氏也. 佾, 舞列也. 天子八, 諸侯六, 大夫四, 士二. …… 季氏, 以大夫, 而僭用天子之禮樂."(『論語集註』)

227 『論語』「八佾」: "三家者, 以雍徹." 여기에 朱熹는 다음과 같은 설명을 했다. "三家, 魯大夫, 孟孫叔孫季孫之家也. 雍, 周頌篇名. 徹, 祭畢而收其俎也. 天子宗廟之祭, 則歌雍以徹, 是時, 三家, 僭而用之."(『論語集註』)

228 『論語』「八佾」: "季氏, 旅於泰山." 여기에 朱熹는 다음과 같은 설명을 했다. "旅, 祭名. 泰山, 山名, 在魯地. 禮, 諸侯, 祭封內山川, 季氏祭之, 僭也."(『論語集註』)

229 韓中誼, 앞의 논문, 50쪽 참조.

230 단지『春秋』에 기재된 242년 동안만 보더라도 크고 작은 군사행동이 483차에 달했다.(張衛東, 「略論孔子的軍事思想」, 『安徽敎育學院學報』, 2005年 第23卷

第2期, 22쪽) 이는 매년 평균 2회의 전쟁이 중원에서 수행되었다는 얘기이니, 당시의 현실이 얼마나 위중하고 급박했는지 잘 알 수 있다.

231 『論語』「子張」: "學而優則仕."

232 韓中誼, 앞의 논문, 53쪽 참조.

233 上海古籍出版社 編輯部 編, 『中國文化史三百題』, 上海古籍出版社, 1998, 128쪽 참조.

234 중국사학회 편, 강영매 역, 『중국통사 1』, 범우, 2008, 159쪽 참조.

235 李啟謙, 「孔子周遊列國論綱」, 『學術月刊』 1994年 3期, 39쪽 참조.

236 『論語』「子張」: "學而優則仕"; 『史記』「仲尼弟子列傳」, "陳子禽 …… 又問曰: 孔子適是國必聞其政. 求之與? 抑與之與? 子貢曰: 夫子溫良恭儉讓以得之. 夫子之求之也, 其諸異乎人之求之也."

237 『論語』「子張」: "仕而優則學."

238 이에 대해선, 李啟謙, 앞의 1994 논문, 38-39쪽 참조.

239 『史記』「魯仲連傳」: "昔者, 魯聽季孫之說而逐孔子."

240 가이즈카 시게키 등 저, 배진영 등 역, 『중국의 역사: 선진시대』, 혜안, 2011, 253쪽 참조.

241 『孟子』「告子下」: "再命曰, 尊賢育才, 以彰有德. 三命曰, 敬老慈幼, 無忘賓旅."

242 가이즈카 시게키 등 저, 배진영 등 역, 앞의 2011 책, 252쪽.

243 『左傳』 定公4年: "封畛土略, 自武父以南及圃田之北竟."

244 가이즈카 시게키 등 저, 배진영 등 역, 앞의 2011 책, 199-200쪽 참조.

245 李啟謙, 「孔子居衛之謎」, 『孔子研究』 1989年 4期, 36-37쪽 참조.

246 『史記』「孔子世家」: "孔子曰: 魯衛之政, 兄弟也."

247 『史記』「孔子世家」: "去卽過蒲. 月餘, 反乎衛, 主蘧伯玉家"; "乃還息乎陬鄉, 作爲陬操以哀之. 而反乎衛, 入主蘧伯玉家"; "於是孔子自楚反乎衛. 是歲也, 孔子年六十三, 而魯哀公六年也."

248 『史記』「孔子世家」: "孔子遂適衛, 主於子路妻兄顔濁鄒家."

249 『史記』「仲尼弟子列傳」: "端沐賜, 衛人, 字子貢."

250 『左傳』定公4年: "昔武王克商, 成王定之, 選建明德, 以蕃屛周. 故周公相王室, 以尹天下, 於周爲睦. 分魯公 …… 殷民六族, …… 以法則周公. 用卽命于周. 是使之職事于魯, 以昭周公之明德. …… 因商奄之民, 命以伯禽而封於少皞之虛. 分康叔 …… 殷民七族 …… 封於殷虛. 皆啓以商政, 疆以周索."

251 『左傳』隱公3年: "衛莊公娶于齊東宮得臣之妹, 曰莊姜, 美而無子, 衛人所爲賦碩人也. 又娶于陳, 曰厲嬀, 生孝伯, 早死. 其娣戴嬀, 生桓公, 莊姜以爲己子. 公子州吁, 嬖人之子也. 有寵而好兵, 公弗禁. 莊姜惡之. 石碏諫曰, 臣聞愛子, 敎之以義方 ……"; 『左傳』, 襄公十七年, "衛石買孫蒯伐曹, 取重丘"; 『左傳』, 哀公十五年, "大子聞之, 懼, 下石乞孟黶敵子路, 以戈擊之, 斷纓. 子路, 君子死, 冠不免. 結纓而死." 여기 밑줄 그은 石碏·石共子(買)·石乞 등이 衛나라에서 큰 역량을 발휘했던 石氏 사람들이다.

252 『左傳』文公元年: "晉文公之季年, 諸侯朝晉, 衛成公不朝, 使孔達侵鄭, 伐緜訾及匡. 晉襄公旣祥, 使告於諸侯而伐衛, 及南陽. 先且居曰, 效尤, 禍也. 請君朝王, 臣從師. 晉侯朝王於溫. 先且居, 胥臣伐衛. 五月辛酉朔, 晉師圍戚. 六月戊戌, 取之, 獲孫昭子. 衛人使告于陳. 陳共公曰, 更伐之, 我辭之. 衛孔達帥師伐晉"; 『左傳』, 成公十四年, "衛侯有疾, 使孔成子寧惠子立敬姒之子衎以爲大子"; 『左傳』, 哀公十五年, "衛孔圉取大子蒯聵之姊, 生悝." 여기 밑줄 그은 것은 孔達·孔成子·孔文子(孔圉)·孔悝 등이 衛나라에서 큰 역량을 발휘했던 孔氏 사람들이다. 다만 衛나라의 孔氏는 孔子와 혈연관계는 아니다.

253 李啓謙, 앞의 1989 논문, 38-39쪽 참조.

254 기원전 614년의 "狄侵衛"(『穀梁傳』, 文公13年) 이후 유사한 사태가 일어나지 않았다. 孔子 탄생 63년 전에 狄人의 환란이 이미 해제되었던 것이다.

255 衛靈公이 孔子에게 "致粟六萬"의 俸祿이 가능했던 점이나, 孔子가 "庶矣哉"(『論語』「子路」)라 하여 衛나라의 백성이 많음에 놀란 점들이 당시 衛나라의 경제적 번영을 말해준다.

256 『左傳』襄公17年: "衛多君子, 未有患也."

257 기원전 479년에 衛靈公이 孔子와 그의 몇 십명 제자를 받아들인 것이 그 예이다.

258 李啓謙, 앞의 1989 논문, 41-42쪽 참조.

259 『史記』「孔子世家」: "孔子年三十五 …… 孔子適齊, 爲高昭子家臣, 欲以通乎景公. …… 異日, 景公止孔子曰: 奉子以季氏, 吾不能. 以季孟之閒待之." 齊景公이 처음 孔子에게 그런 대우를 약속하기는 했지만, 공자가 제나라에 머문 시간이 매우 짧았기 때문에 이 대우는 실현되지 않았을 수도 있다.

260 '宰'는 卿大夫의 家務를 총괄하는 家臣을 말한다.(許嘉璐 主編, 『中國古代禮俗辭典』, 中國友誼出版公司, 1991, 553-554쪽 참조). 中都는 魯나라 읍 이름이며 宰는 邑宰로서 읍장 혹은 지방장관을 말한다.(王肅 撰, 임동석 역주, 『孔子家語(1/3)』, 동서문화사, 2014, 82쪽)

261 司空의 '空'은 '工'의 假借字이다. 司空은 工程과 建築을 주관하는 관리이다.(許嘉璐 主編, 앞의 1991 책, 555쪽 참조).

262 司寇는 刑官의 長으로서 刑法과 獄訟을 주관하며, 六卿 가운데 하나이다.(許嘉璐 主編, 앞의 1991 책, 565쪽 참조).

263 『史記』「孔子世家」: "定公九年 …… 是時孔子年五十. …… 其後定公以孔子爲中都宰, 一年, 四方皆則之. 由中都宰爲司空, 由司空爲大司寇. 定公十年春, 及齊平."

264 『史記』「孔子世家」: "定公十年春, 及齊平. 夏, …… 孔子攝相事."

265 大司寇로부터 더 나아갔다면, 大司寇가 六卿 중 하나이므로 宰相의 위치를 말하는 것이다. 宰相은 최고 행정직으로서 主君을 보좌하고 국가사무를 총괄한

다.(許嘉璐 主編, 앞의 1991 책, 566-567쪽 참조).

266 『史記』「孔子世家」: "定公十四年, 孔子年五十六, 由大司寇行攝相事, 有喜色."

267 上海古籍出版社 編輯部 編, 앞의 1998 책, 36쪽 참조.

268 『史記』「孔子世家」: "孔子遂適衛, 主於子路妻兄顔濁鄒家. 衛靈公問孔子, 居魯得祿幾何? 對曰, 奉粟六萬. 衛人亦致粟六萬."

269 기원전 660년 狄人이 침입했을 때 衛나라 전체 인구가 5,000명에 戰車는 불과 30輛이었다. 하지만 衛靈公 시대에 이르러 전차는 1,000량, 병사만 해도 10,000명이 넘을 정도로 강하고 부유해졌다. 그리하여 孔子에게 '粟六萬'을 내리는 俸祿이 가능했던 것이다.(李啟謙, 앞의 1989 논문, 41-42쪽)

270 『本草綱目』「粟」: "古者以爲黍稷粱秫之總稱."

271 『爾雅翼』: "古以米之有孚殻者皆稱粟."

272 許嘉璐 主編, 앞의 1991 책, 76쪽.

273 王鳳陽, 『古辭辨』, 吉林文史出版社, 1993, 86쪽.

274 "奉粟六萬"(『史記』「孔子世家」)에 대한 唐·張守節의 注: 『史記正義』, "六萬小斗, 計當今二千石也. 周之斗升斤兩皆用小也."

275 李開周, 「孔子周游列國的經費從何而來」, 『文史博覽』, 2011년 1期, 65면 참조. 마땅한 비교는 아니지만, 90톤의 좁쌀 가격은 현재 北京의 시장 시세로 따지면 韓貨로 약 3억 원 이상이다.

276 『周禮』「地官·廩人」: "凡萬民之食, 食者人四鬴, 上也. 人三鬴, 中也. 人二鬴, 下也."

277 李開周, 「孔子周游列國的經費從何而來」, 『文史博覽』, 2011년 1期, 65쪽 참조.

278 『史記』「貨殖列傳」: "七十子之徒, 賜最爲饒益."

279 『孔子家語』「在厄」: "孔子厄於陳蔡, 從者七日不食, 子貢以所齎貨, 竊犯圍而出, 告糴於野人, 得米一石焉."

280 『史記』「孔子世家」: "過蒲, 會公叔氏以蒲畔, 蒲人止孔子. 弟子有公良孺者, 以私車五乘從孔子."

281 『孔子家語』「致思」: "孔子曰: 季孫之賜我粟千鍾也, 而交益親, 自南宮敬叔之乘我車也, 而道加行, 故道雖貴, 必有時而後重, 有勢而後行, 微夫二子之貺財, 則丘之道, 殆將廢矣."

282 王肅 撰, 임동석 역주, 앞의 2014 책, 225쪽.

283 Lothar von Falkenhausen, Chinese Society in the Age of Confucius (1000-250 BC): The Archaeological Evidence, 심재훈 역, 『고고학 증거로 본 공자시대 중국사회』, 세창출판사, 2011, 507쪽.

284 史念海, 「春秋時代的交通道路」, 『人文雜志』, 1960年 3期, 59쪽 참조.

285 『國語』「齊語」: "桓公曰: 吾欲南伐, 何主? 管子對曰: 以魯爲主. 反其侵地棠.潛, 使海於有蔽, 渠弭於有渚, 環山於有牢. 桓公曰: 吾欲西伐, 何主? 管子對曰: 以衛爲主. 反其侵地臺.原.姑與漆里, 使海於有蔽, 渠弭於有渚, 環山於有牢. 桓公曰: 吾欲北伐, 何主? 管子對曰: 以燕爲主. 反其侵地柴夫.吠狗, 使海於有蔽, 渠弭於有渚, 環山於有牢. 四鄰大親, 既反侵地, 正其封疆地南至於𦨎陰, 西至於濟, 北至於河, 東至於紀酅, 有革車八百乘. 擇天下之甚淫亂者而先征之. 即位數年, 東南多有淫亂者, 萊.莒.徐夷.吳.越, 一戰帥服三十一國. 遂南征伐楚. 濟汝, 踰方城, 望汶山, 使貢絲於周而反. 荊州諸侯莫敢不來服. 遂北伐山戎, 刜令支.斬孤竹而南歸. 海濱諸侯莫敢不來服. 與諸侯飭牲爲載, 以約誓於上下庶神, 與諸侯戮力同心. 西征攘白狄之地, 至於西河, 方舟設泭, 乘桴濟河, 至於石枕. 懸車束馬, 踰太行與辟耳之溪拘夏, 西服流沙.西吳. 南城於周, 反胙於絳. 嶽濱諸侯莫敢不來服, 而大朝諸侯於陽穀, 兵車之屬六, 乘車之會三, 諸侯甲不解纍, 兵不解翳, 弢無弓.服無矢, 隱武事, 行文道, 帥諸侯而朝天子."

286 또 『國語』에는 魯나라 定王 때 單의 襄公을 宋에서 陳을 거쳐 楚나라로 사절로 보낸 구절이 나온다. 양공이 가는 길에 陳나라의 도로가 제대로 관리되지 않는 등

의 상황을 목격하고, 돌아와 陳나라는 반드시 망할 것이라 보고했다는 내용이다.(『國語』「周語中」:"定王使單襄公聘於宋. 遂假道於陳, 以聘於楚. 火朝覿矣, 道茀不可行, 侯不在疆, 司空不視塗, 澤不陂, 川不梁, 野有庾積, 場功未畢, 道無列樹, 墾田若蓻, 膳宰不致饩, 司里不授館, 國無寄寓, 縣無施舍, 民將築臺於夏氏. 及陳, 陳靈公與孔寧.儀行父南冠以如夏氏, 留賓不見. 單子歸, 告王曰: 陳侯不有大咎, 國必亡.") 그만큼 한 나라의 굳건한 유지에는 도로가 중요했음을 알 수 있다.

287 이춘식, 『중국고대의 역사와 문화』, 신서원, 2007, 156쪽 참조.

288 『孔子家語』에 子路가 떠나면서 孔子에게 작별을 고하자 孔子가 "너에게 수레를 선물로 주랴? 아니면 말(言)을 선물로 주랴?"라고 묻는 대목이 나온다.(『孔子家語』「子路初見」:"子路將行, 辭於孔子.子曰: 贈汝以車乎? 贈汝以言乎?") 이동 중에 수레를 타는 것이 보편적이었음과 孔子가 넉넉한 재정을 유지했음을 알 수 있다.

289 『左傳』昭公24年:"左師展將以公乘馬而歸"의 疏, "古者服牛乘馬, 馬以駕車, 不單騎也. 至六國時, 始有單騎."

290 許嘉璐 主編, 『中國古代禮俗辭典』, 中國友誼出版公司, 1991, 168쪽. 예컨대, "赤之適齊也, 乘肥馬, 衣輕裘"(『論語』「雍也」)에서 '肥馬'는 肥馬가 끄는 車의 뜻이다.

291 『說文』:"輿輪之總名也";『莊子』「天運」:"陸行莫如用車."

292 王鳳陽, 앞의 1993 책, 214쪽 참조.

293 王鳳陽, 앞의 1993 책, 400쪽 참조.

294 『周易』「大有」:"大車以載"의 疏, "大車謂牛車也."

295 王鳳陽, 앞의 1993 책, 215쪽.

296 王鳳陽, 앞의 1993 책, 217쪽.

297 『釋名』「釋車」:"輜車, 載輜重, 臥息其中之車也."

298 王鳳陽, 앞의 1993 책, 215쪽.

299 『史記』「孔子世家」: "魯南宮敬叔言魯君曰: 請與孔子適周. 魯君與之一乘車, 兩馬, 一豎子俱, 適周問禮, 蓋見老子云."

300 『論語』「雍也」: "子華使於齊, 冉子爲其母請粟. 子曰: 與之釜. 請益, 曰: 與之庾. 冉子與之粟五秉. 子曰: 赤之適齊也, 乘肥馬, 衣輕裘, 吾聞之也, 君子周急, 不繼富." 같은 내용이 『史記』에도 나온다. 『史記』「仲尼弟子列傳」: "子華使於齊, 冉有爲其母請粟. 孔子曰: 與之釜. 請益, 曰: 與之庾. 冉子與之粟五秉. 孔子曰: 赤之適齊也, 乘肥馬, 衣輕裘. 吾聞君子周急不繼富."

301 "子路曰, 願車馬, 衣輕裘, 與朋友共, 敝之而無憾."(『論語』「公冶長」)의 대목에서도 일정 지위를 갖춘 이는 馬車를 타는 것이 보편적이었음을 알 수 있다.

302 『論語』「子路」: "子適衛, 冉有僕."

303 『說文』: "僕, 給事者."

304 "冉有僕"에 대한 朱熹의 注: "僕, 御車也."

305 冉有, 즉 冉求는 훗날 孔門十哲의 하나로 추숭된 인물인데, 孔子와 함께 유력하던 중 魯나라 季康子에 의해 등용되어 밑에서 執事長 격의 일을 맡았다는 기록이 있다. 『史記』「孔子世家」: "秋, 季桓子病, 輦而見魯城, 喟然歎曰: 昔此國幾興矣, 以吾獲罪於孔子, 故不興也. 顧謂其嗣康子曰: 我卽死, 若必相魯; 相魯, 必召仲尼. 後數日, 桓子卒, 康子代立. 已葬, 欲召仲尼. 公之魚曰: 昔吾先君用之不終, 終爲諸侯笑. 今又用之, 不能終, 是再爲諸侯笑. 康子曰: 則誰召而可? 曰: 必召冉求. 於是使使召冉求"; 『史記』「仲尼弟子列傳」: "冉求字子有, 少孔子二十九歲. 爲季氏宰." '宰'는 卿大夫의 家務를 총괄하는 家臣을 말한다. (許嘉璐 主編, 앞의 1991 책, 553-554쪽 참조). 또한 제후나 왕의 僕은 사실상 크고 작은 노비들을 총괄하는 이이고, 경대부의 僕 또한 권세가 집안의 家臣이다. 일반 가정에서의 僕은 집사의 역할을 했고, 집안 노비 가운데 신분이 가장 높았기에 僕이란 명칭은 점차 각종 집안노비의 통칭이 되었다. (王鳳陽, 앞의 1993 책, 367쪽) 따라서 冉有를 단순한 僕이라 할 수 없고, 여기서는 行程을 총괄하는 위치라고 봐야 한다.

306 『禮記』「檀弓上」: "孔子之衛, 遇舊館人之喪, 入而哭之哀. 出, 使子貢說驂而賻之. 子貢曰: 於門人之喪, 未有所說驂, 說驂於舊館, 無乃已重乎? 夫子曰: 予鄉者入而哭之, 遇於一哀而出涕. 予惡夫涕之無從也. 小子行之."

307 '驂'은 네 필의 말이 끄는 마차에서 양쪽 바깥의 곁말을 뜻한다.(王鳳陽, 앞의 책, 98쪽)

308 許嘉璐 主編, 앞의 책, 168쪽.

309 王肅 撰, 임동석 역주, 앞의 책, 前面 도판 所收.

310 孔祥林 主編, 『孔子聖蹟圖』, 山東友誼出版社, 1997, 82번 도판.

311 "子貢 …… 常相魯衛, 家累千金."(『史記』「仲尼弟子列傳」)의 내용에서 보듯이, 子貢은 돈이 많기 때문에 馬車를 충분히 굴릴 수 있었다.

312 『史記』「孔子世家」: "弟子有公良孺者, 以私車五乘從孔子."

313 『論語』「先進」: "顔淵死, 顔路請子之車, 以爲之槨." 여기서 보듯이, 馬車가 있었다면 그가 죽었을 때 그 부친이 孔子에게 마차를 팔아 外棺을 사달라는 청을 하지 않았을 것이다.

314 『史記』「孔子世家」: "於是乃相與發徒役圍孔子於野. 不得行, 絶糧. 從者病, 莫能興."

315 杜牧이 注한 『孫子』「作戰篇」에서 인용한 司馬法에는 일개 戰車의 규모를 다음과 같이 규정하고 있다. "一車甲士三人, 步卒七十二人, 炊家子十人, 固守衣裝五人, 廐養五人, 樵汲五人."

316 『孔子家語』에는 衛나라에 가 있는 孔子를 魯나라 哀公이 불러 귀국했을 때, 哀公의 館舍를 숙소로 정해주었다는 내용이 있다. 『孔子家語』「儒行解」: "孔子在衛, 冉求言於季孫曰: 國有聖人, 而不能用, 欲以求治. 是猶卻步而欲求及前人, 不可得已. 今孔子在衛, 衛將用之. 己有才而以資鄰國, 難以言智也. 請以重幣迎之. 季孫以告哀公, 公從之. 孔子旣至, 舍哀公館焉, 公自阼階, 孔子賓階, 升堂立侍." 이를 볼 때 孔子를 초치하여 정치를 맡겼을 때는 住居를 제공했음을 알 수

있다. 이러한 주거에는 가구와 집기 등이 설비되어 있었을 것이므로, 다른 나라로 이동시에는 간단한 개인 생활도구만을 휴대했을 것으로 짐작된다.

317 Lothar von Falkenhausen, 심재훈 역, 앞의 책, 520쪽.

318 丘光明,『中國古代度量衡』, 商務印書館, 1996, 43쪽.

319 余也非,『中國古代經濟史』, 重慶出版社, 1991, 87쪽 참조.

320 Wu Hung, Monumentality in Early Chinese Art and Architecture, 김병준 역,『순간과 영원: 중국고대의 미술과 건축』, 아카넷, 2003, 183쪽 참조.

321 펑커는 전국시대 중국에 두 개의 분리된 화폐권이 존재했음을 논한 바 있다. 그 하나는 황하 수계의 여러 왕국을 포괄하는데, 이들 지역에서는 화폐는 정치적 경계를 뛰어넘어 자유롭게 유통되었다. 마츠마루 미치오는 이 지역 전체를 통해 화폐의 중량이 단일한 단위에 기초했음을 밝혔다. 이는 명백히 西周시기 왕실에서 최초로 규정한 것으로, 이들 화폐의 다른 모양에 상관없이 兌換이 가능했음을 확인한 것이다.(Lothar von Falkenhausen, 심재훈 역, 앞의 책, 517-518쪽)

322 何玆全,『中國古代社會』, 河南人民出版社, 1991, 133-134쪽 참조.

323 段啓明 主編,『中國古代文化知識辭典』, 江西敎育出版社, 2001, 270쪽; 丘光明, 앞의 1996 책, 43쪽 참조.

324 예컨대,『論語』「雍也」: "子華使於齊, 冉子爲其母請粟, 子曰: 與之釜. 請益. 曰: 與之庾. 冉子與之粟五秉. 子曰: 赤之適齊也, 乘肥馬, 衣輕裘, 吾聞之也, 君子周急, 不繼富."

325 余也非, 앞의 1991 책, 88쪽 참조.

326 『史記』「仲尼弟子列傳」: "子貢 …… 常相魯衛, 家累千金."

327 『孔子家語』「致思」: "孔子之郯, 遭程子於塗, 傾蓋而語, 終日甚相親. 顧謂子路曰: 取束帛以贈先生. 子路屑然對曰: 由聞之士不中間見, 女嫁無媒, 君子不以交, 禮也. 有間, 又顧謂子路. 子路又對如初. 孔子曰: 由, 詩不云乎. 有美一人, 淸揚宛兮, 邂逅相遇, 適我願兮. 今程子, 天下賢士也, 於斯不贈, 則終身弗能見也, 小子行之."

328 李開周,「孔孟收了誰的贊助」,『芳草(經典閱讀)』, 2013年 5期, 72쪽 참조.

329 이춘식, 앞의 2007 책, 158쪽.

330 匡亞明,『孔子評傳』, 南京大學出版社, 1990, 前面 도판 所收.

331 匡亞明, 앞의 1990 책, 441쪽.

332 차로 갈 경우엔 최단경로가 294km이며, 3시간 반이 소요된다고 검색된다.

333 http://terms.naver.com/entry.nhn?docId=795033&cid=46639&categoryId=46639

334 王鳳陽, 앞의 책, 212쪽 참조.

335 『國語』「周語中」: "膳宰不致餼, 司里不授館, …… 周制有之曰: 列樹以表道, 立鄙食以守路. 國有郊牧, 疆有寓望, …… 周之秩官有之曰: 敵國賓至, …… 司里授館." '司里'는 客舍를 관장하는 관리이고, '鄙食'은 10리마다 두는 일종의 휴게소이며, '寓望'은 客舍와 접대인원이다. (신지영 등 역,『國語』, 홍익출판사, 1998, 80-81쪽 참조)

336 『禮說』「秋官一」: "十里一廬, 三十里一宿, 五十里一市, 宿有路室, 市有候館"

337 "十里有廬, 廬有飲食."(『國語』「周語中」의 "立鄙食以守路"에 대한 韋昭의 注)

338 『史記』「孔子世家」: "孔子弟子多仕於衛." 예컨대,『史記』「仲尼弟子列傳」: "子路爲蒲大夫," "子路爲衛大夫孔悝之邑宰," "子貢 …… 常相魯衛," "子貢相衛."

339 李啟謙, 앞의 논문, 41-43쪽 참조.

340 高專誠,『孔子和他的弟子們』, 新華出版社, 1993, 69-70쪽 참조.

341 『說文解字』卷7 木部: "權, 黃華木."

342 王鳳陽,『古辭辨』, 吉林文史出版社, 1993, 285쪽.

343　王鳳陽, 앞의 책, 278쪽.

344　『漢書』「律曆志」: "權者, 銖兩斤鈞石也, 所以稱物平施, 知輕重也." 古代에 무게를 잴 때 대개 '權'을 썼다. 『孟子』「梁惠王上」: "權, 然後知輕重."

345　『廣雅』「釋器」: "錘謂之權." 예컨대, 『論語』「堯曰」: "謹權量, 審法度."

346　王鳳陽, 앞의 책, 458쪽.

347　예컨대, 『左傳』襄公23年: "既有利權, 又執民柄, 將何懼焉."

348　王鳳陽, 앞의 책, 285~286쪽.

349　『公羊傳』桓公4年: "權者, 權者反於經, 然後有善者也"; 『孟子』「離婁上」: "嫂溺援之以手者, 權也."

350　王鳳陽, 앞의 책, 279쪽 참조.

351　王鳳陽, 앞의 책, 458-459쪽.

352　『論語』「子罕」: "子曰, 可與共學, 未可與適道. 可與適道, 未可與立. 可與立, 未可與權."

353　朱熹, 『論語集註』: "權, 稱錘也, 所以稱物而知輕重者也."

354　丁若鏞, 『論語古今註』卷4: "衡稱得中曰權."

355　예컨대, 孟子가 말한 "군자는 經(常道)으로 돌아갈 뿐"(『孟子』「盡心下」: "君子反經而已矣.")이라는 대목이 뜻하는 바가 바로 中道를 얻는 것이다. 자세한 내용은 같은 章의 "萬章問曰, 孔子在陳曰盍歸乎來. …… 經正, 則庶民興. 庶民興, 斯無邪慝矣." 구절 참조.

356　葛榮晉, 「中國古代經權說的歷史演變」, 『孔子研究』, 1987年 2期, 23-24쪽 참조.

357　朱熹, 『論語集註』: "可與者, 言其可與共爲此事也."

358　『孟子』「離婁上」: "淳于髡曰, 男女授受不親, 禮與. 孟子曰, 禮也. 曰, 嫂溺, 則援之以手乎. 曰, 嫂溺不援, 是豺狼也. 男女授受不親, 禮也. 嫂溺, 援之以手者, 權也."

359 『公羊傳』桓公11年: "九月, 宋人執鄭祭仲. 祭仲者何. 鄭相也. 何以不名. 賢也. 何賢乎祭仲. 以爲知權也. 其爲知權奈何. 古者鄭國處于留. 先鄭伯有善于鄶公者, 通乎夫人, 以取其國而遷鄭焉, 而野留. 莊公死已葬, 祭仲將往省于留, 涂出于宋, 宋人執之, 謂之曰, 爲我出忽而立突. 祭仲不從其言, 則君必死國必亡, 從其言, 則君可以生易死, 國可以存易亡. 少遼緩之, 則突可故出, 而忽可故反, 是不可得則病, 然後有鄭國. 古人之有權者, 祭仲之權是也. 權者何. 權者反於經, 然後有善者也. 權之所設, 舍死亡無所設. 行權有道, 自貶損以行權, 不害人以行權. 殺人以自生, 亡人以自存, 君子不爲也."

360 大德과 小德의 논의는 董仲舒가 거론한 것이다. 董仲舒, 『春秋繁露』卷3: "諸侯在不可以然之域者, 謂之大德, 大德不踰閑者, 謂正經˚ 諸侯在可以然之域者, 謂之小德, 小德出入可也."

361 도덕적 층위에 대한 자세한 논의는 劉增光, 「漢宋經權觀比較析論 — 兼談朱陳之辯」, 『孔子研究』, 2011年 第3期, 86-87쪽 참조.

362 董仲舒, 『春秋繁露』卷3: "夫權雖反經, 亦必在可以然之域, 不在可以然之域, 故雖死亡終弗爲也."

363 韓伯, 『周易注疏』卷12: "權, 反經而合道, 必合乎異順, 而後可以行權也."

364 何晏, 『論語集解』「子罕」: "權道, 反而後至於大順."

365 皇侃, 『論語義疏』卷5: "權者, 反常而合於道也. 自非通變達理, 則所不能. 故雖可共立於正事, 而未可便與之爲權. 故王弼曰, 權者道之變, 變無常體, 神而明之, 存乎其人, 不可豫設, 尤至難者也."

366 朱熹, 『論語集註』: "程子曰, …… 權, 秤錘也, 所以秤物而知輕重者也. 可與權, 謂能權輕重, 使合義也. …… 程子曰, 漢儒以反經合道爲權, 故有權變權術之論, 皆非也. 權只是經也. 自漢以下, 無人識權字."

367 '反'의 의미는 違背, 類推, 回歸의 세 가지가 있다. 程頤가 漢儒를 비판한 근본 이유는 "反經合道"의 '反'을 다만 違背의 의미로만 오해했기 때문이다. (田豐,

「從"春秋決獄"到"四書升格" — 從"反經合道"爲"權"透視漢宋學分野」, 『山西師大學報(社會科學版)』, 2012, 第39卷 第3期, 86쪽 참조)

368 유가윤리에서의 도덕적 딜레마에 대한 자세한 논의는, 王劍, 「論先秦儒家解決道德兩難問題的經權智慧 — 中西比較的視域」, 『孔子研究』, 2013年 第3期, 111-115쪽 참조.

369 朱熹, 『朱子語類』 卷37: "權只是經, 則權與經又全無分別. 觀孔子曰可與立未可與權, 孟子曰嫂溺援之以手, 則權與經須有異處. …… 伊川說權只是經, 恐也未盡."

370 朱熹, 『朱子語類』 卷37: "畢竟權自是權, 經自是經."

371 朱熹, 『朱子語類』 卷37: "經者, 道之常也. 權者, 道之變也."

372 朱熹, 『朱子語類』 卷37: "須是聖人, 方可與權."

373 朱熹, 『朱子語類』 卷37: "權者, 乃是到這地頭, 道理合當憑地做, 故雖異於經, 而實亦經也."

374 朱熹, 『朱子語類』 卷37: "孔子曰可與立未可與權, 立便是經, 可與立則能守箇經, 有所執立矣, 卻說未可與權. 以此觀之, 權乃經之要妙微密處, 非見道理之精密透徹純熟者, 不足以語權也."

375 『論語』 「衛靈公」: "子曰, 臧文仲, 其竊位者與. 知柳下惠之賢而不與立也."의 구절에 대한 注釋: 朱熹, 『論語集註』, "與立, 謂與之並立於朝."

376 嶽天雷, 「經權思想的邏輯進路 — 以漢儒, 宋儒和明儒爲中心的考察」, 『商丘師範學院學報』, 2013, 第29卷 第4期, 53쪽 참조. 한편 예컨대, 皇侃이 인용한 張憑의 말에도 같은 맥락의 뜻이 담겨있다. 皇侃, 『論語義疏』 卷5: "此言學者漸進階級之次耳. 始志於學, 求發其蒙而未審所適也. 既向方矣, 而信道未篤, 則所立未固也. 又既固, 又未達變通之權也. 明知反而合道者, 則日勤之業, 亹亹之功, 其幾乎此矣."

377 이에 대한 자세한 연혁은, 임태승, 「逸: 禪宗의 미학적 유산」, 『유교사상문화연

구』 61집, 한국유교학회, 2015, 252쪽 참조.

378 임태승, 『아이콘과 코드』, 미술문화, 2006, 37-39쪽 참조.

379 "最難其儔, 拙規矩於方圓, 鄙精硏於彩繪, 筆簡形具, 得之自然, 莫可楷模, 出於意表."(黃休復, 『益州名畫錄』「品目」; 云告, 『宋人畫評』, 湖南美術出版社, 2004, 120쪽 所收)

380 張晶, "'逸'與'墨戲': 中國繪畫美學中的主體價値升位」, 『中國文化硏究』 秋之卷, 2002, 103쪽; 임태승, 「逸: 禪宗의 미학적 유산」, 255쪽에서 재인용.

381 임태승, 『아름다움보다 더 아름다운 추함』, B2, 2017, 95쪽 참조.

382 문인예술세계의 핵심인 醜象의 미학 역시 이와 같은 배경에서 탄생되고 체계화된 것이다. "文人은 그들이 추구하고자 했던 본성이라는 '本原 혹은 自然'의 상태를 예술적으로 표현하기 위해 특별한 機制를 고안해 냈는데, 그것이 바로 逸이라는 경지이다. 본원 혹은 자연의 상태는 無念과 無我의 상태이기 때문에, 사실 이를 표현하기 위해서는 '無形'이라는 예술적 수단이 가장 적합하다. 하지만 조형성이란 면을 소멸하면 예술 자체가 성립되지 못하므로, 이 모순을 극복하기 위해 拙朴과 簡率이라는 '역설적 조형'을 고안한 것이다. 역설적 조형이란 바로 美라는 조형성을 초월하는 大美로서의 醜象을 말한다. 醜·奇·拙·狂·淡·遠·簡 등의 예술적 조형은 모두 포괄적인 醜象으로서 공히 逸이라는 미학적 경지를 표현하려는 수단이다."(임태승, 「逸: 禪宗의 미학적 유산」, 267쪽)

383 예컨대, 曾點의 "莫春者, 春服旣成, 冠者五六人, 童子六七人, 浴乎沂, 風乎舞雩, 詠而歸"(『論語』「先進」)와 같은 구조에서도 이와 같은 전형적인 孔子 言說의 미학적 구성을 볼 수 있다. 공자는 네 제자의 포부와 이상에 대한 비교를 통해, 曾点의 인생경계가 단순한 出世的 초월이 아니라 통속적인 현실이상을 넘어선 가장 높은 경지의 초월이란 점을 제시하고 있다.(임태승, 「儒家의 審美機制: 참여의지와 초월의지의 共有」, 『철학』 제72집, 한국철학회, 2002, 65-69쪽 참조) 또한 『論語』 「爲政」, "吾十有五而志于學, 三十而立, 四十而不惑, 五十而知天命, 六十而耳順, 七十而從心所欲, 不踰矩"의 구절에서도 마찬가지 맥락을 읽을 수 있다. 經權觀과 연관 지어 볼 때, 여기서 '立'은 배움의 과정 이후의 守經을 의미하고 "從心所

欲"은 經에 얽매이지 않는 궁극의 자유로운 경지, 즉 權을 말한다고 볼 수 있다.(吳建萍,「"經權"之辯的邏輯發展」,『蘭州交通大學學報(社會科學版)』第23卷 第5期, 2004, 77쪽 참조)『論語』에서 제기되는 이러한 점층상향식의 여러 과정들은 모두 經 위에 위치한 權의 지위와 가치를 말해주고 있다.

384 皇侃,『論語義疏』卷5:"權者, 反常而合於道也. 自非通變達理, 則所不能. 故雖可共立於正事, 而未可便與之爲權也."

385 皇侃,『論語義疏』卷5:"權者道之變, 變無常體, 神而明之, 存乎其人, 不可豫設, 最至難者也."

386 朱熹,『朱子語類』卷37:"立便是經, 可與立則能守個經, 有所執立矣, 卻說未可與權."

387 이때 "反經"의 '反'은 程頤가 비판한 바의 단순한 위배가 아니라 經典에 얽매이지 않은 상태에서 權을 행하는 方便의 의미라 할 수 있다.(吳震,「從儒家經權觀的演變看孔子 "未可與權"說的意義」,『學術月刊』, 第48卷, 2016, 26쪽 참조)

388 '立'의 의미를 도덕경계의 완성으로 이해한다면, '權'은 그러한 도덕경계를 완성한 자만이 행할 수 있는 최고 경지의 행위내용이다.(張錫勤,『中國傳統道德擧要』, 黑龍江大學出版社, 2009, 372쪽 참조)

389 朱熹,『朱子語類』卷37:"經者, 道之常也. 權者, 道之變也."

390 朱熹,『朱子語類』卷37:"經是已定之權, 權是未定之經."

391 禮物을 받은 사람은 반드시 禮物을 보낸 사람의 집에 직접 찾아가 감사의 인사를 하는 것이 춘추시기의 예절이었다.(王星光,「對孔子思想中"時"的認識」,『意林文彙』2017년 22期 63쪽 참조)『孟子』에 大夫와 士 사이의 禮物 授受에 관한 예법 관련 내용이 보인다.『孟子』「滕文公下」:"大夫有賜於士, 不得受於其家, 則往拜其門." 당시 신분은 陽貨가 大夫이고 공자는 士였다.("趙岐曰: 陽貨魯大夫也 孔子士也." 丁若鏞 저, 이지형 역주,『譯註 論語古今註 5』, 사암, 2010, 42쪽) 毛奇齡은 陽貨가 大夫인 데 대해, 季氏가 司徒의 지위에 있었기에 그의 邑宰와 家臣도 大夫라고 통칭했다고 고증한 바 있다.(毛奇齡,『四書賸言』卷3:"毛曰, 季氏家

臣, 原稱大夫. 季氏是司徒, 下有大夫二人, 一日小宰, 一日小司徒. 此大國命卿之臣之明稱也. 故邑宰家臣, 當時得通稱大夫.") 여러 전적에 의하면 당시 陽貨나 公山弗擾·佛肸의 명목상 신분은 大夫라 할 수 있지만, 周代의 '王-諸侯-卿大夫-士'라는 정치체제상 신분등급의 기준에 의해 이 글에서는 三人을 家臣으로 칭하도록 한다.

392 『論語』「陽貨」: "陽貨欲見孔子, 孔子不見, 歸孔子豚. 孔子時其亡也, 而往拜之, 遇諸塗. 謂孔子曰: 來. 予與爾言. 曰: 懷其寶而迷其邦, 可謂仁乎. 曰: 不可. 好從事而亟失時, 可謂知乎. 曰: 不可. 日月逝矣, 歲不我與. 孔子曰: 諾. 吾將仕矣."

393 『論語』「陽貨」: "公山弗擾以費畔, 召, 子欲往. 子路不說, 曰: 末之也已, 何必公山氏之之也. 子曰: 夫召我者而豈徒哉. 如有用我者, 吾其為東周乎."

394 『論語』「陽貨」: "佛肸召, 子欲往. 子路曰: 昔者由也聞諸夫子曰, 親於其身為不善者, 君子不入也. 佛肸以中牟畔, 子之往也, 如之何. 子曰: 然. 有是言也. 不曰堅乎, 磨而不磷, 不曰白乎, 涅而不緇. 吾豈匏瓜也哉. 焉能繫而不食."

395 魯國 昭公이 달아나 鄆에 있을 때, 陽貨가 鄆을 공격한 일이 있었다.(『左傳』 昭公 27년: "孟懿子陽虎伐鄆.") 여기서 陽貨는 季平子 때 이미 季氏의 家臣이었음 알 수 있고, "伐鄆"이란 군사적 일을 수행했다는 것은 陽貨의 업무가 家事를 관리한다는 전통적 의미의 家臣 직능을 넘어섰음을 의미한다.

396 家臣의 역할 변천에 대해선, 章麗瓊, 「春秋時期家臣職權擴展與宗法制嬗變」, 『北京社會科學』 2016年 10期, 47-49쪽 참조.

397 西周시기 새로운 나라를 분봉 받은 통치자는 해당 지역의 商代 遺民들과 융화함으로써 원활한 국가 운영을 하기 위해 周人과 商代 옛 귀족 및 토착민 三者를 결합한 정치권력체제를 구축하였다.(許倬雲, 『歷史的分光鏡』, 上海文藝出版社, 1998, 175쪽 참조) 이러한 정치적 연고에 의해 통치주체인 周族의 宗族 내에는 그들을 위해 복무하는 異族이 있게 되었고, 따라서 異姓의 家臣도 존재할 수 있었다. 異姓 家臣이 혈연관계로 연결되지 않았다는 점은 東周시대로 접어들며 宗法制가

와해되는 상황에서 家主와 家臣의 관계가 소원해지고, 급기야 반란사태까지 벌어지게 된 결정적 이유가 되었다.

398 安作璋 主編,『論語辭典』, 上海古籍出版社, 2004, 146-147쪽 참조.

399 이 일은 『左傳』定公 五年, 八年, 十二年 및 哀公 八年에 기재되어 있다. 公山弗擾에 대한 내용은 安作璋 主編, 『論語辭典』, 66쪽 참조.

400 安作璋 主編, 『論語辭典』, 166쪽 참조. 佛肸의 신분에 관하여 漢代 孔安國은 晉國 大夫 趙簡子의 邑宰라고 보았는데, 역대 학자들은 대부분 그 說을 답습하였다.(何晏의『集解』와 朱熹의『集註』등) 清代 劉寶楠은『論語正義』에서 范氏 혹은 中行氏의 邑宰라 했다. 만약 전자라면, 趙簡子의 邑宰로서 趙簡子를 배신한 것이 된다. 후자이면 范氏 혹은 中行氏의 邑宰가 趙簡子와 晉國 朝廷에 항거한 것이 되는데, 이는 范氏와 中行氏가 亂을 일으켰을 때 趙簡子가 晉國의 大夫 신분으로 토벌했기 때문이다. 따라서 佛肸이 어느 신분이든 趙簡子를 배신하거나 거역한 것은 사실이다.(馮浩菲,「孔子欲應叛者之召辨疑」,『孔子研究』2006년 2期, 113쪽 참조)

401 饒龍隼,「孔聖小疵釋例」,『朱子學刊』2000年 1期, 409쪽 참조.

402 『史記』「孔子世家」:"定公八年, 公山不狃不得意於季氏, 因陽虎為亂, 欲廢三桓之適, 更立其庶孽陽虎素所善者, 遂執季桓子. 桓子詐之, 得脫. 定公九年, 陽虎不勝, 奔于齊. 是時孔子年五十. 公山不狃以費畔季氏, 使人召孔子. 孔子循道彌久, 溫溫無所試, 莫能己用, 曰:'蓋周文武起豐鎬而王, 今費雖小, 儻庶幾乎.'欲往. 子路不說, 止孔子. 孔子曰:'夫召我者豈徒哉. 如用我, 其為東周乎.'然亦卒不行."

403 『左傳』定公 12年:"仲由為季氏宰. 將墮三都, 於是叔孫氏墮郈, 季氏將墮費, 公山不狃, 叔孫輒, 帥費人以襲魯, 公與三子入于季氏之宮, 登武子之臺, 費人攻之弗克, 入及公側, 仲尼命申句須樂頎, 下伐之, 費人北, 國人追之, 敗諸姑蔑, 二子奔齊, 遂墮費."

404 章麗瓊, 앞의 논문, 46쪽 참조.

405 이 年表에 대해 일부 다른 견해들도 있다. 陽貨가 공자를 초치한 때에 대해 丁若鏞은 定公 6, 7년이라 말한 바 있다.("陽貨歸豚當在定六七年."『譯註 論語古今註 5』, 40쪽) 公山弗擾가 공자를 초치한 때에 대해서 孔安國은 陽貨와 함께 季桓子를 억류했을 즈음이라 말한 바 있다. 이 사건은 定公 5년에 일어났다.(『左傳』定公 5년: "五年, … 九月, … 乙亥, 陽虎囚季桓子.")「孔子世家」에 佛肸이 공자를 초치한 정확한 시기가 나오지 않으므로, 이에 대한 BC 490년이란 시점은 焦自軍,「孔子的進退之間 — 從《陽貨》의 三則故事看孔子出仕的思想史內涵」,『孔子研究』2011年 5期, 75쪽에서 인용하였다. 이에 대해서도 丁若鏞은 佛肸이 공자를 초치한 때를 대략 哀公 元年으로 짐작한 바 있다.("疑哀元年, 齊衛魯三國, 皆助范氏, 故佛肸倚此以召孔子也."『譯註 論語古今註 5』, 152쪽)

406 예컨대,『論語』「八佾」편에서 "季氏, 八佾, 舞於庭", "三家者, 以雍徹", "季氏, 旅於泰山" 등에 대한 비판이 그것이다.

407 예컨대『季氏』편의 "季氏將伐顓臾"章에서 공자와 대화할 때 子路는 冉有와 함께 季氏를 옹호하는 모습을 보인다.

408 「述而」: "用之則行, 舍之則藏";「季氏」: "隱居以求其志";「泰伯」: "天下, 有道則見, 無道則隱";「憲問」: "賢者, 辟世";「衛靈公」: "邦有道則仕, 邦無道則可卷而懷之" 등.

409 『史記』「孔子世家」: "使仲由為季氏宰, 將墮三都."

410 『左傳』昭公 12年: "季平子立而不禮於南蒯, 南蒯謂子仲, 吾出季氏, 而歸其室於公, 子更其位, 我以費為公臣."

411 楊小召,「簡論春秋時期家臣"張公室"問題」,『文史雜志』2006年 1期, 49쪽 참조.

412 "公山畔季氏, 非畔魯也. 佛肸畔趙氏, 非畔晉也. 公山之伐武臺, 范氏之伐趙宮, 罪雖歸於伐君, 志則在於誅賊季氏趙氏者."(『譯註 論語古今註 5』, 160쪽)

413 馮浩菲, 앞의 논문, 115쪽 참조.

414 饒龍隼, 앞의 논문, 410쪽 참조.

415 『論語』「陽貨」: "如有用我者, 吾其為東周乎."

416 "不狃之畔, 畔季氏, 非畔魯也. 孔子欲往, 雖其戲言, 本不害義."(『譯註 論語古今註 5』, 124쪽)

417 『史記』「孔子世家」: "佛肸為中牟宰. 趙簡子攻范中行, 伐中牟. 佛肸畔, 使人召孔子. 孔子欲往."

418 李澤厚는 佛肸의 초치에 공자가 응한 이유를 두 가지로 말한다. 하나는 진흙밭에 들어가더라도 오염되지 않을 자신이 있었기에 어지러운 상황을 두려워하지 않았으리라는 것이고, 다른 하나는 일생 동안 제대로 뜻을 펴지 못했기에 다른 나라에서라도 大事를 처리할 수 있는 기회를 잡기를 희망했으리라는 것이다.(李澤厚, 『論語今讀』, 三聯書店, 2005, 474쪽)

419 『論語』「陽貨」: "吾豈匏瓜也哉. 焉能繫而不食."

420 『孟子』「萬章下」: "孔子, 聖之時者也."

421 『論語』「子罕」: "子絶四: 毋意, 毋必, 毋固, 毋我."

422 『論語』「微子」: "我則異於是, 無可無不可."

423 「中庸」: "君子之中庸也, 君子而時中."

424 宋代 胡炳文은 공자가 陽貨의 초치 때 一言一動에 時中 아닌 것이 없었다고 했다.(『四書通』: "見聖人之一言一動, 無非時中之妙"; 程樹德, 『論語集釋』, 中華書局, 2006, 1177쪽에서 재인용)

425 『論語』「子罕」: "子曰, 可與共學, 未可與適道. 可與適道, 未可與立. 可與立, 未可與權."

426 『公羊傳』桓公 11년: "權者何. 權者反於經, 然後有善者也."

427 韓伯, 『周易注疏』卷12: "權, 反經而合道, 必合乎巽順, 而後可以行權也."(『繫辭下』의 "巽以行權"에 대한 注)

428 皇侃, 『論語義疏』卷5: "權者, 反常而合於道者也. 自非通變達理, 則所不能."

429 朱熹,『論語集註』:"程子曰, 可與權, 謂能權輕重, 使合義也."

430 朱熹,『朱子語類』卷37:"須是聖人, 方可與權."

431 이 점에서 江熙는 子路와 孔子의 차이를 지적했다.『論語注疏』「陽貨」:"江熙云, '聞之公山而不說. 升堂而未入室, 安得聖人之趣.'"("吾豈匏瓜也哉. 焉能繫而不食"에 대한 邢昺의 疏)

432 『論語』「爲政」

433 馮友蘭, 趙復三 譯,『中國哲學簡史』, 天津社會科學院出版社, 2005, 41쪽.

434 劉思宇·林瑋,「從《論語·陽貨》看孔子人格沖突背後的文化邏輯」,『安徽文學』, 2008年 10期, 162쪽.

435 章麗瓊, 앞의 논문, 51쪽 참조.

436 『左傳』昭公 32年:"社稷無常奉 , 君臣無常位 , 自古以然."

437 顧德融·朱順龍,『春秋史』, 上海人民出版社, 2001, 374쪽 참조.

438 『論語』「泰伯」:"篤信好學, 守死善道. 危邦不入, 亂邦不居. 天下有道則見, 無道則隱. 邦有道, 貧且賤焉, 恥也. 邦無道, 富且貴焉, 恥也."

439 『論語』「衛靈公」:"君子哉蘧伯玉. 邦有道, 則仕. 邦無道, 則可卷而懷之."

440 荻生徂徠도 揚雄의 말(朱熹,『論語集註』「陽貨」:"楊氏曰, 揚雄謂孔子於陽貨也, 敬所不敬, 為詘身以信道.")을 인용하며 "詘身以伸道"(荻生徂徠, 임옥균 등 역,『論語徵 3』, 소명출판, 2010, 266쪽)란 표현으로 공자의 權道를 인정했다. 또 伊藤仁齊의『論語古義』「陽貨」편의 말을 인용하며 公山弗擾와 佛肹에 대한 공자의 出仕 의지를 긍정적으로 평가했다.("仁齋先生曰, … '門人於不擾佛肹二章, 皆記其欲往, 而不記其卒不往者, 皆示人以夫子仁天下之心, 而其不往者, 不暇論焉.' 有味乎其言之";『論語徵 3』, 283쪽)

441 『論語』「述而」:"用之則行, 舍之則藏."

442 『論語』「八佾」: "季氏八佾舞於庭"; "三家者, 以雍徹"; "季氏旅於泰山"등.

443 告朔에서의 '告'의 발음은 대개 '곡'으로 읽는다. 예컨대, 朱熹의 『論語集註』 「八佾」에 "告, 古篤反"이라고 제시되어 있고, 胡安國도 『胡氏春秋傳』 「文公上」에서 "告音谷"이라 했다.

444 『論語』「八佾」: "子貢欲去告朔之餼羊, 子曰, 賜也, 爾愛其羊, 我愛其禮."

445 朱熹, 『論語集註』「八佾」: "告朔之禮, 古者天子常以季冬, 頒來歲十二月之朔于諸侯, 諸侯受而藏之祖廟. 月朔, 則以特羊告廟, 請而行之."

446 任曉鋒, 『周代祖先祭祀研究』, 중국 西北大學 박사학위논문, 2015, 34쪽 참조.

447 朔은 원래 매달 초하루를 말한다.(『說文』: 朔, 月一日始蘇也.) 그런데 告朔禮에서의 朔은 곧 曆을 의미한다. 太史가 曆을 만들어 諸侯國에 반포했다는 내용에 대한 鄭玄의 注에서 이 점이 거론된다.(『論語注疏』「八佾」邢昺의 疏: 案周禮, 大史頒告朔于邦國. 鄭玄云, 天子頒朔于諸侯, 諸侯藏之祖廟, 至朔朝于廟, 告而受行之.)

448 田家溧, 「告朔禮考」, 『華北水利水電學院學報(社科版)』, 第27卷 第2期, 2011, 104쪽 참조.

449 『論語注疏』「八佾」何晏의 注: "鄭曰, … 禮, 人君每月告朔, 於廟有祭, 謂之朝享. 魯自文公始不視朔. 子貢見其禮廢, 故欲去其羊."

450 『論語注疏』「八佾」邢昺의 疏: "魯自文公怠於政禮, 始不視朔, 廢朝享之祭. 有司仍供備其羊. 子貢見其廢, 故欲并去其羊也."

451 여기서의 餼羊은 살아있는 희생으로서의 羊을 뜻한다. 邢昺이 이에 대해 상술한 바 있다. 『論語注疏』「八佾」邢昺의 疏: "僖三十三年左傳曰, 餼牽竭矣. 餼與牽相對, 牽是牲, 可牽行, 則餼是已殺, 殺又非熟, 故解者以爲腥曰餼, 謂生肉未爇者也. 其實餼亦是生. 哀二十四年左傳云, 晉師乃還. 餼臧石牛. 是以生牛賜之也. 此及聘禮注皆云牲生曰餼, 由不與牽相對, 故爲生也."

452 『春秋』文6年: "閏月, 不告月."

453 『春秋』文16年: "夏五月, 公四不視朔."

454 『左傳』文公6年: "閏月不告朔, 非禮也. 閏以正時, 時以作事, 事以厚生, 生民之道, 於是乎在矣. 不告閏朔, 棄時政也, 何以爲民."

455 朱熹, 『論語集註』「八佾」: "告朔之禮, 古者天子常以季冬, 頒來歲十二月之朔于諸侯, 諸侯受而藏之祖廟. 月朔, 則以特羊告廟, 請而行之."

456 『春秋』文6年: "閏月, 不告月, 猶朝於廟."

457 任曉鋒, 앞의 논문, 35쪽 참조.

458 『公羊傳』桓公8年, 何休의 注: "無牲而祭謂之薦."

459 金鶚, 『求古錄禮說』: "祭有牲, 薦則無牲. 祭有樂, 薦則無樂."

460 『左傳』文公16年: "夏五月, 公四不視朔, 疾也."

461 『左傳』文公16年: "春王正月, 及齊平, 公有疾, 使季文子會齊侯于陽穀, 請盟, 齊侯不肯, 曰, 請俟君間."

462 『穀梁傳』文公16年: "公四不視朔, 公不臣也, 以公為厭政以甚矣."

463 『胡氏春秋傳』文公下: "文公厭政, 備見于經, 閏不告, 朔不視, 無雨不閔, 會同不與, 廟壞不修, 作主不時, 事神治民之怠也."

464 『論語注疏』「八佾」何晏의 注: "魯自文公始不視朔. 子貢見其禮廢, 故欲去其羊."

465 『論語注疏』「八佾」邢昺의 疏: "魯自文公怠於政禮, 始不視朔, 廢朝享之祭. 有可仍供備其羊. 子貢見其禮廢, 故欲并去其羊也."

466 『春秋穀梁傳注疏』卷11: "今公自二月不視朔至于五月, 是後視朔之禮遂廢, 故子貢欲去其羊."

467 田家溧는 文公과 告朔禮의 관계에 두 가지 견해가 있다고 말한다. 하나는 文公이 政事를 게을리 해서 告朔禮를 폐기하고 집행하지 않았다는 것이고, 다른 하나

는 어떤 부득이한 이유가 있어 다만 4개월 동안만 視朔을 하지 않았을 뿐 告朔禮가 이 때문에 폐기된 것은 아니라는 것이다.(田家溧, 앞의 논문, 106쪽 참조) 子貢이 告朔禮가 폐지된 걸로 알고 餼羊을 없애고자 했다는 것이 사실이라면 前者가 맞다. 질병문제 등으로 인해 어쩔 수 없이 文公이 行하지 않았다면 폐기한 것이 아니기 때문이다. 子貢이든 孔子든 이미 行해지지 않는 禮로 알고 있다는 것은 결론적으로 이미 文公에 의해 실제로 폐지되었다는 것을 의미한다. 공자도 왜 禮를 행하지 않느냐가 아니라 폐기되었을지언정, 즉 지금은 행해지지 않을지언정 훗날(의 복원)을 위해서라도 禮의 상징적 형태인 餼羊을 보존해야 되지 않겠느냐는 점 때문에 子貢을 질책한 것이다.

468 『左傳』僖公5年, 孔穎達의 疏:"視朔者, 公旣告廟受朔, 卽聽視此朔之政."

469 『左傳』文公6年, 孔穎達의 疏:"天子頒朔於諸侯, 諸侯受而藏之於祖廟, 每月之朔, 以特羊告廟, 受而施行之, 遂聽治此月之政, 謂之視朔."

470 聽朔 역시 視朔과 같은 개념이다. 俞樾, 『群經平議』論語一:"諸侯乃於朔日服皮弁服朝於大廟, 使大夫奉天子命而北面受之, 是曰聽朔, 亦曰視朔, 視聽一也."

471 告朔·視朔·聽朔의 동일성에 대해 邢昺은 다음과 같이 말한다. 『論語注疏』「八佾」邢昺의 疏:"此云子貢欲去告朔之餼羊, 是用生羊告於廟, 謂之告朔, 人君卽以此日聽視此朔之政, 謂之視朔. 文十六年公四不視朔, 僖五年傳曰公旣視朔是也. 視朔者, 聽治此月之政, 亦謂之聽朔. 玉藻云, 天子聽朔於南門之外, 是也. 其日又以禮祭於宗廟, 謂之朝廟, 周禮謂之朝享. 司尊彝云, 追享朝享, 是也. 其歲首爲之, 則謂之朝正. 襄二十九年正月, 公在楚, 傳曰, 釋不朝正於廟, 是也. 告朔視朔聽朔朝廟享朝正, 二禮各有三名, 同日而爲之也."杜預도 다음과 같이 말한 바 있다. 『春秋釋例』告朔例第四十一:"朝廟朝正告朔視朔皆同日之事, 所從言異耳."

472 文璇奎 역, 『春秋左氏傳 上』, 명문당, 1987, 515-516쪽의〈文公時代年表〉참조.

473 『史記』「仲尼弟子列傳」:"端木賜, 衛人, 字子貢, 少孔子三十一歲."

474 중국사학회 편, 강영매 역,『중국통사 1』, 범우, 2008, 159쪽 참조.

475 『論語注疏』「八佾」邢昺의 疏:"爾以爲旣廢其禮, 虛費其羊, 故欲去之."

476 朱熹,『論語集註』「八佾」:"子貢蓋惜其無實而妄費."

477 杜預,『春秋釋例』告朔例第四十一:"人君者, 設官分職以爲民極, 遠細事以全委任之責, 縱諸下以盡知力之用, 揔成敗以效能否, 執八柄以明誅賞, 故自非機事, 皆委任焉. 誠信足以相感, 事實盡而不擁, 故受位居職者思效忠善, 日夜自進而無所顧忌也. 天下之細事無數, 一日二日萬端, 人君之明有所不照, 人君之力有所不堪, 則不得不借問近習, 有時而用之. 如此, 則六鄕六遂之長, 雖躬履此事, 躬造此官, 當皆移聽於內官, 回心於左右. 政之枇亂, 常必由此. 聖人知其不可, 故簡其節, 敬其事, 因月朔朝廟, 遷坐正位, 會羣吏而聽大政, 考其所行而決其煩疑, 非徒議將然也. 乃所以考已然, 又惡其審聽之亂公也, 故顯衆以斷之, 是以上下交泰, 官人以理, 萬民以察, 天下以治也. 每月之朔, 必朝於廟, 因聽政事. 事敬而禮成, 以故告特羊."

478 『論語注疏』「八佾」何晏의 注:"包曰, 羊存猶以識其禮, 羊亡禮遂廢."

479 『論語注疏』「八佾」邢昺의 疏:"羊存猶以識其禮, 羊亡禮遂廢, 所以不去其羊, 欲使後世見此告朔之羊, 知有告朔之禮, 庶或復行之."

480 朱熹,『論語集註』「八佾」:"然禮雖廢, 羊存, 猶得以識之而可復焉. 若幷去其羊, 則此禮遂亡矣, 孔子所以惜之. 楊氏曰, 告朔, 諸侯所以禀命於君親, 禮之大者. 魯不視朔矣, 然羊存則告朔之名未泯, 而其實因可擧. 此夫子所以惜之也."

481 朱熹,『論語精義』「八佾」:"聖人以爲羊存則政擧, 將有所考譬, 猶以薪傳火也. 是以夏之政雖衰, 禹之禮未亡, 故湯得而用之. 商之政雖衰, 湯之禮未亡, 故文武得而用之."

482 Georges Nataf, Symboles Signes et Marques (Paris: Berg International, 1981); 金正蘭 역,『상징·기호·표지』, 서울, 1995, 267쪽에서 재인용.

483 기호학에서 記表는 기호의 표현면이고, 記意는 기호의 내용면을 말한다. 즉 기표는 '기호로 가리키는 것'이고 기의는 '기호에 의해 가리켜 지는 바'이다.

484 意象思惟는 감성형상과 추상의의가 결합된 기호적 사유로써, 감성적 지각표상과도 다르고 이성적 추상개념과도 다른, 구체적 형상을 통해 추상의의를 표현하는 것을 말한다.(蒙培元,「中國傳統思維方式的基本特徵」, 張岱年·成中英 등,『中國思維偏向』, 北京, 中國社會科學出版社, 1991, 26쪽 참조)

485 『周易』「繫辭上」: "子曰, 書不盡言, 言不盡意. 然則聖人之意其不可見乎. 子曰, 聖人立象以盡意, 設卦以盡情僞, ……."

486 전통이란, 집단이 공유하는 형식(禮)에 대한 준수라는 자기상징기능을 통해 소속감을 확인하고 이 소속감을 바탕으로 "擬似信念〈객관적, 합리적 근거와 기준 없이 스스로만의 도덕적 근거와 기준에 의한 신념〉에 대한 자기확신"을 공고히 함과 동시에 그 의사신념을 다시 집단 공유의 신념으로 변모시키는 전 과정으로서의 총합체이다.

487 형상적 정보에 의미와 가치가 부여되면 그 형상에서 이데올로기가 생산된다. 다시 말해서 시각적 형상들로부터 인식적 이데올로기가 생산되는 것이다. 이러한 이데올로기를 시각적 이데올로기라 부를 수 있다.

488 『禮記』「玉藻」: "天子玉藻, 十有二旒, 前後邃延, 龍卷以祭. 玄端而朝日於東門之外, 聽朔於南門之外, 閏月則闔門左扉, 立於其中. 皮弁以日視朝, 遂以食. …… 諸侯玄端以祭, 裨冕以朝, 皮弁以聽朔於大廟, 朝服以日視朝於內朝." 天子와 제후는 祭禮에 쓰이는 희생도 牛와 羊으로 달랐다. "天子用特牛告其帝及其神, 配以文王武王. 諸侯用特羊告太祖而已."(『論語注疏·八佾』邢昺이 疏에서 인용한 鄭玄의 말)

489 고대 일본에서도 이와 같은 사례가 있었다. 하였다. 鈴木敏弘는, 중앙집권체제를 강화하여 律令國家의 기틀을 마련한 天武王朝(재위 673~686)가, 왕권을 강화하기 위해 豪族을 관료화시키는 체제변혁에서 율령정치를 공고히 하기 위해 告朔禮의 체제를 활용했다고 말한다.(鈴木敏弘,「中日"告朔"禮比較」,『日本研究』, 2009년 第3期, 46쪽 참조)

490 王鳳陽,『古辭辨』, 吉林文史出版社, 1993, 754쪽 참조.

491 『論語集解義疏』「八佾」, 皇侃의 疏:"謂者, 評論之辭也. 夫相評論, 有對面而言, 有遙相稱評. …… 今此所言, 遙相稱評也." 史實에 비춰보더라도 당시 공자는 齊나라에 가 있을 때이므로 季氏를 직접 마주하지 않았을 것이라 보는 견해가 있다. (錢穆,『孔子傳』, 上海, 三聯書店, 2002, 56 및 68쪽; 谷文國,「僭越與非禮 ― 論季氏八佾舞於庭」,『玉溪師範學院學報』, 第34卷, 2018年 第9期, 49쪽에서 재인용)

492 https://terms.naver.com/entry.nhn?docId=1846821&cid=42990&categoryId=42990 및 https://terms.naver.com/entry.nhn?docId=1846782&cid=42990&categoryId=42990 (2020. 7. 12)의『열국지사전』참조.

493 『公羊傳』昭公25年:"昭公將弑季氏, 告子家駒曰, 季氏為無道, 僭於公室久矣. 吾欲弑之, 何如. 子家駒曰, 諸侯僭於天子, 大夫僭於諸侯久矣. 昭公曰, 吾何僭矣哉. 子家駒曰, 設兩觀, 乘大路, 朱干玉戚以舞大夏, 八佾以舞大武, 此皆天子之禮也. 且夫牛馬維婁, 委己者也, 而柔焉. 季氏得民眾久矣, 君無多辱焉. 昭公不從其言, 終弑之而敗焉, 走之齊;"『左傳』昭公32年: 季氏出其君, 而民服焉, 諸侯與之."

494 陳婕,「孔子如季氏交往探析」,『中山大學學報(社會科學版)』, 2011年 第1期, 第51卷(總229期), 138쪽 주) 4 참조.

495 陳婕, 앞의 논문, 138쪽 주)2 참조.

496 중국사학회 편, 강영매 역,『중국통사 1』, 범우, 2008, 159쪽 참조.

497 설령 나중에 三家를 토벌하려 했으나 애초 司寇벼슬을 한데는 실권자인 季桓子의 천거나 도움이 있었다고 봐야한다.

498 馬融은 이때의 季氏를 季桓子로 보는데, 잘못이다. "季桓子僭於其家廟舞之, 故孔子譏之."(『論語注疏』「八佾」, 馬融의 注) 馬融의 견해 이외에는 대체로 당시의 季氏를 季平子로 본다.(程樹德,『論語集釋』, 中華書局, 2006, 136쪽 참조)

499 『左傳』昭公25年에 "〈昭公〉將禘於襄公, 萬者二人, 其衆萬於季氏."란 기록이 있는데, 이에 대해 후대의 吳浩는 이것이 바로 "季氏八佾舞於庭"의 일이라고 한 바 있다.(吳浩, 『十三經疑義』「論語」) 昭公25年의 記事이니 이때의 季氏는 응당 季平子이다. 丁若鏞 또한 공자의 비난 시점을 昭公25年, 즉 BC 517년으로 본다. ("昭公二十五年左傳云, 秋, 將禘於襄公, 萬者二人, 其衆萬於季氏. 子家駒之論八佾, 亦在是年. 昭公之孫于齊, 亦在是年. 當是年者, 季平子也. 孔子之歎, 明在是年." 丁若鏞 저, 이지형 역주, 『譯註 論語古今註 1』, 사암, 2010, 266쪽) 크게 보아 공자의 비난 시점은 昭公25年인 BC 517년의 "禘於襄公" 때이거나 이후 BC 516-510년 사이의 어느 한 때였을 것이다.

500 "佾, 舞行列也."

501 이때 한 열이 몇 명이냐에 대해서는 두 가지 說이 있다. 하나는, 天子는 八八의 六十四人, 諸侯는 六六의 三十六人, 卿大夫는 四四의 十六人, 士는 二二의 四人이라는 것이다. (杜預, 『春秋經傳集解』: "天子八八六十四人, 諸侯六六三十六人, 卿大夫四四十六人, 士二二四人.") 다른 하나는, 天子는 八八의 六十四人, 諸侯는 六八의 四十八人, 卿大夫는 四八의 三十二人, 士는 二八의 十六人이라는 것이다. (沈約, 『宋書』「樂志」: "按服虔注傳云, 天子八八, 諸侯六八, 大夫四八, 士二八."이 '按'은 傅隆의 견해이다) 필자는 다음 기사에 근거하여 傅隆과 服虔의 설이 옳다고 본다. 沈約, 『宋書』「樂志」: "夫舞所以節八音者也, 八音克諧, 然後成樂, 故必以八人爲列, 自天子達於士, 降殺以二, 兩者, 減其二列. 預以爲一列有減二人, 至士止剩四人, 豈復成樂."

502 『左傳』隱公5年: "九月, 考仲子之宮, 將萬焉. 公問羽數於衆仲. 對曰, 天子用八, 諸侯用六, 大夫四, 士二. 夫舞所以節八音而行八風, 故自八以下." 여기서의 八·六·四·二는 모두 佾數 혹은 列數를 가리키는 것이다.(項群勝, 「周代禮樂"舞佾說"評析」, 『科教文汇』 2007年 第2期, 179쪽 참조) 한편 舞佾의 數에 대해 『穀梁傳』에서는 "舞夏, 天子八佾, 諸公六佾, 諸侯四佾."이라 했다. 여기서 '夏'는 夏나라의 樂舞인 大夏를 가리킨다. 治水에 성공한 禹王의 공적을 기린 악무이다. 이러한 악무는 귀족자제의 교과목이자 동시에 山川과 宗廟의 제사에 쓰였다.(『周禮』「大司樂」: 以樂舞敎國子; 『禮記』「內則」: 二十而冠, 始學禮, 可以衣裘帛, 舞

大夏.)

503 『說文解字』:"廷, 朝中也";"庭, 宮中也."

504 王鳳陽, 앞의 책, 190쪽 참조.

505 劉寶楠, 『論語正義』, 「八佾」: "白虎通禮樂篇, 歌者在堂上, 舞在堂下何. 歌者象德, 舞者象功, 君子上德而下功. 案堂下卽庭. 王逸楚辭思古注, 堂下謂之庭是也."

506 『說文解字』: "忍, 能也."

507 『廣雅』「釋言」: "忍, 耐也."

508 劉寶楠은 '能'과 '忍'을 같은 뜻으로 봤다.(『論語正義』「八佾」: "能與忍同")

509 王鳳陽, 앞의 책, 832-833쪽 참조.

510 『論語注疏』「八佾」: "馬曰, 孰, 誰也."

511 王鳳陽, 앞의 책, 376쪽 참조.

512 『左傳』昭公25年: "將禘於襄公, 萬者二人, 其衆萬於季氏." 昭公은 諸侯이므로 六佾舞를 사용해야 한다. 六佾舞의 舞者는 六八 48人이다. 襄公에 대한 禘祭에 萬舞, 즉 佾舞의 數가 2人이라면 나머지 46人이 季氏의 祭禮에 동원돼 빠져나간 것이 된다. 그런데 劉寶楠은 吳仁傑의 견해를 따라 여기서의 '二人'을 '二八'로 보았다. 이때 二八은 二佾을 뜻한다. 즉 季氏가 諸侯로서의 昭公의 六佾舞 가운데 二佾만 남기고 나머지 四佾을 가져간 다음 大夫인 자신의 四佾과 합쳐 八佾舞를 만들었다는 것이다.(劉寶楠, 『論語正義』「八佾」: "吳仁傑兩漢刊誤補遺謂當作二八 …… 魯本六佾, 季氏大夫得有四佾, 至平子時, 取公四佾以往, 合爲八佾, 而公止有二佾. 故左氏言禘于襄公萬者二八. 二八則二佾也.") 그렇다면 『左傳』昭公25年의 이 일은 季平子가 자신의 祭禮에 八佾舞를 거행하기 위해 애초 자신의 四佾에서 부족한 나머지 四佾을 昭公의 六佾에서 편취했음을 의미한다.

513 『左傳』隱公5年: "九月, 考仲子之宮, 將萬焉. 公問羽數於衆仲. 對曰, 天子用八, 諸侯用六, 大夫四, 士二."

514 修海林,『古樂的降浮 ― 中國古代音樂文化的歷史考察』, 山東文藝出版社, 1989, 17쪽.

515 예컨대, 제사에도 등급에 따른 세세한 규정이 있었다.『禮記』「王制」: "天子七廟, 三昭三穆, 與太祖之廟而七. 諸侯五廟, 二昭二穆, 與太祖之廟而五. 大夫三廟, 一昭一穆, 與太祖之廟而三. 士一廟, 庶人祭於寢; 天子祭天地, 諸侯祭社稷, 大夫祭五祀", "天子社稷太牢, 諸侯社稷少牢";『禮記』「禮器」: "天子之豆二十有六, 諸公十有六, 諸侯十有二, 上大夫八, 下大夫六. 諸侯七介七牢, 大夫五介五牢. 天子之席五重, 諸侯之席三重, 大夫再重", "天子崩, 七月而葬, 五重八翣. 諸侯五月而葬, 三重六翣. 大夫三月而葬, 再重四翣", "天子龍袞, 諸侯黼, 大夫黻, 士玄衣纁裳. 天子之冕朱綠藻, 十有二旒, 諸侯九, 上大夫七, 下大夫五, 士三." 제사뿐만이 아니다. 儀仗의 규모·宮室과 器物의 양·進退·服飾·동작 등 많은 부분에 등급에 따른 엄격하고 세세한 규정이 있었다.(柳肅,『禮的精神 ― 禮樂文化與中國政治』, 長春, 吉林教育出版社, 1990, 35쪽 참조) 한편 正名은 명확한 표준에 의거해야 한다. 孔子가 기준으로 삼았던 표준은 西周 典章제도였다.(蕭公權, A History of Chinese Political Thought, Trans. Frederick W. Mote, Princeton, Princeton University Press, 1979, p. 270 참조)

516 『論語』「顏淵」

517 『論語』「八佾」: "季氏, 八佾舞於庭", "三家者, 以雍徹", "季氏, 旅於泰山" 등.

518 『左傳』襄公11年: "作三軍, 三分公室, 而各有其一."

519 『左傳』昭公5年: "四分公室, 季氏擇其二, 二子各一."

520 『左傳』昭公25年: "政在季氏三世矣, 魯君喪政四公矣. 無民而能逞其志者, 未之有也. 國君是以鎭撫其民. …… 魯君失民焉, 焉得逞其志";『左傳』昭公32年, "趙簡子問於史墨日, 季氏出其君, 而民服焉, 諸侯與之; 君死於外而莫之或罪, 何也. 對日, …… 天生季氏, 以貳魯侯, 爲日久矣. 民之服焉, 不亦宜乎. 魯君世從其失, 季氏世修其勤, 民忘君矣. 雖死於外, 其誰矜之. 社稷無常奉, 君臣無常位, 自古以然. …… 旣而有大功於魯, 受費以爲上卿. 至於乂子武子, 世增其業, 不廢舊績. …… 魯君於是乎失國, 政在季氏, 於此君也四公矣. 民不知君, 何以得國."

521 『公羊傳』昭公25年: "昭公將弒季氏, 告子家駒曰, 季氏為無道, 僭於公室久矣. 吾欲弒之, 何如. 子家駒曰, 諸侯僭於天子, 大夫僭於諸侯久矣. 昭公曰, 吾何僭矣哉. 子家駒曰, 設兩觀, 乘大路, 朱干玉戚以舞大夏, 八佾以舞大武, 此皆天子之禮也. 且夫牛馬維婁, 委己者也, 而柔焉. 季氏得民眾久矣, 君無多辱焉. 昭公不從其言, 終弒之而敗焉."

522 『禮記』「祭統」: "昔者周公旦有勳勞於天下, 周公既沒, 成王康王追念周公之所以勳勞者而欲尊魯, 故賜之以重祭, …… 朱干玉戚以舞大武, 八佾以舞大夏, 此天子之樂也. 康周公, 故以賜魯也. 子孫纂之, 至于今不廢."

523 『禮記』「明堂位」: "成王以周公為有勳勞於天下, 是以封周公於曲阜, … 命魯公世世祀周公以天子之禮樂."

524 『左傳』의 가사에 의하면, 韓宣子가 魯나라를 방문하여 圖書를 구경하면서 周室의 禮가 모두 魯나라에 있음을 감탄한 바 있다.(『左傳』昭公2年: "周禮盡在魯矣.") 周禮, 즉 周室의 禮는 곧 天子의 禮를 말한다. 어쩌면 권위와 권력의 기반이 무너진 周室에서는 이미 거행하지 않지만 魯나라에서는 정통으로서의 天子 禮樂의 전범이 살아있었음을 유추할 수 있다. 공자가 참월의 예로 제시한 "八佾舞於庭", "以雍徹", "旅於泰山"(이상 『論語』「八佾」) 등의 행사는 다른 의미에서 보면 天子의 禮制가 魯나라에서 온전히 시행되고 있음을 보여주는 표지이다.

525 邢昺은, 周室에서 魯나라에 하사한 天子의 禮는 오직 文王과 周公의 廟에서만 써야 하는데 昭公이 사적으로 사용했으므로 참람한 것으로 단정한다.(『論語注疏』「八佾」, 邢昺의 疏: "然王者禮樂, 唯得於文王 周公廟用之, 若用之他廟, 亦為僭也. 故昭二十五年公羊傳稱, 昭公謂子家駒曰吾何僭哉. 答曰朱干玉戚以舞大夏, 八佾以舞大武, 此皆天子之禮也. 是昭公之時, 僭用他廟也.") 劉寶楠도 昭公이 八佾舞를 僭用했다고 보았다.(劉寶楠, 『論語正義』「八佾」: "是魯祭周公得有八佾. 其群公之廟, 自是六佾. 而公羊昭二十五年傳, 子家駒謂魯僭八佾, 此或昭公時所僭用於群廟矣.")

526 "他公僭用, 而季氏遂僭之也."(荻生徂徠, 임옥균 외 역, 『論語徵 1』, 서울, 소명출판, 2010, 184쪽) "季氏僭用八佾, 由於魯君僭用天子之禮樂."(程樹德, 『論語集釋』, 140쪽) 한편 '僭'의 의미도 재고할 필요가 있다. "何休云, 僭, 齊也, 下效上之辭. 季氏陪臣也, 而效君於上."(『論語注疏』「八佾」, 邢昺의 疏) 이때 "效君於上"의 뜻이 맥락상 "임금을 본받았다."가 아니라 "임금이 하는 대로 했다."가 되므로, 魯君 부재시에 그를 대리해서 禮를 집행한 것은 절차상 문제가 되지 않는다. 더구나 애초 魯君 자신이 非禮한 것이고 季氏는 그대로 집행한 것이기 때문이다.

527 陳婕, 앞의 논문, 138쪽 참조.

528 何懷宏, 「春秋世族述略」, 『中國文化』, 1995, 第12期, 94쪽 참조.

529 唐明亮, 「論〈左傳〉關於季平子的記述」, 『求是學刊』, 第37卷 第3期, 2010, 128쪽 참조.

530 荻生徂徠도 이 '庭'이 어디를 말하는지에 대해 고래로 설명이 없다고 했다. "於庭, 古來無解."(『論語徵 1』, 187쪽)

531 『禮記』「郊特牲」: "諸侯不敢祖天子, 大夫不敢祖諸侯, 而公廟之設於私家, 非禮也, 由三桓始也."

532 『禮記』「曲禮下」, 「王制」

533 『左傳』의 기록에 의하면, 魯나라에서 魯君의 적통인 姬姓은 周廟에서, 나머지 異姓들인 邢·凡·蔣·茅·胙·祭는 周公廟에서 제사지낸다고 했다.(『左傳』襄公12年: "魯爲諸姬, 臨於周廟. 爲邢凡蔣茅胙祭, 臨於周公之廟.") 여기서 周廟는 文王의 廟를 말한다.("周廟, 文王之廟也." 孫希旦, 『禮記集解』, 北京, 中華書局, 1995, 681쪽)

534 "仲孫叔孫季孫氏皆立桓公廟. 魯以周公之故, 立文王廟, 三家見而僭焉."(위 「郊特牲」 글에 대한 鄭玄의 注)

535 "魯立周廟, 則諸侯祖天子矣. 三家立桓公廟, 則大夫祖諸侯矣. 至其極也, 遂以魯之所以祭文王者祭桓公, 而歌雍舞佾, 無所不僭矣."(孫希旦, 『禮記集

解』, 681쪽)

536 『論語』「八佾」:"孔子謂季氏, 八佾舞於庭, 是可忍也, 孰不可忍也."

537 楊英傑, 앞의 논문, 155쪽의 그림 캡쳐.

538 顧德融 등, 『春秋史』, 上海人民出版社, 2001, 557-559쪽 참조.

공자시대의 실상과 공자사상의 재구성

초판인쇄	2025년 3월 26일
초판발행	2025년 3월 31일
지은이	임태승
펴낸이	안위정
디자인	여우
펴낸곳	도서출판비투(B2)
주소	경기도 하남시 덕풍남로 11, 104
전화	070-7534-4525
팩스	070-7614-3586
이메일	b2publishing@naver.com
등록번호	126-92-30155
등록일	2014년 6월 1일

ⓒ 임태승 2025

ISBN 979-11-976899-1-8 (93150)

값 35,000원